TRAVMA VE EMDR TERAPİSİ

Pegasus Yayınları: 2501

Travma ve EMDR Terapisi
Abdullah Alpaslan

Editör: Kemal Küçükgedik
Düzelti: Yeşim Aydoğan
Sayfa Tasarımı: Ezgi Gültekin
Kapak Tasarımı: Yunus Bora Ülke

Baskı-Cilt: Alioğlu Matbaacılık
Sertifika No: 45121
Orta Mah. Fatin Rüştü Sok. No: 1/3-A
Bayrampaşa/İstanbul
Tel: 0212 612 95 59

1. Baskı: İstanbul, Aralık 2021
ISBN: 978-625-410-252-3

Görseller:
40. sayfa: Shutterstock/Jolygon
43. sayfa: Shutterstock/Priangshu Photography
265. sayfa: Shutterstock/gritsalak karalak

Yayıncı Sertifika No: 45118

Pegasus Yayıncılık Tic. San. Ltd. Şti.
Gümüşsuyu Mah. Osmanlı Sk. Alara Han
No: 11/9 Taksim / İSTANBUL
Tel: 0212 244 23 50 (pbx) Faks: 0212 244 23 46
www.pegasusyayinlari.com / info@pegasusyayinlari.com

pegasusyayinlari pegasusyayinevi pegasusyayinlari Pegasus Yayınları

Abdullah Alpaslan

TRAVMA VE EMDR TERAPİSİ

PEGASUS YAYINLARI

İÇİNDEKİLER

TEŞEKKÜR

EMDR terapisini travma mağduru danışanlarıma ilk kez uygulamaya başladığım 2013 yılında, konuyla ilgili yazılmış Türkçe eser neredeyse hiç yoktu. O yıllarda klinisyenler, EMDR terapisine aldıkları danışanlarıyla ilgili bir desteğe ihtiyaç duyduklarında süpervizörler eşliğinde kılavuz bir kitaba başvurulması gerekiyordu. Kitabı yazma fikrim bu vesileyle ortaya çıktı, yıllar içinde olgunlaştı ve edindiğim tecrübelerle birlikte EMDR terapistlerinin faydalanmasını umduğum bir eser olarak nihayete erdi. Kitap dört bölümden oluşuyor. Birinci bölüm, tamamen ruhsal travma konusuna ayrılmıştır. Travmaya böylesine yakından bakmak, konuyla ilgili çalışan uzmanlara oldukça katkı sağlayacaktır. Sonraki üç bölümde, EMDR terapisinin pratikte uygulanmasına yönelik adımlar, özel durumlar için geliştirilen protokoller, bilişsel müdahaleler ve EMDR terapisi sonrasında beyinde ortaya çıkan değişimler ele alınıyor. Bu özellikleri itibarıyla kitap, EMDR terapistlerinin danışanlarına nasıl müdahalede bulunabilecekleri noktasında kılavuz bir kitap olma özelliği taşıyor.

Yeterli desteği görmeseydim bu kitabı yazmam mümkün olmazdı. En başta kıymetli eşim ve sevgili kızıma bana gösterdikleri sabır ve anlayış için teşekkür ederim. Kitabın her bir satırında onlarla geçirebileceğim güzel zamanların izleri bulunuyor. EMDR terapisini bizimle tanıştıran ve bu vesileyle binlerce travma mağdurunun yaralarını sarmamıza önayak olan Emre Konuk hocama teşekkürü bir borç bilirim. Mesleki ve kişisel gelişimime paha biçilemez katkıları bulunan Tahir Özakkaş hocama şükranlarımı sunuyorum. Bilgilerini ve bilgeliklerini benimle paylaşan, ismini burada sayamadığım öğretmenlerim; bana ilham kaynağı oldunuz, sonsuz teşekkürler. Sevgili dostum Doç. Dr. Büşra Tezcan, özellikle kaynak taramasında değerli katkılarını benden hiç esirgemedi. Emeği ve bana sunduğu dostluk için kendisine teşekkürü bir borç bilirim.

Meslek yaşamım boyunca çocukluk anılarını dinlediğim kişilerin önemsiz görülebilecek olaylardan derin bir şekilde etkilendiğine şaşkınlıkla tanık oldum. Bu, aynı zamanda kendi travmalarıma daha yakından bakabilmemi sağladı. Her bir danışanıma sevgi, saygı ve şükranlarımı sunuyorum. Bildiklerimin çoğunu onlardan öğrendim. Ve babam... Kitabımı görmesini çok isterdim ancak mümkün olmadı. Şu an aramızda olmasa da varlığıyla bana hep güven veren ve başarabileceğime dair sonsuz bir inançla yoluma ışık olan canım babama şükran borçluyum. Nurlar içinde uyu...

ÖN SÖZ

Değerli okuyucu,

Elinizde gerçekten çok kıymetli bir eser var. Sevgili Abdullah ALPASLAN muhteşem bir işi başarmış. Modern psikoterapi tarihini genellikle Sigmund Freud'la başlatırlar. Freud hem bir tıp doktoru hem de nörolog olması nedeniyle ruhsal yapının merkezini beyin olarak anlamış ve insanın iç dünyasına dair her türlü faaliyetin beynin işlevleri olarak ortaya çıktığına inanmıştır. Organik temelleri olduğunu düşündüğü bilinçli ve bilinç dışı işlevlerin nöropsikolojik bir modellemeyle somut olarak ortaya konulabileceğine inanan Freud, "Bilimsel Bir Psikoloji İçin Proje" (1895) isimli makalesinde bu hayalinin peşine düşmüş ancak amacına ulaşamamıştır. Buna rağmen, psikolojiye dair emin olunamayan tüm fikirlerin günün birinde organik bir temele oturacağını söyleyerek sanal bir zihin inşasına girişmiş ve modern psikoterapinin temellerini oluşturan psikanalizi kurmuştur. Beynin içinde olup bitenleri anlamak ve onu yorumlamak ise ancak yüzyıl sonrası için mümkün hale gelebilmiştir.

Modern bilim ve çağdaş teknolojik gelişmeler insan beyninin içinde neler olup bittiğini anlamak için inanılmaz fırsatlar doğurdu. Artık psikopatolojinin kaynağı ve oluşum süreçleriyle ilgili olarak beyin haritalandırma yöntemleri ve nöral örüntü sistemleri üzerinden insan beyni daha anlaşılabilir hale geldi. Bugün geldiğimiz noktada her türlü zihinsel faaliyetin beyinde bir karşılığı olduğunu biliyoruz. Elbette bilmediğimiz çok şey var. Ancak geçmişle kıyaslandığında da müthiş bir gelişme ve ilerleme mevcut.

Yazar kitabında her türlü psikopatolojinin kaynağında travma ihtimali olduğunu ileri sürüyor. Bu bakış tarzı büyük oranda doğru gözüküyor. TSSB'de travmaların etkisi ana neden iken kişilik bozuklukları gibi spektrumun diğer ucundaki patolojilerde kronik minör ya da majör travmalardan bahsetmek mümkündür. Kitabın birinci bölümü, tüm bu konuları çok ustalıkla ele almış ve nörobiyoloji ile psikolojiyi hayranlık uyandıracak düzeyde iç içe geçirerek bütünleştirmiştir. Ruh sağlığıyla ilgilenen herkesin bu bölümleri tekrar tekrar okumasında fayda bulunmakta.

Kitap esas itibarıyla EMDR (Göz Hareketleriyle Duyarsızlaştırma ve Yeniden İşleme) terapisinin vakalar üzerinden örneklendirilerek klinikteki uygulamaları üzerine kurulmuştur. EMDR'nin Türkçe olarak anlatılması ve özgün vakalarla bezendirilerek sunulması her türlü takdirin üzerindedir.

Kitabın bölümlerini okurken 90'lı yılların sonlarında değerli Emre KONUK'la yaptığımız konuşmalarımız aklıma geldi. O yıllarda Shapiro isimli bir araştırmacının travmalar için geliştirdiği ve EMDR adını verdiği çok etkili bir terapi yönteminden bahsediyordu. Sonrasında Shapiro'nun EMDR tekniğini Türkiye'yle tanıştırdı. İyi ki bu cesareti gösterdi. Travmaların tedavisinde büyük hizmetleri oldu.

Suya atılan bir taşın hale hale yayılması gibi otuz beş yıl sonra bu konuda yazılmış bir esere ön söz yazmak onuruna eriştik. Bu vesileyle Shapiro'yu rahmetle anıyor, Emre KONUK hocaya teşekkür ediyorum. Bize bu imkânı verip özgün bir eser ortaya koyan Abdullah ALPASLAN'ın nice yeni eserler vermesini diliyorum.

Sevgilerimle...
Tahir Özakkaş
06.10.2021 Bayramoğlu

Babamın anısına…

1. BÖLÜM

RUHSAL TRAVMA

"Travma" Kavramı ve Travmanın Tarihsel Gelişimi

Travma sözcüğünün kökeni, eski Yunancaya dayanır ve "yara, zarar, ziyan" anlamlarını taşır.[1] Bu haliyle daha çok dışarıdan bir müdahaleyle doku ya da organların yapısının bozulduğu durumları ve fiziksel yaralanmaları tanımlar. Ancak beden bütünlüğünün bozulduğu her tür dışsal müdahale nasıl ki fiziksel travma yaratıyorsa kişinin baş etme kapasitelerini aşan her tür deneyim de ruhsal travmaya neden olur. Buna rağmen yakın zamana kadar dışsal olayların kişinin ruhunda olumsuz etkiler bırakabileceği kabul edilmemiş, aksine bu etkiye açık olan kişilerin mental bir bozukluğa sahip oldukları düşünülmüştür. Olumsuz yaşam deneyimlerinin, fiziksel etkilerinin yanında psikolojik etkilere de yol açabileceğine dair 19. yüzyılda psikanalitik bakış açısının ortaya koyduğu düşünce, travmanın anlamını ruhsal yaralanmaları da içine alacak şekilde genişletmiştir. Böylece "travma" daha geniş bir anlamda, bireyin ruhsal ve bedensel varlığını türlü biçimlerde sarsan ve yaralayan her türlü olayı tarif etmek için kullanılmaya başlanmıştır.[2] Ancak travma kavramının literatürde bu haliyle yerini alması hiç de kolay olmamıştır.

Travmatik tepkiler ilk olarak Amerikan İç Savaşı'nın sona erdiği 1865'te dikkat çekmeye başladı. Askerler savaş sonrasında, bugünkü TSSB belirtilerine oldukça benzer tepkiler gösteriyorlardı. Ancak dönemin mevcut tıp anlayışı, askerlerin yaşadıklarını fiziksel ve zihinsel bir tükenme olarak değerlendirdi. Hatta bu durumu tanımlamak için "asker kalbi" (*soldier's heart*), "aşırı duyarlı kalp" (*irritable heart*) gibi yakıştırmalar yapmaya başladılar. Dolayısıyla o dönemde travmatik tepkiler, sadece duruma spesifize edilen ve klinik yaklaşımdan uzak bir tanımlamayla geçiştirilmiş oldu. 1870 yılındaki Fransa-Prusya Savaşı'nın etkileri görülene kadar stres yaratan yaşam olaylarının psikolojik bozukluklara yol açabileceği hiç düşünülmezken bu savaş sonrasında cepheden dönen askerlerin ruhsal sorunlar yaşaması ilk kez psikiyatristlerin ilgisini çekmeye başladı.[3] Öyle ki sınırlı sayıdaki psikiyatrist, karşılaştıkları baskılara rağmen askerlerin yaşadıklarını psikolojik bir temele dayandırmaya çalıştı. Ancak bu ilgi de oldukça kısıtlı kaldı. Böylece travma ve yarattığı psikolojik sorunlar, Birinci Dünya Savaşı'na kadar hem bilim camiası hem de toplum tarafından bir daha dikkat çekmeyi başaramadı.

Travmanın toplumsal gerçekliği her ne kadar göz ardı edilse de psikanalitik çalışmaların merkezinde yer almaya başlaması tam da bu dönemlere denk düşmektedir. Zira bu dönemlerde Fransız nörolog Jean Martin Charcot, Paris'te Sen Petriere Hastanesi'nde, histerik hastalarla çalışmaktaydı. Histeri, görünürde fiziksel bir sebebi olmaksızın nörolojik hastalıkları taklit eden semptomlar ve felç gibi durumlarla kendini ortaya koyuyordu. Nörolojik bulguları doğrulayamayan dönemin bilim camiası, histeriklere yalancı kişiler olarak bakıyor olsa da Charcot, geçmiş travmatik deneyimlere dayandırdığı bu hastalığın belirtilerini ciddiye alıyor ve tedavi etmeye çalışıyordu. Bunun için hipnozu kullanıyordu. Hipnoz yoluyla hastalarının gizli bilinç alanlarına ulaşıyor, onların bedensel semptomlarını ortadan kaldırabiliyor, hatta yerlerine yenilerini koyabiliyordu. Charcot'nun Paris'te "zihin-beden" ilişkisini ortaya koyan bu çalışmaları, bilinçli zihnimiz üzerinde etkileri olan gizli bir zihinsel alanın varlığını (bilinç dışı) ve histeriklerin düşünülenin aksine yalancı kişiler olmadıklarını açık bir biçimde gösteriyordu. Böylelikle Charcot, o döneme kadar herkesin sahtekâr gözüyle baktığı ve bilimsel araştırmanın dışına itilmiş histeri konusunun tıbbi olarak ele alınmasına öncülük etmiş oldu.[4] Ancak Charcot; histeri hastalarının ruhsal yapılarıyla ve ne yaşadıklarıyla ilgilenmekten çok, sadece semptomlarıyla ilgileniyor ve bu durumu bir çeşit şov aracı olarak kullanıyordu. İşleri o kadar ileri götürmüştü ki histerik hastalarını hipnoza aldığı ve bedensel semptomlarını telkin yoluyla değiştirebildiği gösterilerle ünlenmeye başladı. Sen Petriere Hastanesi'nin konferans salonunda, dönemin bilim camiasından kişilerin şaşkın bakışları arasında bedenini hareket ettiremeyen felçli hastaları yürütüyor, Parkinson benzeri titreme nöbetleri olan hastaların titreme nöbetlerini geçirip vücutlarının kaskatı kesilmesini sağlıyordu. Üstelik bunların hepsini, hiçbir cerrahi müdahalede bulunmadan hipnotik telkinler yoluyla yapıyordu. Charcot'nun ülke sınırlarını aşan bu ünü, o dönemde travmanın yol açtığı histeri hastaları ile Fransa'da çalışan Pierre Janet ve Viyana'da Dr. Joseph Breuer'le birlikte çalışan Sigmund Freud'a kadar ulaşmıştı. Charcot'nun Sen Petriere'deki gösterilerinden birinde, izlemeye gelenler arasında Janet ve Freud da vardı. Sonrasında Janet ve Freud'un birbirlerinden habersiz de olsa histeriye dair çıkarsamaları, travmanın ilk kez bilim dünyası tarafından enikonu ele alınacağı bir sürecin başlangıcını oluşturdu. Hem Janet hem de Freud histeriyi travma anında ortaya çıkan duygusal tepkinin bilinç durumunu farklı bir alana kaydırmasının sonucu olarak açıkladılar. Bu farklı bilinç durumu, travmatik yaşantının bazı parçalarını ruhun içine hapsediyor ve travmanın somatik belirtiler olarak varlığını devam ettirmesine neden oluyordu. Bilinç durumundaki bu değişiklik Janet tarafından "çözülme", Breuer ve Freud tarafından ise "ikili bilinç" olarak adlandırılmıştır.[5] Janet ve Breuer ile Freud'un histeriyle ilgili artan çalışmaları, geçmiş travmatik deneyimlere ait duyguların kelimeye dökülmesinin iyileşmeyi sağlayabileceği sonucunu doğurdu. Bu yolla, histeri semptomlarının ortadan kalktığını gören Janet ve Freud, konuşma tedavisini sistematik hale getirdiler ve psikolojik rahatsızlıkların giderilmesinde tedavi aracı olarak kullanmaya başladılar. Janet buna *"psikolojik analiz"*, Freud ise *"katharsis"* ismini verdi. Daha sonrasında Freud'un "psikanaliz" olarak adlandırdığı bu yöntem günümüz psikoterapi anlayışının temelini oluşturmaktadır.[6]

İlerleyen süreçte histeri ile yoğun olarak çalışan Freud'un hastalarından sürekli olarak cinsel taciz ve ensest anılarını dinlemesi, histerinin kökenini cinsel travmalara indirgemesine neden oldu. Böylece 1896 yılında yayınladığı bir makaleyle histerinin kökenini çocukluk döneminde yaşanan cinsel travmalara dayandırdı. Makale büyük yankı uyandırdı. Ancak histeri o dönemde o kadar yaygındı ki böyle bir kuramsal temelin gerçekliği bir yana, kabul edilebilmesi mümkün değildi. Toplumsal baskılar sonucunda Freud, tam bir yıl sonra, 1897 yılında yayınladığı yeni bir makaleyle bu düşünceyi reddetti. Yeni makalesinde Freud; hastalarından dinlediği cinsel taciz öykülerinin gerçek olmadığını, bu öykülerin bir fantezi ürünü olduklarını ileri sürdü. Böylelikle "travma" bir kez daha psikolojik sorunların kaynağı olarak inceleme konusu olmaktan uzaklaştı.

Sonraki süreçte Birinci Dünya Savaşı'nın olumsuz etkileri bağlamında travma yeniden toplumsal bir gerçeklik olarak insanlığın karşısına çıktı. Sekiz milyon kişinin hayatını kaybettiği ve çok daha fazla kişide travmatik izler bırakan bu savaş sırasında askerler, çeşitli semptomlar göstermeye başladılar. Savaşa katılanlar, kontrolsüz bir şekilde feryat ediyor ve gözyaşı döküyorlardı. Donup kalıyor, hareket edemiyorlar, konuşmuyor ve hiçbir tepki vermiyorlardı. Hafızalarını ve hissetme yeteneklerini kaybetmişlerdi.[7] Buna benzer semptomları savaşa doğrudan katılmayan sivil halkta da gözlemleyen psikiyatristler, bu belirtilerin genel bir travma sendromuna işaret edip etmeyeceğini sorgulamaya başlamışlardı. Bu bakış açısını yansıtan farklı yöntem ve tekniklerle askerlerin bir kısmı tedavi edilerek savaş alanına tekrar gönderildiler. Dolayısıyla sınırları belirli olmasa da ruhsal travmanın ilk kez teşhis edilmesi ve bu yönde tedavisi, Birinci Dünya Savaşı'na dayanır.[8] Buna rağmen bugünkü TSSB belirtilerine benzer belirtiler gösteren birçok savaş gazisi, gerçekliği kabul etmekten uzak bir anlayışla neredeyse vatan haini ve sahtekârlığı ifade eden histerikler olarak anıldılar. Hatta yaşadıkları korkunç deneyimler nedeniyle konuşamayan ya da somatik belirtiler gösteren kişiler, insanlık dışı yöntemlerle tedavi edilmeye çalışıldı. Daha ılımlı otorite çevreleri ise askerlerdeki mevcut tepkilerin patlayan top güllelerinin yarattığı beyin zedelenmesinin bir sonucu olarak ortaya çıkabileceğini savundular. Bunun için "gülle şoku" tanımını duruma özgü bir tanımlama olarak kullanmaya başladılar. Bu düşünce katı bir anlayışı yansıtmıyordu ancak tıpkı Amerikan İç Savaşı sonrasında olduğu gibi askerlerin yaşadıkları travmanın doğasını anlamaktan uzaktı.

1939'da patlak veren İkinci Dünya Savaşı, tarihin en kanlı sahnelerine tanıklık edecekti. Savaşın sürdüğü altı yıl boyunca %65'ini sivillerin oluşturduğu elli milyonun üzerinde insanın ölümü ve çok daha fazla sayıda kişinin olumsuz etkilere maruz kalmasıyla travmatik tepkiler artık psikiyatri çevrelerince göz ardı edilemez bir şekilde ele alınmak zorunda kaldı. Savaşın hüküm sürdüğü bu yıllarda, travmayı ilk kez kapsamlı bir şekilde ele alan Amerikalı psikiyatrist Abram Kardiner oldu. Kardiner'in *The Traumatic Neuroses of War** isimli kitabı, 1941 yılında yayınlandı ve kitap travmatik stresin araştırmacılarca tanınmasına öncülük etti.[9] Bu kitabıyla Kardiner, bugün anladığımız şekliyle, travmatik sendromun klinik ana hatlarını geliştirmeye başladı.[10] Kitabında travmatik tepkileri; ürkme tepkisine direnme ve sinirli olma, saldırganlığa meyilli olma, travmaya saplanıp kalma, kişiliğin işleyişinde daralmalar olduğunu hissetme ve atipik bir hayal yaşantısı sürme olarak tanımlamıştır.[11] Bu gelişmeler bağlamında Amerikan Psikiyatri Birliği tarafından ilk kez 1952 yılında yayınlanan *Ruhsal Bozuklukların Tanısal ve İstatistiksel El Kitabı*'nın ilk baskısında "Büyük Stres Reaksiyonu" adında bir tanıya yer verildi.[12] Ancak bu tanı, savaş anındaki büyük bir patlama ya da sivil bir felaketin sonrasında ortaya çıkan durumlarla sınırlandırılmıştı. Dönemin koşullarına ve ihtiyaçlarına göre şekillenen bu tanımlama, 1968 yılında yayınlanan DSM-II'de daha da geriledi. DSM-I'de 'Büyük Stres Reaksiyonu' olarak tanımlanan durum, Vietnam Savaşı'yla aynı dönemlere denk gelse de yayınladığı tarihte savaşın uzun vadeli sonuçlarının henüz fark edilememesinden dolayı DSM-II'de "Geçici Durumsal Bozukluk" ismiyle yer aldı.

Travmanın etkilerinin önemsizleştirildiği böylesi klinik bir ortamın da etkisiyle 1970'li yıllara kadar kişilerin savaş, doğal afet, kaza gibi olaylara verdikleri travmatik tepkiler, ego gücünün yetersiz olmasıyla ilişkilendiriliyordu. Ancak Amerika'nın 1963 yılında dahil olduğu Vietnam Savaşı, travmaya ve travmayla

---

* (İng.) Travmatik savaş nevrozları.

ilişkili ruhsal bozukluklara bakış açısını tamamen değiştirecek bir sürecin başlangıcı oldu. Savaş, öylesine acımasız bir kıyıma dönüşmüştü ki dört milyona yakın sivilin ölümüne neden oldu. Bu kanlı savaşın sonlarına doğru Amerika, Vietnam'daki asker sayısını beş yüz kırk bine kadar çıkarmış ve bunların altmış bine yakınını kaybetmişti. Vietnam'dan sağ salim dönenler ise eski yaşamlarına bir daha hiç kavuşamadılar. Savaşın vahşeti askerlerin bedeninde ve ruhunda geri dönüşü olmayan izler bıraktı. Öyle ki kimileri, savaş suçu işlediklerini itiraf ederek onur madalyalarını reddettiler. Kimileri ise yaşadıkları duygulara dayanamayarak kendi yaşamlarına son verdiler. Askerler bir yana, bu süre boyunca her gün televizyonda savaş haberlerine ve görüntülerine maruz kalan sivil halkın tepkisi çığ gibi büyümekteydi. Amerikan halkının %60'ı savaş karşıtı olup çıkmıştı. Özellikle 1970'lerde Vietnam gazilerinin yaşadıkları sorunlar ve savaşın acı yüzünü ortaya koyan gruplar eşliğinde savaş karşıtı oluşumları, savaş sonrası psikolojik semptomların toplum tarafından daha anlaşılabilir olmasını sağladı. 1980 yılında da Amerikan Psikiyatri Birliği'nin yayınladığı tanı ölçütleri kitabında (DSM III) "travma" kavramı ilk kez tanımlandı ve buna bağlı olarak TSSB (Travma Sonrası Stres Bozukluğu), psikiyatrik bir bozukluk olarak kriterize edildi.[13] Bu el kitapçığında travma ve buna bağlı olarak ortaya çıkan TSSB, "hemen herkeste sıkıntı yaratabilecek bariz bir olay" vurgusuyla gündeme alındı. 1987 yılındaki DSM-III revizyonunda ise çeşitli örneklerle genişletilerek "alışılmış insan deneyimi sınırları dışında" olarak tanımlandı.

Aynı dönemde Amerikalı kadınların yaşadıkları ev içi şiddet ve sosyal hayatta erkeklerle eşit haklara ulaşmak için verdikleri mücadele, travmanın eksenini savaştan başka alanlara kaydırdı.[14] Zira bu dönemde şiddet gören ve tecavüze uğrayan kadınların da savaş gazileriyle benzer semptomlar geliştirdikleri görülüyordu.

Özellikle feminist grupların baskıları sonucu kadına yönelik şiddet, tecavüz ve cinsel taciz araştırmaları oldukça hız kazanmıştı. Yapılan araştırmalar her dört kadından birinin tecavüze uğradığını, her üç kadından birinin ise çocukluğunda en az bir kez cinsel istismara maruz kaldığını gösteriyordu.[15] (Russel, 1984). Böylelikle 2000 yılında yayınlanan DSM-IV'te ve 2013 yılında yayınlanan DSM-V'te TSSB; gerçek bir ölüm ya da ölüm tehdidini, ciddi bir yaralanmayı ya da cinsel şiddete maruziyeti de içine alarak tanımlama alanını genişletmiştir.

PSİKOLOJİK TRAVMA

Travma Sonrası Stres Bozukluğu (TSSB)

Travma kişinin fiziksel, duygusal, davranışsal bütünlüğünü tehdit eden, kişide yoğun çaresizlik hissi yaratan, kişilerin var olan kontrol sağlama ve anlam verme sistemlerini yıkan, normalde entegre bir biçimde işleyen duygu, düşünce, hafıza ve davranış işlevlerini bozan olaylar olarak kavramsallaştırılmaktadır.[16] Ani ve beklenmedik bir şekilde ortaya çıkan ve kişiyi ciddi bir şekilde zorlayan; taciz, deprem, kayıp, kaza vb. ya da ölüm tehlikesi içeren büyük olaylar, günlük yaşamda karşılaşılan stres kaynakları ile baş etme kapasitesinin çok ötesindedir. Oldukça rahatsız edici böylesi deneyimler, bir kez yaşandığında güçlü bir öğrenme oluştururlar. Sonunda kişinin iç dengesini bozar ve kontrol edilmesi güç duygular eşliğinde TSSB'ye neden olabilirler. Kendini yoğun korku nöbetleri olarak gösteren TSSB belirtileri travmatik olayın ardından olayı tekrar tekrar yaşama, travmayı çağrıştıran olay/yer ve etkinliklerden uzak durma (kaçınma), duygusal tepkilerin kısıtlı kalması (duygusal küntlük) ve aşırı uyarılmışlık hali olarak gösterilebilir.[17]

- ***Olayı Tekrar Tekrar Yaşama:*** Travmatik deneyimin üzerinden görece yeterince zaman geçmiş olmasına rağmen travma anına ait bilgiler, istem dışı ve kontrol edilemez bir biçimde geri gelirler ve kişinin olayı bir şekilde anımsamasına neden olurlar. Tekrar yaşama, genellikle travmatik olaya ilişkin rahatsız edici bir imgenin "flashback" olarak zihinde canlanması ve travma anında ortaya çıkan bedensel duyumların hissedilmesi şeklindedir.[18] Yeniden yaşantılamaya genellikle bir korku nöbeti eşlik eder. Korku nöbetleri çoğunlukla kişinin farkında olmadığı örtük belleğinde depolanan travmatik deneyime ait parçalar tarafından tetiklenir. Travmatik deneyime ait bu parça bilgi (ses, koku, görüntünün benzer bir parçası vb.), kişinin travmasını tetikler ve kişi belirli bir uyarana tepki vermekten çok o uyaranın canlandırdığı asıl travmaya tepki verir. Örtük bellek tıpkı bir fil hafızası kadar güçlüdür. Yeni bir öğrenmeyle eski bilgilerin kaybolması sağlanmadığı sürece, yıllar boyunca ilk günkü tazeliğini koruyabilir.
- ***Kaçınma:*** TSSB'de korku duygusu, örtük ya da açık bir biçimde öylesine baskındır ki kişi; travmatik olayı yeniden yaşayabileceği yerlerden, hatırlatacak kişi ve durumlardan bilinçli olarak kaçış yolunu seçer. Ancak bunun bedeli ağırdır. Zira günlük yaşamın birçok alanında böylesine yoğun bir kontrol sağlama ihtiyacı, ciddi sorunları beraberinde getirir. Bu kaçış kişilerin gittikçe yalnızlaşmasına, keyif alabileceği etkinliklerden uzaklaşmasına neden olacağından travmanın etkisini derinleştirir.
- ***Duygusal Küntlük:*** Bazen bu kaçış bilinç dışı süreçlerin ortaya çıkardığı bir savunma mekanizması ile olaylara karşı ilgisizlik ve hissizleşme olarak da görülebilir. Bilinçli olarak

ya da bilinç dışı bir şekilde bu kişilerin odak noktaları, travmanın yarattığı olumsuzluklara dönük olacağından, çevresindeki olaylara ve kişilere karşı gittikçe ilgisizleşen bir yapı gösterirler ki bu durum sosyal yabancılaşmayı da beraberinde getirir.

- ***Aşırı Uyarılmışlık Hali:*** Travma sonrası stres bozukluğu yaşayan kişi, benzer şeyleri yaşamaktan ölesiye korkar ve kendini her an tehdit altında hisseder. Tehdit ve tehlike algısı travmatik kişinin kendini her an tetikte tutmasına neden olur. Öyle ki güvenli ortamları ve etkileşimleri bile potansiyel olarak tehlikeli gibi algılama eğilimi taşır.[19] Travma mağduru kişi bu haliyle, aslana yem olmaktan korktuğu için her an tetikte olan bir ceylana benzer. Travmayı tetikleyecek en küçük bir uyaranın ortaya çıkması, sanki olay yeniden yaşanıyormuşçasına bir etki yarattığından, kişi bu davranışlarıyla aslında travmayı kendi ruhundan uzaklaştırmaya çalışır. Bu durum her ne kadar koruyucu bir sistem olarak ortaya çıkmış olsa da gerçek bir tehlikenin olmadığı durumlarda engelleyicidir. Böylesi aşırı bir uyarılma hali; başta uyku bozuklukları olmak üzere dikkat dağınıklığı, yerli yersiz öfke nöbetleri ve rahatsız edici bedensel tepkilerle kendini ortaya koyar.

Her insan, hayatının belirli dönemlerinde travmatik olarak nitelendirilebilecek deneyimlere maruz kalabilir. Ancak bazılarımız bu deneyimleri geçmişte bırakıp hayatımıza normal bir şekilde devam edebilirken bazılarımız travma sonrası stres tepkileri gösteririz. Bunun nedeni kişilerin karşılaştığı travmayla baş etme kapasitesindeki farklılıktır. Çünkü travmatik durum, nesnel tehdit ile öznel baş etme gücü arasındaki dengesizlikten doğar.[20] "Psikolojik sağlamlık" olarak da ele alınan olumsuzluklarla başa çıkma kapasitesi, yaşanılan deneyimlerin kişilerin iç dünyasında nasıl bir sarsıntıya neden olacağını belirler. Psikolojik sağlamlığı önemli ölçüde belirleyen şey ise özellikle yaşamın ilk 6-7 yılında yakın çevreyle kurulan ilişkilerin kalitesidir. Bu dönemlerde çevresiyle güvenli ilişkiler kurmayı başarabilmiş ve ilgi, sevgi, onaylanma, korunma gibi duygusal ihtiyaçları yerinde ve yeterince karşılanabilmiş çocuklar, ilerleyen yıllarda hayatın onlara sunacağı olumsuzluklara karşı daha dirençli hale gelirler. Bu kişilerin karşılaştıkları zorluklarla mücadele etmelerini sağlayacak içsel kaynakları fazladır. Çocuklukta duygusal ihtiyaçların yeterince giderilememesi ise ileride karşılaşılabilecek olumsuzluklara karşı kişiyi savunmasız hale getirir. Böylece en küçük olumsuz deneyimler bile bu kişilerin ruhunda travma etkisi yaratabilir. Travmatik yaşantılar kişilerin hayatını bir bıçak gibi öncesi ve sonrası şeklinde ikiye böler. Böylece kendilerini ve dünyayı anlamlandırmaya yarayan bilişsel yapılarında radikal değişimler yaratır.[21]

Bunun yanında travmatik deneyimin hangi yaşta yaşandığı önemlidir. Travma anında yaş küçüldükçe TSSB oranları artar.[22] Bunun sebebi, yetişkinlere oranla çocukların travmatik deneyimlere karşı daha hassas ve kırılgan olmalarıdır. Olumsuz durumlarla baş etme kapasiteleri henüz gelişmekte olan çocuklar, duygusal olarak kaldıramayacakları bir deneyimle karşı karşıya kaldıklarında dağılırlar. Kendilerini doğrudan ifade edemedikleri ve travmanın yarattığı korkuyla baş edemedikleri için çoğu zaman doğrudan değil, dolaylı tepkiler verirler. Bu tepkiler aslında çocuğun iç dünyasına dair bir çeşit alarm sistemidir. Ani öfke patlamaları, sürekli tetikte olma hali, abartılı irkilme, dikkat ve odaklanma güçlükleri ve uyku bozuklukları özellikle altı yaş öncesi çocukluk döneminde travmanın belirtileri olabilir.[23] Bunun yanında içe kapanma, gece kâbusları, ebeveyne karşı bir anda ortaya çıkan aşırı bağımlılık gibi durumlar da çocukluk dönemindeki travmaya ait davranışsal belirtiler arasında sayılabilir.

Travmaya karşı bu hassasiyetlerine karşın çocuklar, travmanın izlerinin silinmesi konusunda da bir o kadar güçlüdürler. Bunun tek koşulu, travma sonrasında çocukları kapsayacak ve sevgi gücüyle travmanın izlerini silebilecek güvenli ilişkilerin varlığıdır. Bu nedenle çocuk yaştaki travmalarla başa çıkma yöntemlerinden en iyisi çocuğun hayatındaki ilişkilerin kalitesini ve sayısını artırmaktır.[24] Özellikle ebeveynlerin çocuğa karşı kapsayıcı ve koruyucu olması, çocuğun maruz kaldığı travmanın izlerini kolayca silebilir ve hızlıca toparlanmasını sağlayabilir.

Travma hayatın gerçeğidir. Ne yaşanırsa yaşansın, güvenli ellerde bunun çok önemi olmayacaktır. Çünkü afetler sırasında küçük çocuklar genellikle işaretleri anne babalarından alırlar. Kendilerine bakan kişiler sakinliğini koruyup ihtiyaçlarına karşı sorumlu davrandıkları sürece, korkunç olaylardan ciddi psikolojik yara almadan kurtulabilirler.[25] Ancak ebeveynlerin aksi yöndeki tepkileri, bazen çok önemli sayılamayacak deneyimleri bile travmatik hale getirebilir. Öyle ki küçük yaşta taciz, kayıp, şiddet gibi deneyimlere maruz kalmış yetişkin danışanlarımda çoğu kez travmaya asıl neden olan şey, bu yaşantıların ötesinde ebeveynlerin olaya verdiği özensiz tepkiler olmuştur. Onları en çok koruması gereken anne babalarının nasıl olup da bu kadar kayıtsız kalabildiklerini bir yetişkin olarak bile anlamakta zorlanmışlardır. Bu tarz deneyimlere maruz kalan danışanların psikoterapi sürecinde, ebeveynlerine karşı hissettikleri ve içinde çocukluk duygularını barındıran yoğun öfke duygusu, travmanın izlerinin silinmesinden daha zorlayıcı olabilir.

İlişkisel Travma – Gelişimsel Travma

Travmayı sadece TSSB üzerinden ele almak, klinik açıdan oldukça hatalı olacaktır. Zira travma ya da travmayla ilişkili ruhsal sorunlar, TSSB ile sınırlı değildir. TSSB semptomlarıyla kendini göstermeyen ancak kişide bıraktığı uzun süreli olumsuz etkileri dikkate alındığında, travma olarak nitelendirilebilecek yaşam olayları da vardır. Özellikle yaşamın erken evrelerinde yakın ilişkilerimizde ortaya çıkan olumsuz deneyimler, bu açıdan oldukça önemlidir. Değer görmediğimiz, istenmediğimiz, her durumda utandırıldığımız ya da eleştirildiğimiz, sürekli aşağılandığımız, kullanıldığımız, ihtiyacımız olan duyguları yeterince karşılayamadığımız ve kendimizi duygusal açıdan güvende hissedemediğimiz bir ortamda büyüyor isek yoğun stres ve kaygı yaşarız. Kaygı, böylesi kritik bir dönemde, yönetilmesi güç duyguların başında gelir. İlişkisel travmanın derinliğine ve şiddetine bağlı olarak ortaya çıkan kaygının yatıştırılması için bilinç dışı savunma mekanizmaları kullanılır. Çözülme yönlü duyguların dışsallaştırılması, yaşananların inkâr edilmesi, bölünme gibi mekanizmalar, o anda kaygının yarattığı strese karşı koruyucu bir işlev görür. Strese verilen bu anlık tepkiler kısa vadede hayatta kalmamız için önemliyken stres veya tehdit durumu geçtikten sonra normale dönebilmek de uzun vadede hayatta kalmamız için elzemdir.[26] Ancak ilişki travmasının neden olduğu aşırı stres, tehlike anı geçtikten sonra bile normale dönmemize izin vermez. Bu durum günlük yaşamda benzer durumları algılama biçimimizi etkileyeceğinden işlevselliğimizi bozan duygusal tepkilere ve davranışlara yol açabilir.

Çocuklukta yaşanan kötü muamelenin sebebiyet verdiği aşırı stres, yalnızca davranışlar değil, aynı zamanda beyin gelişimi üzerinde de olumsuz etkilere yol açar.[27] Tehdit ve tehlike algısı sürekli bir biçimde devam ettiğinde beynin tüm bölgeleri savunma ve saldırı amaçlarına göre yapılanır. Bu durum, limbik sistemde aşırı uyarılma ve sempatik sinir sisteminin aktivasyonunda sürekli bir savaş ya da kaç durumuyla kendini gösterir. Böylece normal koşullarda sürece dâhil olması gereken bilişsel işlevleri kısıtlar. Bu kısıtlanma, beyin gelişimi önündeki en büyük engeldir. Sonuçta beynimiz, strese karşı daha savunmasız hale gelir. Savunmasızlık ileride karşılaşacağımız olumsuz durumlarda travmatize olma ihtimalimizi artırır. Bir başka deyişle erken dönemde karşılaşılan ilişki travması (gelişimsel travma), hafıza ve duygu kontrol mekanizmaları üzerinde olumsuz etki oluşturduğundan gelişmekte olan beyni depresyon, anksiyete vb. psikolojik sorunlara yatkın hale getirir. Dolayısıyla yaşandıkları anda çok önemli görünmeyen tekrarlayıcı olumsuz deneyimler, yaşamın kritik evrelerinde gerçekleşmesi nedeniyle, büyük olaylardan daha derin izler bırakabilir.

Travmayı "gelişimsel" hale getiren ek özellikler tanımlanmıştır.[28] Buna göre gelişimin kritik evrelerinde gerçekleşmesinin yanında tekrarlayıcı bir hal alması, uzun bir sürece yayılması ve de özellikle bakım verenler aracılığıyla yaşatılması travmayı gelişimsel hale getirir. Belirli bir travmatik olay sonrasında gelişen belirtilerden daha karmaşık sonuçları olan ilişkisel travmalarda, rahatsız edici görüntü ya da anlar yoktur. Ancak genelleşmiş bir biçimde duygusal, düşünsel ve bedensel olarak normalden sapan durumlar söz konusudur. Öyle ki bu deneyimler kişilerin özellikle benlik algısında değişmeler ve duygulanım sürecinde bozulmalarla kendini gösterir.[29] Çünkü kimlik ve kişilik oluşumunun büyük oranda gerçekleştiği kritik evreler boyunca benliği oluşturan parçalar, çevreyle kurulan ilişkiler yoluyla dış dünyadan sağlanır. Özellikle yakın ilişkilerde açığa çıkan her bir deneyim, kimliğin harcına yeni bir parça ekler. Deneyimin yarattığı duygular travmatik izler taşırsa en temelde kimlik ve kişilik sorunlarının yoğun olduğu bir yapı gelişir. Bu durum; yetişkinlik döneminde öncelikli olarak duyguları düzenleme kapasitesinde eksiklik, kendilik tasarımında bozukluk ve kişilerle ilgili güvensizlik olarak görünüm sergiler. Böylesi çocukluk deneyimlerine sahip kişiler, en başta olumsuz duygularını yatıştırma becerilerinden yoksundurlar. Kötü duygulara bulaşmamak adına çok yoğun bir çaba harcarlar ki tüm hayatları genel bir savunma halindedir. Bu duyguları yatıştırmak için hep bir ötekine ihtiyaç duyarlar. İşin kötü tarafı ne kadar yakın bir ilişki içinde olurlarsa olsunlar bu kişiler, hiç kimseye tam bir güven duygusuyla bağlanamazlar. Terk edilecekleri, aşağılanacakları, sevilmeyecekleri ya da kullanılacakları duygusuyla sürekli bir kaygı durumu yaşarlar. Böylesi anlarında verdikleri duygusal tepkiler ise günlük hayatlarını ve ilişkilerini kaosa sürükleyecek türdendir. Sonuçta özgün kendiliklerini feda ederek sahte bir kimlikle, olmadıkları biri gibi davranma eğiliminde olurlar. Bu durum sürekli bir biçimde, sağlıksız ilişki kurmalarının önünü açar.

Allan Schore tarafından tanımlanan "ilişkisel travma" kavramı, bu özellikleri itibarıyla Judith Herman tarafından tanımlanan "kompleks travma" kavramıyla örtüşüyor olsa da tam karşılığı değildir. Zira ilişkisel travma, gelişimin kritik evrelerinde ortaya çıkışı ve kişide bıraktığı izler açısından özel bir öneme sahiptir. Gelişimin kritik evresi olarak ele alınan dönem, özellikle sağ beynin gelişim atağında olduğu doğum sonrası ilk iki yıl olsa da yedi yaşlarına kadarki süreci kapsar. Kompleks travma ise çocukluk dönemini içine almakla beraber herhangi bir dönemde ortaya çıkabilen ve ilişkisel travmanın yarattığı hasara benzer sonuçlar doğuran olayları kapsamaktadır. Bu haliyle hem erken dönem hem de yetişkinlik döneminde uzun süreli (günler, haftalar ya da aylar) maruz kalınan ve kontrolün tamamen bir başkasının elinde olduğu örseleyici durumları tanımlar. Savaş esiri olma, rehin tutulma, çocuklukta sürekli bir biçimde cinsel ve fiziksel istismara uğrama, aile içi şiddet gibi durumlar kompleks travma sonrası stres tepkilerine neden olur. Bu tepkiler en temelde kişinin kendilik algısında değişiklik ve diğerleriyle ilişkilerinde bozulmalarla kendini gösterir. Zaten kompleks olarak nitelendirilmesinin nedeni, etkilerinin bütün fizyolojik, gelişimsel ve işlevsel alanlara yayılmasıdır.[30] İster çocukluk döneminde ister yetişkinlik döneminde olsun, zor yaşam deneyimleri kişinin ruhunda derin izler bırakır. Tek fark, erişkin yaşamdaki tekrarlayan travma kişiliğin daha önce biçimlenmiş yapısını kemirirken çocukluktaki tekrarlayan travma kişiliği biçimlendirir ve çarpıtır.[31]

BEYNİN YAPISAL ÖZELLİKLERİ VE TRAVMAYLA İLİŞKİSİ

Nörobilimin Altın Çağı

19. yüzyıl, beyin hakkında gerçekçi bilgilerin açığa çıktığı bir dönemdir. Bu dönemde fizyolog Franz Joseph Gall, beyindeki belirli bölgelerin bazı işlevlerden sorumlu olduğu düşüncesini ortaya attı. Bu yeni bakış açısıyla "frenoloji" bilminin kurucusu oldu ve insanların kafatasını farklı şekillerde ölçerek zekâ ve kişilik özellikleri hakkında çıkarımlarda bulunmaya başladı. Çalışmalarından elde edilen sonuçların bir süre sonra hatalı olduğu görülse de zihinsel işlevlerin lokalizasyonu ile ilgili ilk çalışmaları yapan kişi olarak tarihe geçti. Böylece Gall, kendinden sonraki araştımacılar için bir kapı aralamıştı. Gall'ın zihinsel yetilerin beynin özgül yerlerinde konumlandığı görüşünü gözleme dayalı olarak ortaya koyan kişi ise Fransız doktor ve antropolog Paul Broca oldu. Broca, yirmi yıl boyunca konuşma bozukluğu yaşayan bir hastası ölünce onun beynini inceledi ve bir bölgesinde hasar olduğunu tespit etti. Bunun üzerine konuşma bozukluğu yaşayan sekiz farklı hastasının beynine daha yakından bakmaya

karar verdi. İncelemeleri sonucunda hastaların hepsinde aynı bölgenin hasar gördüğünü belirledi. Böylece konuşma işlevinden sorumlu merkez olarak gösterdiği "Broca alanı"nı keşfetti. Bu bölge beynin sol yarım küresinde yer alıyordu ve burası bir nedenle hasara uğradığında kişilerin konuşma işlevi kısıtlanıyordu. Hemen ardından Alman anatomist Paul Wernicke, dilin anlama büründürülmesi işlevinden sorumlu alanı keşfetti ve burayı "Wernicke alanı" olarak adlandırdı. Burası hasara uğradığında kişi konuşabilirdi ancak konuşmasının bir anlamı olmazdı. O halde anlamlı bir konuşma için beynin hem "Broca" hem de "Wernicke" alanlarının sağlam olması gerekiyordu. Böylece Wernicke, belirli işlevlerin tek bir beyin bölgesi tarafından değil de birbirine bağlı farklı bölgeler tarafından yönetildiğini öne sürdü. Bu çalışmalarla beyni daha iyi tanımaya başlayan bilim dünyası, teknik gelişmelerin de katkısıyla beyni yapısal olarak daha yakından incelemeye koyuldu. Aynı dönemlerde özellikle İspanyol sinir bilimci Santiago Ramon Cajal ve İtalyan patolog Camillo Golgi'nin çalışmaları, beyin ve sinir sistemini oluşturan hücrelerin (nöron) neye benzediğini ortaya koyan ilk çalışmalardı. Öyle ki 1890'larda Cajal, sinir hücresini çekirdekli bir gövde, tek akson ve birden çok dentridi olan bir yapı olarak tanımlayıp nöron öğretisini ortaya koydu. Bugün hâlâ geçerliğini koruyan bu bilgiler, birçok araştırmacıya ilham kaynağı oldu. Bunlardan biri de hiç şüphesiz Freud'du. Nöroloji alanındaki bu araştırmalardan ilham alan Freud, psikolojiyi sinir sistemi bilgisine dayandırmaya çalıştığı *Bilimsel Bir Psikoloji İçin Proje* adında bir kitap kaleme aldı. Bu kitapta psikolojik süreçlere ve beynin işlevine dair nöropsikolojik bir model oluşturmak için bir dizi düzenleyici ilke ortaya atmak üzere, zamanın nörofizyoloji ve biyoloji bilgilerini kullandı.[32] Bu doğrultuda bilinçli ve bilinç dışı davranışlarımızın beynin nöral mimarisi tarafından düzenlendiğini ileri sürdü. Ancak bu tezlerini geliştiremedi ve bilim dünyasına yeterli kanıt sunamadı. Böylece kendisi de bir nörolog olan Freud, psikolojiyi nörolojiye dayandırma hayalinden vazgeçti. Buna rağmen, psikolojiye dair emin olunamayan tüm fikirlerin günün birinde organik bir temele oturacağını söyledi.[33] Bu kitabı ve çalışmalarını rafa kaldıran Freud, beyinden ayrılıp zihin metaforlarına yöneldi. Kuramsal terimlerini mitolojiden ve edebiyattan metaforlarla (oedipus, elektra vs.) açıklamaya girişti. Nörobilimin altın çağı boyunca pek çok katkısı bulunan Freud'un *Bilimsel Bir Psikoloji İçin Proje* isimli ufuk açıcı bu çalışması, psikolojik olguları ilk kez nörobiyolojik olarak açıklama çabasını yansıtır.[34]

1950 sonrası beyin araştırmaları ve 1980 sonrası sinirbilimdeki hızlı gelişmeler Freud'un hayalini yıllar sonra gerçekleştirecek bir süreci başlatacaktı. Bugün gelinen noktada neredeyse tüm psikoterapi ekolleri, kişide ortaya çıkan psikolojik sorunları ve terapötik müdahale sonrası değişimleri nörolojik bulgularla göstermeye çalışmaktadır. Böylece psikoloji ile nörobilim birbirinden ayrılamaz hale gelmiştir. İki bilim dalı arasındaki bu bağ ne kadar güçlenirse yakın zaman öncesine kadar soyut temeller üzerine kurulu psikoloji biliminin dayanağı, o kadar güçlenecektir.

BEYNİN YAPISI

Yatay Beyin (Sağ ve Sol Beyin)

Beyne tepeden baktığımızda ortadan ikiye keskin bir çizgiyle ayrılmış, birbirine benzeyen iki parçadan oluştuğunu görürüz. Parçalar beynin sağ ve sol yarım küreleri olarak ifade edilir. Bu iki parça ilk bakışta tıpatıp aynı gibi görünmelerine rağmen, hem yapısal hem de işlevsel özellikleri bakımından birbirinden oldukça farklıdır. Anatomik olarak kıvrımları, biçimleri ve hacimleri farklıdır. İşlevleri açısından bakıldığında birbirini tamamlayan ancak farklı işlemler konusunda uzmanlaştıkları görülür. Yarım kürelerin uzmanlaşması; temel olarak dil, eylem, algı ve hafıza kadar duygu ve stres düzenlemeyi de içeren belirli psikolojik işlevlere ilişkindir.[35] Sol beyin sözel ifade, analitik düşünce süreçleri, problem çözme becerileri, mantıklı düşünme gibi işlemlerde uzmandır. Buna karşın sağ beyin sözel olmayan, bilinçli düşünce süreçlerinin dışında, bütünsel, deneyimsel ve duygusal bilgilerin işlenmesi konusunda uzmandır. Gelişimin seyrine bağlı olarak her iki yarım kürenin yapısal ve işlevsel özellikleri belirginleşir ve kişisel farklılıkları oluşturur. Kritik dönemlerde herhangi bir sorun yaşanması, gelişimde kısıtlılığa ya da işlevsellikte belirgin bir eksikliğe yol açabilir. Bu durum psikopatolojinin ifade ettiği bozuklukların göstergesi olarak karşımıza çıkar.

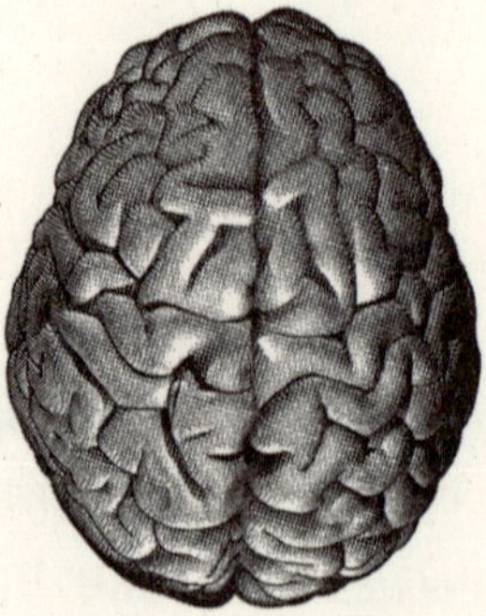

Beynin doğumdan sonra öğrenmeye başladığı bilgisi doğru değildir. Özellikle hamileliğin altıncı ayında müthiş bir büyüme evresine giren beyin, bu olgunlaşma atağını doğumdan sonraki ilk dört yıl boyunca devam ettirecektir. Dolayısıyla çocuğun beyni, dışarıdan gelen uyaranlarla nöronal düzeyde şekillenirken, öğrenme de henüz anne karnındayken başlamış olur. Bu durum, annenin duygusal hallerinin fetüsün gelişmekte olan beynini daha doğum gerçekleşmeden etkileyeceği anlamına gelir. Bu nedenle annenin gebelik dönemindeki duygu durumları oldukça önemlidir. Anne sakin, dingin, mutlu ve huzurlu bir gebelik sürecindeyse fetüsün gelişmekte olan beyni de bu durumdan olumlu etkilenir. Ancak anne istemediği bir gebelik yaşadıysa, bu dönemde ağır travmatik yaşantılara maruz kaldıysa ya da eş ilişkisi ve sosyal ilişkileri nedeniyle depresif bir ruh halindeyse annenin endişe ve stres düzeyi genel olarak yükselir. Bu durum hamilelik döneminde heyecana neden olan norepinefrin salınımını artırırken pozitif duyguların kaynağı olan dopamin düzeyinin düşmesine neden olur. Endişe ve stresin neden olduğu hormonlar, plasentayı geçerek fetüse ulaşır. Böylece fetüs, başta kortizol olmak üzere beyni olumsuz etkileyen hormonlarla daha anne karnındayken yoğun bir şekilde tanışmış olur. Nörobiyolojik sistemde kayıt altına alınan bu veriler, çocuğun doğum sonrası stres yaratan durumlara ne şekilde tepki vereceğini belirler.

* * *

Doğumda dört yüz gram olan insan beyni, birinci yılın sonunda yaklaşık bin gram ağırlığa ulaşır. Dördüncü yılın sonunda ise neredeyse bir yetişkinin beyni kadar büyümüş haldedir. Yapısal büyümenin gerçekleştiği bu kritik evreler boyunca her uyaran, bebeğin beyninde hücreler arası yeni bağlantıların oluşumunu tetikler. Öyle ki her bir saniyede sinir hücreleri arasında kırk bin yeni bağlantı oluşur. Bu süreçte beynin tüm bölgeleri aynı oranda gelişmez. Özellikle duyguların düzenlenmesi, güven-güvensizlik, yakınlık kurma gibi işlevlerden sorumlu sağ beyin, yaşamın ilk iki yılında, çok yoğun bir gelişim sürecinden geçer. Erken gelişim dönemi boyunca devam eden bağlanmaya ilişkin özellikler, bu dönemde bebeğin gelişmekte olan sağ beynine duygulanımsal olarak kazınır. Sonuçta deneyimin yarattığı duygusal haller bebeğin beyninde nörobiyolojik izler olarak kalıcı hale gelir.[36] Bu iz, yaşamın ilerleyen yıllarında yaşadığımız ilişkilerde ve özellikle stres yaratan durumlarda yeniden ortaya çıkar. Bu nedenle bağlanma, dışarıdan gözlemlenebilen davranışların ötesinde, bebeğin sinir sistemi içerisine yerleşen nörobiyolojik bir modeli ifade eder. Bundan dolayıdır ki ilişkisel (gelişimsel) travmaya maruz kalmış çocukların ruhsal açıdan sağlıklı bir gelişim sürdürme şansları oldukça düşüktür. Dolayısıyla yaşamın ilk iki yılı, bağlanma travması açısından oldukça kritiktir. Ancak sağlıklı bir ruhsal gelişimi yalnızca sağ beyin gelişimi olarak görmek hatalıdır. Sağ beynin gelişim atağının yavaşladığı ve sol beynin büyüme atağına girdiği 18-24. aylarda başlayan süreç de oldukça önemlidir. Bu dönemde özellikle dilin kullanılmaya başlanmasıyla sol yarım küre büyüme atağına geçer. Aynı zamanda yoğun sinir liflerinden oluşan ve temel görevi sağ ve sol yarım küreler arasındaki iletişimi sağlamak olan "Korpus Kallosum", gelişmeye çoktan başlamıştır bile. O döneme kadar özerk çalışan sağ ve sol beyin devreleri arasında korpus kallosum aracılığıyla yoğun bir bilgi akışı sağlanır. Böylece büyük oranda olgunlaşan sağ beyin devrelerine, gelişmekte olan sol beyin devreleri de eklenerek bağlantı yollarını daha üst düzeyde örgütler. Bu işlemin sağlıklı gerçekleşmesi önemlidir. Çünkü nörolojik araştırmalar beynin her iki yarım küresinin etkin kullanımının sağlıklı bir gelişimi ortaya koyduğunu göstermektedir. Yatay bütünleşme, duyguların söze dökülmesini ve bilinçli farkındalığın oluşmasını, aynı zamanda sağ ve sol yarım kürelerin olumlu ve olumsuz duygusal eğilimlerinin bütünleşmesini sağlar.[37] Bu işlem kişiyi travmalara karşı daha dayanıklı hale getirir ve sağlıklı bir ruhsal gelişimin önünü açar. Gelişimin bu aşamalara ulaştığı nokta beş altı yaşlarına tekabül eder. Bu nedenle altı yaşına kadarki süreç ilişkisel travma açısından oldukça önemlidir.

Dikey Beyin (Üçlü Beyin Modeli)

Çok sevdiğimiz birine karşı bazen neden içten içe yoğun bir öfke hissederiz? Hayatımızda ilk defa gördüğümüz birinden neden korkarız? Bir arkadaş ortamında ilk defa karşılaştığımız biri bizim için fazlasıyla iticiyken bir başkasına neden çekiliriz? Ya da bazı insanlar, ortada hiçbir tehlike yokken neden kalp krizi geçirdiklerini düşünerek doktor doktor gezerler? Amerikalı nörolog Paul D. MacLean 1978 yılında, insanların düşünce ve davranışlarında görülen bazı çelişkileri, uyuşmazlıkları ve patolojik durumları açıklayabilecek evrimsel bir tanım sunmak amacıyla "üçlü beyin" (Triune Brain) adını verdiği beyin modelini ortaya koydu.[38] Modern insan beyninde ilkel yapıların korunduğuna vurgu yapan MacLean'in bu modeline göre beyin, üç genel bölgeden oluşur. Bunlar; *beyin kökü* (sürüngen beyin), *limbik sistem* (memeli beyni) ve "*beyin korteksi*"dir (insan beyni).[39] Bu modele yakından bakmak, kendimizi biraz olsun anlayabilmemiz için bir kapı aralamamıza yardımcı olur.

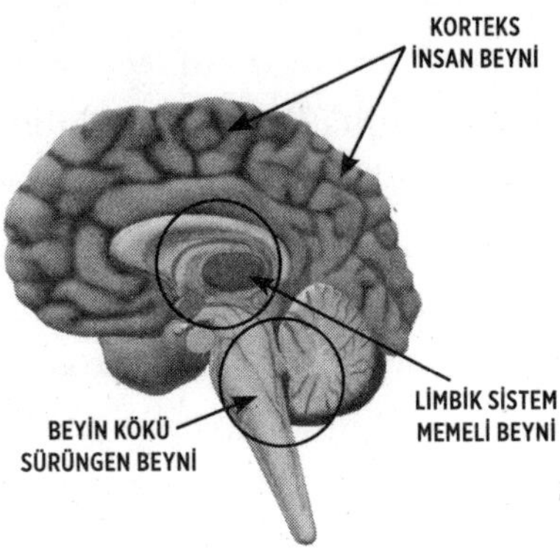

- ***Beyin Kökü:*** Evrimsel olarak pek değişime uğramayan ve insanlardaki ilkel davranışları kontrol ettiğine inanılan "*beyin kökü*" en iç kısımda bulunur. İlkel beyin ya da sürüngen beyni olarak da bilinen bu bölge; vücut sıcaklığımız, kalp atış hızımız, sindirim sistemimiz, solunum özelliklerimiz gibi hemostatik dengeyi sağlayıcı işlevlerden sorumludur. Üst düzeyde zihinsel kapasite gerektirmeyen bu bölgeye ait davranışların özelliği, otomatik olmaları ve değişime direnç göstermeleridir.[40] Bilinçli kontrolün hiç olmadığı sürüngen beyni, vücudun bir bütün olarak hayatta kalmasını sağlar.[41] Memeli beyniyle birlikte tehlike hissedilen durumlarda, ilkel savaş-kaç tepkilerinin ortaya çıkışından sorumludur. Bu haliyle yaşamsal refleksleri düzenleyerek bütün bedeni korur ve kontrol eder.
- ***Limbik Sistem:*** Bir üst katmanda, beyin kökünü sarmalayan diğer beyin bölgesi "*limbik sistem*"dir. Duygularımızın merkezi olarak kabul edilen limbik sistem,

memeli olan tüm canlılarda bulunduğu için memeli beyni olarak da bilinir. Duygular, öğrenme, bellek ve ilkel yaklaş-kaç cevaplarından sorumlu olan limbik sistem sayesinde[42] birini sevebilir, bizim için önemli olan kişiler adına üzülebilir ya da üzerimize doğru hızla gelen bir arabadan kaçabiliriz. Bu sistem beynin iç kısımlarında konumlanan ve görevleri birbirinden farklı olan talamus, amigdala, hipokampüs ve hipotalamus bölgelerini içerir.

- ***Talamus,*** duyusal aktarma istasyonu olarak görev yapar. Koku dışındaki tüm duyularımız (görme, tatma, dokunma, işitme) sinir hücrelerimizden geçerek önce talamusa uğrar. Talamus beyne gelen çok sayıda uyarandan hangisine odaklanılacağını belirler. Bu kitabı okuduğunuz sırada, dışarıdaki sesleri dikkate değer görmeyip satırların arasında kaybolmanızı sağlayan beyin bölgesi burasıdır. Tabii, ansızın duyacağınız bir yangın alarmı, dikkat odağınızı bir anda değiştirebilir. Talamus, dikkate değer her bilgiyi iki farklı yoldan beynin başka bölümlerine iletir.
- ***Amigdala,*** beynin her iki yarısının derinlerinde badem şeklinde bir organdır. Korku, bağlanma, erken döneme ait anılar ve hayat boyu yaşanan duygusal deneyimlerle ilgili nöral ağların önemli bir bölgesidir.[43] Tehlikeyi hızla değerlendirme konusunda uzman olan amigdala, savaş-kaç tepkisinin ve duygusal belleğin birçok yönüne aracılık eder.[44] Duygusal cevapları belirlemesi nedeniyle ayrı bir öneme sahiptir.[45] Korku belleğiyle ilgili olan amigdalanın gördüğü hasar, duygusal yüklü bir uyarıcının duygusal tepki doğurma yetisini bozar.[46] Bu durum başta tehlikeli durumları algılamada güçlük olmak üzere aşırı seksüalite, toplumsal kuralları hiçe sayma gibi davranışlara neden

olur. Amigdalamız zarar gördüğünde yirmi kişilik bir serseri grubunun üzerine tüm cesaretimizle atılabiliriz. Ya da bize saldırmakta olan yırtıcı bir hayvandan kaçmayı gerekli görmeyebiliriz.

- ***Hipokampüs,*** öğrenme ve anımsama merkezidir. Kısa süreli belleğin uzun süreli belleğe yani hafızaya dönüştürülmesine yardımcı olur. Hipokampüsü zarar gören insanlar deneyimledikleri şeyleri uzun süreli belleğe aktaramadıkları için hafıza sorunları yaşarlar. Hafıza, duyguların oluşmasına yol açtığından tıpkı amigdala gibi hipokampüs de duygular üzerinde etkilidir. Ancak duygusal öğrenme ve bellekten sorumlu olan beynin bu yapısı, amigdalanın aksine üç yaşlarında gelişmeye başladığından bunun öncesindeki anılara ait hafıza kayıtlarına sahip değilizdir. Dolayısıyla üç yaş öncesine ait anılara sahip olduğunu dile getiren kişiler, muhtemelen bir anlatının anısını taşımaktadırlar. Talamusun altında yer alan ve bir fasulye tanesi büyüklüğünde olan hipotalamus; açlık, susuzluk, uyku, vücut ısısı, cinsellik ve daha birçok vücut fonksiyonunun dengeli bir biçimde yürütülmesini sağlar. Hipokampüsümüz zarar gördüğünde sabah kahvaltıda ne yediğimizi hatırlamak imkânsız hale gelir.
- ***Hipotalamus,*** beyin kökü, limbik sistem ve frontal loblara sayısız bağlantılarla uzanan bir bölgedir. Sosyal bilgilerin işlemden geçirilmesinde amigdala ve hipokampüsle birlikte önemli bir rol oynar. Duygu işlemindeki görevi, otonom sinir sistemini düzenlemesinin yanında "SAVAŞ-KAÇ" ve "DUR-SİNDİR" tepkilerini ortaya çıkarmasıdır. Bu haliyle merkezî sinir sistemi ile otonom sinir sistemi arasında bir köprü işlevi görür. Hipotalamusun motivasyonel sistemlerin merkezinde olduğu bilinir.[47]

- ***Beyin Korteksi:*** En üst katmanda bulunan *"beyin korteksi"*, beyni çepeçevre saran bir konumdadır. Tüm canlılar içerisinde yalnızca insana has bir bölgedir. Bu nedenle insan beyni olarak anılır ve bilinçli düşünme, problem çözme, dilin kullanımı, soyut düşünce ve öz farkındalığa dair işlevlerden sorumludur. Bu haliyle bilinçli deneyimlerimizi ve dünyayla aramızdaki öğrenilmiş etkileşimleri örgütler.[48] Korteks, her birinin işlevleri birbirinden farklı altı önemli bölgeden oluşur. Ön kısımda bulunan *frontal loblar* motor davranışlarımız, problem çözme becerimiz, sözel dil becerilerimiz, soyut düşünce gibi işlevleri düzenler. Ayrıca kendiliğin merkezi olarak gösterilen "orbitoprefrontal korteks" burada yer alır ki bu bölge küçük ya da büyük travmaların kendilikle ilgili duygusal çıktılarının toplandığı yerdir. Beynimizin bu bölgesi zarar görürse kendimizi tanımakta zorlanacağımız biri haline dönüşebiliriz. Nitekim 19. yüzyılda Amerikalı bir demir işçisi olarak çalışan Phineas P. Gage'in yaşadığı talihsiz kaza, tam da bu sonucu doğurmuştur. Çalıştığı sırada kafatasından giren demir bir sırık, Gage'in frontal lobunu parçalasa da yaşamını elinden almamıştır. Ama iyileşip sosyal hayata döndüğünde Gage artık eskisi gibi değildir. Tüm kişiliği değişmiş, kural tanımaz ve düşüncesiz biri olup çıkmıştır. Öyle ki Gage, en yakınlarının bile köşe bucak kaçtığı biri haline gelmiştir. Üst kısımda yer alan *parietal*

PHINEAS GAGE

lob tüm bedenimizden gelen dokunsal uyaranlar ile motor becerileri birbirine bağlar. Böylece hem kendi bedenimizin hem de nesnelerin uzamsal olarak algılanmasında işlev görür. Elinizi su dolu bir bardağa uzattığınızda çarpmadan alabilmeniz ya da bir merdivenden dengeli bir şekilde inebilmeniz beynin bu bölgesi sayesinde mümkün hale gelir. Arka kısımda bulunan *oksipital lob* görsel bilginin işlenmesinde kullanılır. İlk olarak talamusa uğrayan görsel uyaranlar oksipital loba iletilerek burada anlam kazanır. Gördüğünüz yüzün babanıza ait olduğuna karar veren beyin bölgesi burasıdır. Alt kısımda bulunan *temporal lob* işitsel verilerin işlenmesinden sorumludur. Yine talamus aracılığıyla temporal loba iletilen işitsel uyaranların anlam kazandığı bölge burasıdır. Bu dört bölüme göre biraz iç kısımda bulunan insula ve singulat bölgeleri ise limbik işlemleri bütünleştirerek kortikal ağlara iletir. İnsula ve singulat bu önemli işlemi, limbik yapılardan neokortekse uzanan yoğun bir nöral ağ aracılığıyla gerçekleştirir.

Doğumdan itibaren sürüngen beyni (beyin kökü) tam olarak işlevseldir. Memeli beyni de (limbik sistem) yerini almış, ilk deneyimlerle örgütlenmeye hazırdır. Öte yandan korteks (insan beyni), otuz yıl boyunca gelişmeye devam edecek ve yaşam boyu olgunlaşmasını sürdürecektir.[49] Bu bilgiler ışığında ele aldığımızda beyin kökünün gelişimi genetik şablona bağlıyken korteksin ve limbik sistemin gelişimi büyük oranda deneyime bağlıdır.[50] Doğum anından, hatta doğum öncesinden başlayan bir süreçte binlerce, milyonlarca deneyimin beynimizin bu devrelerini organize ettiği düşünüldüğünde bizi bugün neyin yönettiğini anlamak zor değildir. Yapısal ve işlevsel farklılıklarına rağmen beynin bölgeleri birbirinden bağımsız hareket etmezler. Aksine aralarında sürekli olarak uyumlu bir etkileşim söz konusudur. Bu etkileşim dikey bütünleşmeyi getirir. Böylece korteks; beyin kökü ve limbik sistemden gelen dürtüleri, refleksleri ve duyguları işlemden geçirerek ketler ya da yeniden örgütler.[51] Beyin bölgeleri arasındaki etkileşim ve korteksin (bilişsel sistemler) kontrolündeki organizasyon, sağlıklı bir ruhsal yapının temelidir. Ancak bazen belli bir bölgenin baskın hale gelmesi mümkündür.[52] MacLean'e göre ilkel yapıları temsil eden limbik sistem ve sürüngen beyni, çok daha gelişmiş bir yapı olan korteksin işleyişini etkileme becerisine sahiptir. Dolayısıyla geçmiş deneyimlerimize dayanan bilinç dışı duygusal işlemler; anlık düşüncelerimizi, duygularımızı ve davranışlarımızı yönetir.[53] Ortaya çıkan şeyin nasıl olacağı ise korteksin henüz gelişmekte olduğu gelişimin erken evrelerinde, ilkel yapılarda (limbik sistem ve sürüngen beyin) kayıt altına alınan deneyimler tarafından belirlenir. Bu durum, kabaca Freud'un bilinçli ve bilinç dışı beyin arasındaki ayrımına paralel bir nörolojik açıklama oluşturur. Bu bilgiler, travma anında ve sonrasında beynin işleyişiyle ilgili psikanalitik literatürle örtüşen veriler sunması açısından önemlidir.

TRAVMA VE BEYİN

Travma ve Bellek

20. yüzyılın ortalarında epilepsi konusunda uzmanlaşmış Kanadalı doktor Wilder Penfield, açık beyin ameliyatları yapıyordu. Beyinde acı reseptörü bulunmadığından ameliyat öncesinde hastalar tamamen uyutulmuyor, bunun yerine lokal anestezi uygulanıyordu. Dr. Penfield, operasyonlar sırasında bilinç düzeyleri açık olan hastaların çeşitli beyin bölgelerine zayıf elektriksel uyaranlar veriyor, onlardan deneyimlerini olduğu gibi aktarmalarını istiyordu. Aldığı geri bildirimler sonrasında, konuşma işlevinden sorumlu "Broca" ve "Wernice" alanlarının tam yerini tespit etti. Bu sayede beynin işlevlerini kısıtlayacak bir müdahalede bulunmadan saralı dokuyu çıkarıyor ve epilepsiyi tedavi ediyordu. Bunun yanında özellikle korteksin ön lobunda bulunan bir bölge, Penfield'ın ilgisini çekiyordu. Gerçekleştirdiği sayısız ameliyat sırasında bu bölgeye verdiği her elektriksel uyaranla birlikte hastalar, o anki durumla hiç alakası olmayan deneyimsel ve çağrışımsal şeyler söylüyorlardı. Cevaplar genellikle, "annem yüzünü yıkıyor" ya da "kırmızı kazak..." gibi anlamsız kelimeler topluluğuydu. Üstelik bu durum, sadece şakak lobu uyarıldığında ortaya çıkıyordu. Penfield, bu çağrışımsal bilgilerin geçmiş deneyimlere ait parça

bilgiler olduğunu düşünüyordu. Dolayısıyla bellek denilen şey, şakak lobunda yer alıyor olmalıydı. Bu düşüncesine rağmen Penfield, hafızanın yerini tam olarak belirleyemedi. Bellekten sorumlu beyin bölgesi, isminin baş harflerinden ötürü tarihe H. M. olarak geçen bir hastanın beyin ameliyatından sonraki süreçte kesin bir biçimde ortaya çıkacaktı.

1931 yılında dokuz yaşlarında olan Henry Gustav Molaison adında bir çocuk, yaşadığı bir bisiklet kazasında başına aldığı darbe nedeniyle sara nöbetleri geçirmeye başladı. İlk başlarda ciddi bir sorun görünmüyordu. Ancak yaşı ilerledikçe nöbetleri fazlalaştı ve katlanılamaz hale geldi. Yirmi yedi yaşına geldiğinde ise epilepsi nöbetleri ve kısmi felçler nedeniyle, bu gencin hareket kabiliyeti ciddi düzeyde kısıtlanmış vaziyetteydi. 1953 yılında doktor William Scoville, Molaison'un sara nöbetlerinin kaynağı olarak gördüğü medial şakak lobunun bir kısmını ve iç kısımda yer alan hipokampüsü bir operasyonla tamamen çıkarıp aldı. Ameliyat sonrası Molaison'un nöbetleri tamamen kesildi ancak ciddi bir sorun var gibi görünüyordu. Çünkü hasta geçmiş anılarının hiçbirini hatırlamıyordu. Doktor Scoville, o dönemde hafızayla ilgili çalışmalar yapan bir başka doktor Brende Milner'a durumdan bahsedince Milner, bu hastayla ilgilenmeye başladı. Milner'ın Molaison'la yaptığı uzun süreli çalışmalar, bellek ve hatırlamaya dair o döneme kadar gizli kalan bilgileri gün yüzüne çıkardı. Molaison, tüm geçmişini unutmakla kalmamış aynı zamanda günlük yaşadığı olaylara ilişkin de hiçbir şeyi hatırlayamıyordu. Öyle ki birkaç dakika öncesini hatırlamakla birlikte, beş dakika öncesinde neler yaşandığına dair en ufak bir fikri yoktu. Dolayısıyla Molaison'un çok yakın zamanlı bilgiyi hatırlamayla ilgili bir sorunu yoktu ancak geçmiş deneyimlerini ve üzerinden biraz zaman geçen bilgileri hatırlayamıyordu. Buradan sonuçla Milner, farklı bellek türlerinin farklı işlemler aracılığıyla gerçekleştiğini ve belleğin beyinde farklı yerlerde konumlandığını buldu. Molaison'un operasyonu sırasında uzun süreli hafızanın oluşmasını sağlayan beyin bölgeleri hasar görmüş olmalıydı. Bu bölge hipokampüstü.

İnsan beyni bir günde yaklaşık yirmi bin yeni deneyim elde eder. Ancak bu deneyimlerin önemsiz olanları hafıza kayıtlarına hiçbir zaman alınmaz. Bir bilginin kalıcı hafızaya dönüşüp dönüşmeyeceğine karar veren merkezî bölge ise hipokampüstür. Hipokampüs, kendisi için sadece önemli olabilecek olumlu ve olumsuz yaşam olaylarını kayıt altına alır. Bu kayıt işlemi de bir video kayıt gibi bütün bir şekilde beynin tek bir bölgesinde yapılmaz. Aksine deneyime ait parçalar, beynin farklı yerlerinde kodlanır. Görüntüler görsel kortekse, sesler işitsel kortekse, kokular koku korteksine, beden-duyusal bilgiler motor kortekse ve duygusal parçalar amigdalaya kodlanır. Hipokampüs, amigdala, beyin korteksi ve diğer yapılarla iş birliği yaparak açık belleği ve bilinçli öğrenmeyi örgütler.[54] Deneyime ait farklı beyin bölgelerinde kodlanan parça bilgileri toplayarak bir anıya dönüştüren hipokampüs, bu yolla hafızanın uzun süreli, bilinçli ve açık olarak ortaya çıkmasını sağlar. Ancak belleğimiz sadece bilinçli ve açık bellekle sınırlı değildir.

Doktor Milner belleğe dair çalışmalarını genişlettikçe Molaison'la yaptığı çalışmalarda çok önemli bir bulguya daha rastladı. Ondan bir yıldız çizmesini istediğinde ilk başlarda zorlanan hasta, ilerleyen günlerde daha iyi bir yıldız çizmeyi başarmıştı. Ancak daha önce yıldız çizdiğini bilinçli olarak hatırlamıyordu. Ayrıca bariz bellek kaybına rağmen Molaison'un beyni bilgiyi uzun süreli bir şekilde ancak örtük olarak hatırlıyordu. Bisiklet sürmek ya da yazı yazmak gibi... Peki nasıl oluyordu da beş dakika önce bir yıldız çizdiğini bilinçli olarak hatırlamayan biri, günden güne daha iyi bir çizim yapabiliyordu? Ya da geçmişe dair hiçbir anıya sahip olmayan biri, nasıl oluyordu da bazı motor davranışları yapmaya devam edebiliyordu? Bu durum bize farklı bellek türlerinin olduğu bilgisini veriyordu. Dolayısıyla bilinçli ve açık hislerle ilgili anıları depolayan sinirsel sistemler ile bilinç dışı, örtük, duygusal yüklü anıları depolayan sinirsel sistemlerin farklı beyin bölgelerinin işlevi olarak ortaya çıktığı anlaşıldı.[55] Bilinçli (açık) bellekte, ön alın korteksine gelen bilgi hipokampüse iletilir ve oradan da motor, beden-duyusal, işitsel ya da görsel belleğe aktarılarak kortikal ağlara kaydedilir. Bu işlem hipokampüs, temporal loblar ve lateral prefrontal loblar gibi beynin sonradan olgunlaşan bölümleri tarafından organize edilir. Hatırlama işlemi, bu bilgilerin tekrardan bir bütün haline getirilmesi yoluyla gerçekleşir.

Bilinç dışı (örtük) bellekte ise tekil bir bellek sistemi değil, amigdalanın da işin içine girdiği beyin korteksinin derinliklerindeki çok daha karmaşık sistemleri kapsayan süreçlerin bileşimi söz konusudur. Bu bellek türü yaşantıları bilinçli anısal ifade ve kavramlar olarak değil; imgeler, algılar, duygulanımlar ve davranışlar olarak saklar.[56] Örtük belleğin oluşumunda hangi bölgelerin yoğun olarak aktif rol oynadığı bilinse de konumu açık değildir. Bu nedenle bilinçli belleğe göre çok daha karmaşık ve bilinmezdir. Daha çok amigdalanın başrolünde talamus, beyincik ve orbital medyal prefrontal bölgeler gibi ilkel yapılar tarafından organize edilir. Açık bellek bilinçli bir çaba gerektirirken örtük bellek çoğu zaman otomatik gerçekleşir. Ayrıca açık belleğin aksine örtük bellekteki bilginin hatırlanması, bilinçli bir çabaya bağlı değildir. Kayıt işlemi açık bellekteki gibi parça bilgilerden çok bütünsel bilgiler şeklindedir. Öğrenme dediğimiz şey ise hem açık hem örtülü belleğin ortak çabasıyla gerçekleşiyor olsa da bugün geldiğimiz noktada belleğin büyük bir kısmı örtüktür.

Burada açık-bilinçli bellek ve örtük-bilinç dışı bellek arasında bir ayrım yapılmış olsa da açık belleğe (mantıklı, bilinçli) kayıttan büyük oranda sorumlu hipokampüs ve örtük belleğe (duygusal, bilinç dışı) kayıttan büyük oradan sorumlu amigdala arasında önemli bir ilişki söz konusudur. Bir ilişkide, hem duygusal hem de bilişsel ögeler hayati önem taşıdığından bu yapıların yeterince gelişmesi, işlev görmesi ve birbirlerini karşılıklı düzenlemesi şarttır.[57]

Öğrenme Ediminin Nörobiyolojisi

Öğrendiğimiz her şey, beyin devrelerimizde depolanır. Çünkü hayatta kalmak için deneyimlerimizin bize sağladığı bilgiye ihtiyaç duyarız. Arabaların hızla geçtiği bir otobanda yürümüyor ya da eksi on derece havada dışarıya tişörtle çıkmıyor oluşumuz, daha öncesinde öğrendiklerimizin hafızaya dönüşmesiyle mümkün hale gelir. Ancak bu sayede kendimizi olumsuz şeyler yaşamaktan koruyabilir ve hayatta kalmayı başarabiliriz. Dolayısıyla farklı beyin bölgelerimizin katılımı ve birbirleriyle etkileşimi sonucunda ortaya çıkan bellek sistemleri, bugünkü duygu, düşünce ve davranışlarımıza yön verir. Merak edilen şey ise davranışlarımızın öğrenme yoluyla bir değişikliğe uğradığı ve bu değişikliğin kalıcı hale geldiği anlarda beynimizde neler olduğudur.

Kanadalı psikolog Donald Hebb, 1949 yılında yayınladığı kitabında öğrenmenin beyinde gerçekleşen fizyolojik bir olay olduğu görüşünü ortaya attı. Ona göre yeni şeyler öğrendiğimizde, beynimiz yapısal olarak bir değişikliğe uğruyordu. Bellek depolamanın biyokimyasal mekanizmaları hakkında ilk kez ortaya çıkan bu düşünce cezbedici görünse de henüz kanıta dayanmıyordu.

Bundan tam yirmi yıl sonra Amerikalı psikiyatrist ve nörobilimci Eric Kandel, Hebb'in bu düşüncesini doğrulayacak ve kendisine 2000 yılında fizyoloji-tıp alanında Nobel Ödülü'nü getirecek inanılmaz bir çalışmaya imza atacaktı. Öğrenme ediminin beyinde nasıl gerçekleştiğini ortaya koyan bu çalışmasında Kandel, "aplysia" adı verilen bir deniz salyangozuyla çalışmayı seçti. Memeli beynine göre çok daha sade görünen bu canlının beyni, yalnızca yirmi bin nörondan oluşuyordu. Bu nöronlar dokuz ayrı yığın halinde kümelenmişti ve her birinde az sayıda nöron bulunuyordu. Kandel çalışmaya başlamadan önce, belirli tipteki nöronların belirli davranışları örgütlediğini biliyordu. Dolayısıyla ilk olarak yapması gereken şey, bu hayvanda bellek depolama işlemine katılan nöronları diğerlerinden ayırt etmek olacaktı. Sonrasında ise az sayıda nöronu harekete geçiren basit bir davranış belirleyecek ve bu davranışı laboratuvar ortamında modelleyecekti.

Haftalar süren gözlemler sonucunda aplysia'nın temel bir refleks olarak ortaya koyduğu kaçınma davranışlarından biri üzerinde çalışmaya karar verdi. Bu davranış, dışta kalan solungacına yakın bir yere dokunulduğunda refleks olarak solungacın kabuklu bölgeye çekilmesiydi. İşin en güzel tarafı Kandel bu davranışı tek bir nöronu tetikleyerek sağlayabilecekti. Kandel, deniz salyangozundan bu davranışı modelleyebileceği iki tane nöron çıkarttı. Bunlardan biri salyangozun emici borusundan alınan duyu siniri ve diğeri kuyruktan alınan bir motor siniriydi. Bu ikisi tek bir sinapsla birbirine bağlıydılar. Nöronları laboratuvar ortamına alarak çalışmaya başlayan Kandel, belirli bir hücreye uzanan akson demetlerine küçük miktarda elektriksel uyarıcı verdi. Amacı sinaps potansiyellerini ölçmekti. Uyarıcı tekrarladıkça, hücrede bu uyarıcıya tepki olarak üretilen ve başlarda yüksek olan sinaps potansiyeli gittikçe zayıfladı. Artık eş zamanlı olarak hayvan, solungaca dokunulduğunda daha öncesinde refleks olarak verdiği kaçınma tepkisini vermiyordu. Onuncu uyarımın sonunda sinaps potansiyeli ilkine göre yirmi kat zayıftı. Hayvan artık hiç tepki vermiyor gibiydi. Yani etkisiz bir uyaranla karşılaşıldığında ortaya çıkan davranışsal tepkinin nöronal düzeydeki karşılığı, sinaps potansiyelinin zayıflamasıydı. Bu durum davranışçı ekolde "alışma" ya da "duyarsızlaşma" olarak biliniyordu. Kandel, aradan on beş dakika geçtikten sonra aynı nöron demetini güçlü bir şekilde uyardığında sinaps potansiyelinin tekrar başlangıçtaki seviyeye geldiğini gördü. Her iki durum da Kandel için mucizevi bir şeydi. Bir sinir hücresi düşük elektriksel uyaranlarla uyarıldığında sinaptik bağlantı potansiyeli zayıflıyor ya da güçlü uyarımlar, sinaps potansiyelini artırıyordu.

Çalışma, öğrenmenin beyindeki anatomik bir değişiklikle gerçekleştiğini ortaya koyuyordu. Bir sinir hücresi uyarıldığında ortaya çıkan şey, elektriksel ve kimyasal iletim aracılığıyla diğer hücrelere taşınıyordu. Hücreler arası iletişimin artması, nöronlar arasındaki sinaptik bağlantı yollarının genişlemesi ve bunun kalıcı hale gelmesini ifade ederken hücreler arasındaki iletişimin sistematik olarak azalması, bağlantı yollarının kaybolması anlamını taşıyordu. Bu durumların gerçekleşebilmesi için tekrar ya da çok güçlü bir duygu gerekliydi. Böylece travmatik bir anının örtük ya da açık belleğimizde kalıcı olmasını sağlayan şeyin yeni bağlantılarla nöronlar arası kucaklaşmanın büyümesi olduğu anlaşıldı.

Beynimiz birbirine bağlı yaklaşık yüz milyar nörondan oluşur. Nöronlar beyin ve beden arasındaki mesajların geriye ve ileriye doğru akmasını sağlarlar. Nöronlar üç farklı bölümden oluşur. Yuvarlak ana gövde, gövdeden uzayan çalı parçası gibi dendrit ve gövdeden uzayan aksonlar. Bir nörondan çıkan ileti, diğer nöronun ilk olarak dendritlerinden girip oradan gövdeye ve en son aksonlarına ulaşır. Aynı şekilde bu hücrenin akson uçları diğer hücreyi uyararak onun dendritine, oradan gövdeye ve tekrar aksona gider. Yani hücreler arası iletişimi hem dendritler hem de aksonlar sağlar. Öğrenme dediğimiz şey, bu nöronlar arasında elektriksel ve kimyasal iletişimler aracılığıyla yeni yolların oluşturulması ve bunların kalıcı hale gelmesidir.

Bir şeyler öğrendiğimizde elektriksel mesajlar bir nörondan diğerine defalarca seyahat eder. Şu anda bu satırları okuduğunuz esnada, beyin hücreleriniz birbirleriyle yeni bağlantılar kuruyor ve bu yolla edindiğiniz bilgiler hücresel düzeyde işleniyor. Nöronlar her ne kadar bireysel olarak bu şekilde çalışıyor olsa da bir süre sonra birbirine bağlanan nöron grupları artık birlikte hareket etmeye başlar. Uzun süreli potansiyel artışı adı verilen bir süreçle hücreler arasındaki uyarımın süresi uzatılır ve bu şekilde hücreler ateşleme örüntülerini senkronize ederek nöral ağlar halinde örgütlenirler.[58] Yani birlikte ateşlenen nöronlar lehimlenir ve nöron gruplarını oluşturur.

Hücreler arası boşluklara sinaps adı verilir ve bu boşluklar nörotransmitter denen kimyasallarca atlanır. Yani nörotransmitterler bir çeşit hücreler arası mesaj taşıyıcılarıdır. Bir nöron ateşlendiğinde diğer nöronla bağlantı kurmak için çabalar ancak bu elektrik, sinaps denilen boşlukları atlamaya yetmez. Bu nedenle aksonlar elektriği, sinaptik boşluğu atlamayı sağlayacak kimyasallara dönüştürür. Yeni bir bilgi öğrenildiğinde nörotransmitterler bir sinir hücresinden aldıkları sinyali öbür sinir hücresine taşırlar. Sinapslar, milimetrenin 1/50'si genişliğinde olsa da bir sinyalin diğer bir sinir hücresine hızlı bir şekilde iletilmesi her zaman kolay bir işlem değildir. Sinyal bir nörondan diğerine ilk kez geçerken zorlanır ancak sonraki her geçiş bu iletişimi kolay hale getirir. Bu nedenle ilk kez yapmaya başladığımız şeylerde zorlanırız ancak tekrar etmek, yaptığımız işlemi kolay hale getirir. Dolayısıyla bir bilgiyi sıfırdan öğrenmek zordur ancak tekrar ya da yüksek duygulanım, öğrenmeyi hızlandırır ve kalıcı hale getirir. Öğrenme dinamik bir süreçtir ve hem ileriye hem de geriye dönük gerçekleşebilir. Bu durum hücreler arası sinaptik yoğunluğun azalması ya da kuvvetlenmesi yoluyla ortaya çıkar. Bu yolla bir taraftan zaten var olan nöronlar değişime uğrarken diğer taraftan öğrenmeyle ilgili bölgelerde oluşan yeni bağlantılar, nöral ağların gelişimine sürekli katkıda bulunurlar.[59] Konu travmatik deneyimin insan beyninde nasıl bir öğrenmeye yol açtığına gelince bu bilgiler önem kazanır.

Travmatik Beyin

Korkunun değerlendirilmesi ve korkuya verilen tepkiler, birbirine bağlı ancak farklı işlevleri yerine getiren iki sistem tarafından düzenlenir.[60] Birincisi, amigdalanın kontrolünde bilginin işlendiği ve anlık, hızlı tepkilerin yaratıldığı sistemdir. Bu sistem korku, stres ve endişe yaratan durumlarda amigdalayı çok hızlı bir biçimde uyarır. Amigdala korku, bağlanma, erken döneme ait anılar ve hayat boyu yaşanan duygusal deneyimlerle ilgili nöral ağların önemli bir bölgesidir. Birinci görevi, bir uyaranla korku tepkisini eşleştirerek bizi korumaktır.[61] Aynı zamanda duygusal belleğin kodlanmasından sorumlu olan amigdala, tehlikeyi hızla değerlendirme ve bu değerlendirmeye göre savaş-kaç tepkisini tetiklemede başrol oynar.[62] Bu sistemin aktive olduğu durumlarda yüksek düzeyde uyarılan amigdala, beynin farklı bölümlerine acil sinyaller göndererek savaşma ya da kaçma tepkisini açığa çıkarır. Bu işlem organizmanın vücut sıvı dengesini değerlendirmesi ve bu değerlendirmeye uygun olarak düzenleyici mekanizmalar üretmesi gibidir. Korkunun değerlendirildiği ve korkuya verilen tepkilerin düzenlendiği ikinci sistem, hipokampüs ve korteksin etkin rol oynadığı yavaş sistemdir. Karmaşık, bilinçli işlemler gerektiren bu sistemin görevi, uyaranın güvenli olduğuna karar verilirse amigdalanın etkinleşmesini engellemek ve savaş-kaç tepkisini ketleyici nöral ağları devreye alarak sistemi dengelemektir.[63] Böylece kortikal yapıların amigdalayı inhibe etmesi (bastırması) sağlanır ve duygusal yanıt modüle edilmiş olur. Bu sistemin yavaş olmasının sebebi, işlemin gerçekleştiği sırada diğer sisteme oranla beynin çok daha fazla bölgesiyle bağlantı kurmak zorunda olmasıdır.

Peki deneyimlerimizde bu iki sistemden hangisinin aktif olacağını belirleyen şey nedir? Bununla ilgili araştırmayı Joseph LeDoux, çalışma arkadaşı Michael Davis'le birlikte gerçekleştirmiştir. LeDoux ve arkadaşı, bu çalışmayı yapmak için bir fareyi denek olarak seçtiler. Ayağına iletken bir kablo bağladıkları farenin vücuduna şok ile eş zamanlı olarak ses uyaranı verdiler. Tek başına koşulsuz bir uyaran olan ses, tekrarlar sonucunda şokun yarattığı korkuyla eşleştiğinden fare için koşullu bir uyaran haline geldi. Bir süre sonra sadece sesin verilmesi bile farede korku tepkisini başlatmaya yetiyordu. LeDoux, ilk başlarda hiçbir anlamı olmayan ses uyaranının hangi yolları kullanarak korku tepkisini ortaya çıkardığını ve bu yolla örtülü belleğin nasıl ortaya çıktığını merak ediyordu.

Amacı, bunu nöronal düzeyde görüntülemekti. Buna göre ses dalgaları ilk olarak duyu nöronlarını aktif hale getiriyor, duyu nöronları da duyusal aktarma istasyonu olan talamustaki işitmeyle ilgili nöron grubunu tetikliyordu. İşte tam olarak burada bir şeyler oluyordu. Normal süreçte talamustan işitsel kortekse uğraması ve ardından amigdalaya uzanması gereken nöron grubu, âdeta kaçak bir hat şeklinde kortekse uğramadan doğrudan amigdalanın yan çekirdeğine gidiyordu. Amigdala, kendisine hızlıca iletilen uyaranları daha önceki duygu kayıtlarıyla karşılaştırarak koruyucu tepkilere yol açıyordu.

Amigdalanın bu kadar ani bir tepkiye neden olmasının sebebi, hipotalamusla ve limbik-motor devrelerle kurduğu direkt ve hızlı nöral bağlantılardır. Bu hızlı bağlantılar değerlendirmeyi bedensel durumlara ve eyleme dönüştürür. Tehlike anlarında aktive olan bu sistem, yavaş olan diğer sisteme göre iki kat daha hızlıdır. O kadar hızlı çalışır ki bizler tehlikeli durumları bilinçli zihnimizle algılamadan çok önce, amigdala tepki vermiş olur.

Yapılan araştırmalara göre beyin, bir deneyimle karşı karşıya kaldığında 33 milisaniye gibi kısa bir sürede, "Bu bilgi yeni mi, değil mi, tehlikeli mi?" diye bir değerlendirme yapar. Bu süre bir saniyenin %3'üne eşittir. Bu kadar kısa sürede gerçekleşen bu işlem düşünce süreçlerinden tamamen bağımsız gerçekleşir. Yani bilgi daha frontal loba gönderilip bilinçli farkındalığımız oluşmadan amigdala duygusal beyni harekete geçirir ve savaş-kaç tepkisinin ortaya çıkmasına neden olur. Dolayısıyla aslında fare tek başına zararsız olan ses uyaranına tepki vermiyordu. Sesi duyduğunda amigdaladaki korku deneyimi ateşlenen fare, duygusal bellekte kodlanmış travmatik deneyimin bizzat kendisine tepki veriyordu. Bu stres tepkisiydi. Amigdalanın yan çekirdeği çok daha fazla beyin bölgesiyle bağlantılıdır. Bu bağlantılar sayesinde hipotalamus ve korteksin uyarılması, işlevsel tepkilerin verilmesini mümkün kılar. Özellikle savaş-kaç tepkisinden sorumlu hipotalamusun uyarılması bu işlevi yerine getirir. Normal zihinlerde bu, hayat koruyucu bir işlev görür. Sorun şu ki her alarm gerçek değildir ve işin kötü tarafı yanlış alarm verildiğinde de sistem bu şekilde hareket eder.

Bu durum, TSSB'li kişilerde de bu şekilde gerçekleşir. TSSB kriterlerini karşılayan olgularda travmayla ilişkili olmayan herhangi bir duyusal uyaranın varlığı, amigdalanın duyarlılığını arttırmaktadır.[64] Taciz, deprem, kaza, ya da ölüm tehlikesi içeren travmatik deneyimler, kortikal ve sol yarım kürenin katılımının az olduğu daha ilkel devrelerde kayıt altına alınırlar. Bunun sebebi travma anında ortaya çıkan yoğun duyguların yol açtığı kortikal ketlenmedir. Bu nedenle travmatik anılar; son derece somatik, duyusal, duygusal ve sözsüz anılardır.[65] Bilinçli bir hatırlamadan çok korku nöbetleriyle kendini gösterirler. Korteks-hipokampüs işlevlerinden yoksun olmaları bu anıların zaman içinde bir bağlama yerleştirilememesine neden olur.[66] Günlük yaşantılarında geçmiş travmatik deneyimlere ait küçük benzerlikler bile bu kişilerin zihnine dağınık yerleşmiş olan travmayla eşleşir. Travmatik deneyime ait parça bilgiler (ses, koku, görüntünün benzer bir parçası vb.), kişinin ilk travmatik deneyimini tetikler. Böylece beyin, sanki travma o anda yaşanıyormuş gibi algılar ve belirli bir uyarana tepki vermekten çok o uyaranın canlandırdığı asıl travmaya tepki verir. Bu nedenle TSSB'li kişiler, normal yaşamlarına dönmekte oldukça zorlanırlar.

Travma sonrası stres bozukluğu yaşayan kişilerde, travmaya bağlı artan stres hormonları ile amigdalanın duygusal öğrenme işlevlerinin artması sonucu korkunun öğrenilmesi de kolaylaşmaktadır.[67] Dolayısıyla bu kişilerin beyni, sonrasında karşılaşabilecekleri olumsuz yaşam deneyimlerine karşı hassas hale gelir ve bu durum normal bireylere göre travmatize olma ihtimallerini artırır. Normal deneyimler açık-öyküsel bellekte depolanırken travmatik deneyimler örtük-motorik bellekte kayıt altına alınırlar. Travmatik deneyim, travma sonrası stres bozukluğu yaşayan kişilerin duygusal bellek sistemlerine öyle damgalanmıştır ki anılar kortikal bütünleştirmeye direnç göstermektedir.[68] Sonunda kişiler, dışsal uyaranlara dikkatlerini yöneltemez ve gerçekçi bir gözle değerlendirme yapamazlar. Dikkatin odağına giremeyen bu uyaranlar, tetikleyici rolünü üstlenerek örtük belleği harekete geçirirler. Bu durum mevcut pozisyona uygun olmayan tepkilerin açığa çıkmasına neden olur. Böylece travmatik anılar gittikçe güçlenir ve kişiye daha fazla rahatsızlık vermeye başlar.

Hem gelişimsel psikoloji çalışmaları[69] hem de yetişkinler üzerine[70] çalışmalar, travma sonrası stres bozukluğuna yönelik akut yanıtların iki alt türü olduğunu göstermektedir. Bunlar, "aşırı uyarılma" ve "çözülme"dir. Şu ana kadarki süreçte aşırı uyarılma durumlarında ortaya çıkan savaşma ya da kaçma tepkisini ele aldım. Bu stres tepkisi olarak da tanımlanabilir. Bu tepkinin ortaya çıkmasını sağlayan temel mekanizma, sempatik sinir sisteminin aktive olmasıdır. Bu aktivasyon sayesinde beyin, hızlı bir şekilde adrenalin ve noradrenalin üretir. Bunlar vücuttaki damarları büzüştürerek tansiyonu yükseltir. Aynı zamanda kanı parmak uçları, burun, kulak gibi kılcal damarlardan çekip hareket imkânı sağlayacak şekilde kol ve bacak gibi daha geniş kas gruplarına gönderir. Bu sırada yoğun kortizol salınımı ortaya çıkar ki bu hormon, stres hormonu olarak da bilinir. Kortizol adrenalin ve noradrenalin hormonunun verdiği komuta göre vücuttaki yağları yakarak glikoza çevirir. Bu yolla vücudun ihtiyacı olan enerjiyi sağlayarak hareket kabiliyetini artırır. Böylece savaşma ya da kaçma eyleminin önünü açar. Ancak bazı travmatik deneyimlerde stres tepkileri (savaşma-kaçma) işe yaramayabilir. Kişi savaşamayacak kadar güçsüz, kaçamayacak kadar da zamansız olabilir. İşte bu durumda son çare olarak başvurulan savunma yönlü bir strateji,[71] travma tepkisi ortaya çıkar ki bu *"çözülme"*dir.

Travma ve Çözülme (Dissosiyasyon)

İlkelden olgun seviyelere doğru tüm savunma mekanizmaları yaşamın ilk beş yılında oluşur. Savunmalar, nöral ağların stresle başa çıkma yöntemidir. Kişinin psikolojik olgunluk düzeyine bağlı olarak yaşam boyu değişime uğrayarak da olsa varlığını devam ettirirler. Özellikle olgun savunma mekanizmaları, açığa çıkması muhtemel güçlü duyguların yatışmasını sağlayarak kişinin içinde yaşadığı toplumla ortak bir sosyal frekansta kalmasını sağlar. Ancak ilkel düzeydeki savunma mekanizmaları, gerçekliğin çarpıtılmasına yol açar ve en başta toplumsal gerçekliğimizi oluşturan kişilerle çatışma yaşamamıza neden olur. Çözülme yani dissosiyasyon da kaçınılması mümkün olmayan durumlarda kişinin kendini korumak amacıyla başvurduğu ilkel savunma mekanizmalarından biridir. Hem gelişimsel travma açısından hem de beklenmedik bir biçimde karşımıza çıkan zorlayıcı yaşam deneyimleri açısından "çözülme" yönlü savunmalar, insan ruhuna önemli etkileri olan bir mekanizmadır. Öyle ki bebeğin travma karşısında psikobiyolojik tepki örüntüleri, "aşırı uyarılma" ve "çözülme"den oluşur.[72] Erken gelişim döneminde travma, "psişik felaket" şeklinde deneyimlenmişse, yani bebek için katlanılamaz bir durum söz konusu ise çözülme, otomatik olarak gerçekleşen en uygun strateji olarak görünmektedir. Çözülme, çaresizlik ve umutsuzluk veren stresli hallerde meydana gelir.[73] Kısa vadede hayat kurtarıcı bir strateji olsa da uzun vadeli işlevlere zarar verir.[74] Çözülme (dissosiyasyon) dediğimiz şey, bir çeşit donup kalma halidir. Dolayısıyla stres tepkisi kişiyi harekete geçirirken travma tepkisi tamamen donuklaştırır. İnsanlar yoğun duygulanım yaratan olaylarla karşılaştığında korkutucu deneyimle var olan bilişsel şemaları birbiriyle eşleştirilemez. Bu anlarda aktive olan parasempatik sistem, vücudu tüm duyusal uyaranlara âdeta kapatarak hareketsiz hale geçer. Çözülme yönlü metabolizmanın kapatılması, yaşam boyunca başvurulan birincil düzenleme süreçlerinden biridir.[75] Bu olduğunda deneyime dair anılar, kişisel farkındalık sahasına dâhil edilemez. Bunun yerine, bu deneyimler bilinç ve istemli kontrolün dışına çıkar yani çözülür. Travmatik anıları entegre etme hususunda başarısız olunması sonucunda aşırı duygusal uyarılma yaşanır. Travmaya dair anı izleri erimeyen, bilinç dışı, sabit fikirler olarak kalır. Kişinin hayatında dehşet veren algılar, takıntılı meşgaleler ve somatik yeniden deneyimlemeler şeklinde yer almaya devam ederler.[76] Dolayısıyla çözülme, normal süreçlerde bütünlük içerisinde olan bilinç, bellek, kimlik, duygu, algı, beden temsili ve motor kontrol gibi psikolojik işlevlerin tümünü ya da bir kısmını etkiler.[77]

Çözülme anlarında parasempatik sistemin kontrolünde beyinde farklı kimyasallar açığa çıkar ve bu sayede beyin, bedeni yaralanmalara karşı hazırlar. Vücudun kan basıncı azalır, kalp atış hızı ve solunum düşer. O anki acıyla başa çıkmak üzere salgılanan endorfin, deneyimin vücuda daha az zarar vermesini sağlamak için sinirleri uyuşturur. Endorfin vücutta bulunan morfin benzeri bir salgıdır ve ana kullanım amacı analjezidir. Buna rağmen ağrı kesici etkisi, morfinden yaklaşık otuz kat fazladır. Özellikle kadınların doğum yaptıkları sırada doğal uyuşturucu görevi gören endorfin, doğumda ortaya çıkan acıya katlanılmasını sağlar. Baş edilmesi güç travmatik deneyimlerdeki işlevi, acıyı dindirmesi ve kişiyi sakinleştirerek gerçekleşmekte olan olaydan psikolojik olarak uzaklaşma hissi yaratmasıdır.[78] Böylece kişi o anda yaşananları gerçekte kendisi yaşıyormuş gibi hissetmez. Deneyimle arasına bir çeşit aşılmaz duvar örmüş gibidir. Ancak bunun bir bedeli vardır. Çözülme anında dışsal uyaranlar hiçbir şekilde işlemden geçirilemediği için[79] travmaya ait unsurlar bütün ve entegre bir kendilik hissine dönüşecek şekilde bir araya getirilemezler.[80]

Depersonalizasyon/Derealizasyon

Dissosiyasyon ya da çözülme, zaman zaman sağlıklı insanlarda da görülebilen bir savunma mekanizmasıdır. Dikkatimizi tek bir işe/uğraşa yöneltebilmek ve maksimum verim alabilmek için bulunduğumuz ortamdan kısmen de olsa kopmamız ve bizi dağıtacak şeylere kendimizi kapatmamız gerekir. Şu anda dışarıdan gelen ses ve benzeri çeşitli uyaranları filtreleyerek okumakta olduğunuz bu kitaba odaklanmanızı sağlayan sistem dissosiyasyondur. Bu ve benzeri şekilde işlevsel bir biçimde ortaya çıkan dissosiyasyon sağlıklıdır. Ancak özellikle travmayla başa çıkma mekanizmalarının yetersiz kaldığı durumlarda işlevselliği bozacak şekilde ortaya çıkan dissosiyasyon patolojiktir. Böyle durumlarda yaygın dissosiyatif belirtiler arasında depersonalizasyon ve derealizasyon vardır. Her iki durum da dissosiyatif süreç içerisinde ancak ondan farklılaşmış özelliktedirler. Genel olarak kişinin bulunduğu ortamdan ve kendi bedeninden kısmen kopma şeklinde deneyimlenen bu hallerde, kişiler günlük hayatın akışı içerisinde zaman zaman bedenlerini ya da benliklerini kendilerine ait değilmiş gibi tuhaf bir duygu durumunun içinde hissederler. Bu öylesine garip bir durumdur ki kişi aynada yüzünü görür ancak o yüzün tam olarak kendine ait olduğunu hissedemez. "Evet biliyorum, bu yüz benim yüzüm ama sanki bana ait değilmiş gibi." şeklinde anlaşılması zor bir şeyi tarif eder. Ya da bir arkadaşıyla sohbet ederken bulunduğu ortamdan sanki paralel bir evrene geçmiş ve kendini ikinci bir kişi olarak izliyormuş gibi hisseder. Kendisi ne tam olarak kendisidir ne de tam olarak kendisi değildir. Kendisi ile başkası olma hali arasında bir deneyimi tarif eder. Travma anında kişiliğin bir parçasıyla ilintili olarak gelişen bu durum, kişide geçmiş ve şimdiki zamanla ilgili konfüzyon yaratır. Bu nedenle şimdiki zamanda meydana gelen olayların gerçek mi yoksa tanıdık mı olduğu kanısı belirsizleşmeye başlar.[81]

Peki neden bazı insanlar zaman zaman depersonalize ya da derealize bir hale geçerek böylesi anlaşılması zor duygular yaşarlar? Cevabı bugünde aramak beyhude bir çabadır. Zira yetişkinlikte yaşanan herhangi bir travmatik deneyim, dissosiyatif belirtiler olarak ortaya çıkan bu tip tepkileri açıklamaz. Özellikle erken çocukluk döneminde maruz kalınan büyük bir travma ya da uzun süreli devam eden travmalarla (ilişkisel travma) başa çıkma yöntemi olarak ortaya çıkan depersonalizasyon ve derealizasyon, büyük dissosiyasyonun bir belirtisidir.[82] Travma özellikle gelişimsel bir hal almışsa dissosiyasyon belirtileri görülme ihtimali yüksektir.[83] Aslına bakılırsa doğru cümle şudur: Erken çocukluk döneminde ağır travmatik deneyimlere ya da uzun süreli travmaya maruz kalmamış bir çocuk, yetişkin bir birey olduğunda travmaya dissosiyatif bir reaksiyon göstermez. Bir başka deyişle, sağlıklı bir çocukluk dönemi geride bırakılmışsa normal insan deneyiminin çok üzerinde olan tecavüz, rehin tutulma, işkence, savaş ortamında yaşama gibi deneyimler dışında, yetişkinlikteki herhangi bir olay, o kişide kolay kolay travma yaratmaz.

Beynin "Hayatta Kalma" Modu

Henry Ford'a göre beyin iki farklı işlevi yerine getirir. Bunlar "öğrenme" ve "hayatta kalma" dır. Öğrenen beyin, duyusal girdiler sonucunda duygusal ve kortikal devrelerle sinaptik bağlantılar yaparak yeni bilgiler öğrenir. Beynin uyumlanma yönlü bu işlevi organizmanın gelişmesi için elzemdir. Hayatta kalmaya çalışan beyin ise tehdit ve tehlikeleri önceden sezmek ve kendini korumak üzere hareket eder. Bunu yaparken de daha çok duygusal ve motor devreleri kullanır. Beynin "savaş-kaç" ya da "donup kal" tepkileri aslında bir çeşit "hayatta kalma" modudur. Büyük travmatik deneyimler, benzer durumların her an yaşanabileceği korkusuyla beyni bu modda çalışmaya zorlar.

Peki yaşamın erken yıllarında ortaya çıkan ve kritik evreler boyunca devam eden gelişimsel (ilişkisel) travmalara bu bilgiler ışığında baktığımızda neyle karşılaşırız? Şunu kesin olarak söyleyebiliriz ki ilişkisel travmaya maruz kaldığımız bir çocukluk dönemi geçirdiysek beynimiz çoğu zaman "hayatta kalma" modunda çalışır. Bu durum büyük travmalarda olduğu gibi bariz bir şekilde görünmese de derinden derine tüm ilişkilerimize etki eder. Bazılarımızın dışarıdan hep tehlike geleceğine yönelik bir algıyla, sürekli savunma halinde yaşamasının sebebi budur. Tek fark, tehlike algısının büyük travmalardaki gibi görünür biçimde bedene yönelik değil de kişiliğin savunmasız taraflarına yönelik hissedilmesidir. Çocukluğumuzda maruz kaldığımız ilişkisel travmalara ait yaralar ne kadar derinse bugünkü ilişkilerimizde olur olmaz kanama ihtimalleri o kadar yüksektir. Bizler bilinçli olarak farkında olmasak da bilinç dışımız bu tehlikeyi sezdiğinden geçmiş travmatik deneyimlere benzer her yaşantı, beynimizde tehlike çanlarının çalmasına neden olur. Bu sırada stresle açığa çıkan yoğun kortizol salınımı, beynin uyumlanma yönlü işlevsel fonksiyonlarını ketler. Bunun sonucunda ilkel yapıların devreye alındığı hayatta kalma modu aktifleşir. Nitekim borderline kişilik bozukluğu ile erken dönem travma arasında yoğun ilişki olduğu bilinmektedir. Yakın ilişkilerinde, yanlış yorumlamaların da işin içine girdiği en küçük terk işaretleri, bu kişilerin hayatları tehlikedeymiş gibi hissetmelerine neden olur. Bu hislerin altında çocukluk döneminde terk edilmeye dair travmatik deneyimlerin izleri görülür. Bu anlarda amigdala öylesine ateşlenir ki deneyimin bilinçli işlevlere bağlanmasını sağlayan nöral ağlar çalışamaz hale gelir. Böylece işlevsel olmayan tepkilerin ortaya çıkmasına neden olur. Yani duygular ortaya çıktığında bilinçli düşünce devre dışı kalır ya da bilinçli düşünme yetisi azalır. Kendisini aşağılayan kişiyi bir anlık öfkeyle öldürüp sonrasında, "Aklım başımdan gitti, ne yaptığımı bilmiyordum," diyen kişinin söylediği şey aslında şudur: "Aşağılanma benim geçmişteki benzer travmalarımı öylesine ateşledi ki ilkel beynim sistemi ele geçirdi ve bilinçli beynim çalışamaz hale geldi." Ne zaman ki duygusal yaralarımızı sarabiliriz, işte o zaman beyinlerimiz hayatta kalma modundan çıkıp keyfine varacağımız güzel bir yaşamı öğrenme modunda bize sunabilir.

Travma ve İyileşme

2018'in bir ilkbahar gününde, iş yerinde çalışan D. Hanım mesainin bitmesini bekliyordu. Birlikteliklerinin üçüncü yıl dönümü olan bu günde, sevgilisi onun için güzel bir akşam yemeği ayarlamıştı. Onunla az önce görüştüğünde kendisiyle buluşmak üzere çalıştığı plazanın girişinde onu bekliyor olacağını söylemişti. D. Hanım işini bitirdiğinde ofisten çıktı, asansöre bindi ve on üçüncü kattan aşağıya doğru inmeye başladı. Asansörün kapıları açıldığında döner kapıya doğru yöneldi ve kaldırımda birikmiş olan kalabalığı fark etti. Merakla dışarıya çıktığında kalabalığın ortasında kanlar içinde yatan sevgilisini gördü... Sonrası oldukça karışık... Erkek arkadaşının yüzündeki ifade, kanlar içindeki bedeni, polisler, acı haykırışlar, ambulans sesleri, doktorlar, hastane koridorları, doktorların kaybı haber verdiği o an...

Bazı anılar acı vericidir. Birçoğumuzun geçmişe dönüp baktığında hiç yaşamamış olmayı dilediği ve hatırlandığında rahatsız olup zihninden silmek istediği anılar vardır. Ancak bazı anlar vardır ki bugüne sızar ve geleceğimizi şekillendirir.

Böylece hayatımızı normal bir şekilde devam ettirmemizi imkânsız hale getirir. Normal bir yaşam sürebilmek için güçlü anılara dair acı verici duyguları işlemden geçirmemiz ve geride bırakmamız gerekir. Peki üzerinden birkaç yıl geçmesine rağmen olaya dair tüm ayrıntıları bütünlükten uzak ve ilk günkü canlılığıyla hatırlayan D. Hanım ve onun gibiler için bu nasıl mümkün olabilir?

McGill Üniversitesi'nden Karim Nader, anıların hatırlanması sırasında neler olduğunu ve dışarıdan bir müdahaleyle hatırlama işlevinin değiştirilip değiştirilemeyeceğini öğrenmek istiyordu. Olayların yaşandığı anda hafızanın oluşumu için yeni proteinlere gereksinim duyulduğu, öncesinde yapılan çalışmalardan zaten biliniyordu. Nader, hatırlama işlevi gerçekleşirken yeni proteinlerin üretilip üretilmediğini merak ediyordu. Eğer anıların hatırlanması sırasında yeni proteinlere ihtiyaç duyuluyorsa bu sırada protein sentezi geçici olarak durdurulduğunda acaba hatırlama işlevinde bir değişiklik yaratılabilir miydi? Nader bu düşünceden yola çıkarak farelerle çalışmaya başladı. Farelere yüksek düzeyde bir sesin ardından hafif düzeyde acıya neden olacak elektroşok verdi. Uzun süre bu deneyime maruz kalan farelerin beyni ses ile elektroşoku birleştirmişti. Fareler artık şok verilmese de her sese kaygılı bir bekleyişle tepki veriyordu. Yani uzun süreli korku belleğinin oluşumu sağlanmıştı. Nader deneyinin en kritik yerine gelmişti. Farelere, onlarda korku tepkisine neden olan yüksek sesle birlikte hafızanın oluşumu için gerekli olan protein sentezini engelleyici kimyasal bir ilaç verecekti. Bunu yaptığında oldukça ilginç bir şeyle karşılaştı. Sesi duydukları anda donup kalan fareler yüksek sese artık tepki vermiyor, hiçbir şey olmamış gibi davranmaya devam ediyorlardı. Haftalarca maruz kaldıkları ve korkuyla kaçındıkları bir şeyi hatırlamaları engellenmişti. Deneyden çıkan sonuç şuydu: Anıların hatırlanması sırasında yeni proteinler üretilmezse anı var olmaya devam edemiyordu. Ancak bu durum hafızanın tamamen silinmesi anlamına gelmiyordu. Zira fareler bu işlemin gerçekleştiği sırada, korkuya neden olan başka şeyleri hafızalarında kayıt altına almaya devam ediyorlardı. Yani fareler, protein önleyici kimyasalların etkisi altındayken sadece hatırlamaya zorlandıkları şeyi unutuyorlardı.

İnsanlarda durum tam olarak böyle gerçekleşmese de anılarımız onları hatırladığımızda yeniden şekillenir ve hem anlatımı hem de nörolojisi, hatırlama eyleminin gerçekleştiği andaki şartlara uygun biçimde değişebilir.[84] Terapötik bir ortamda geçmişteki bir anı ele alındığında beyin bugünkü bilgilerimize, ihtiyaçlarımıza, algımıza ve anlayışımıza göre anıyı günceller. Ancak travmatik anılarda bir değişim elde etmenin temelinde, amigdalanın etkinleşmesi ve bu etkinleşmeyle bağlantılı fizyolojik ve biyolojik değişimler vardır.[85] Dolayısıyla travmatik yaşantıların terapisi sürecinde, duyguların deneyimlenmesi tek başına yeterli değildir. Dahası, travmatik anının geri çağrılması sırasında sadece duyguların hatırlanması, anıya ait korkuyu daha da derinleştirir. Bu durum, sadece sağ beynin (duygusal beyin) hatırlama işlevini yerine getirdiği ve sol beynin (bilinçli beyin) işin içine dâhil edilmediği bir süreci yansıtır. Oysa sağlıklı bir gelişim, beynin bütüncül bir şekilde sürece katıldığı durumlarda ortaya çıkar. Bedensel, duygusal ve bilişsel devrelerin tamamı, değişim süreci için olmazsa olmaz ögelerdir. Bu nedenle terapi sürecinde duygusal deneyime bilişsel süreçlerin eklenmesi, bütünleşme ve değişim açısından önemlidir. Böylece sağ beynin deneyimine sol beyin de eklenerek travmatik deneyimlere (gelişimsel ya da normal) ait bilinç dışı ve duygusal süreçlerin bilinçli süreçlerle birlikte yeniden etkinleştirilmesi sağlanır. Bu yolla nöral devreler arasında kopukluklar olarak kendini gösteren ve bir çeşit çözülme olarak deneyimlenen yaşantıya ait izler, beynin farklı bölümlerinin aktivasyonuyla yeniden öğrenme süreçlerine sağlıklı bir biçimde dâhil edilirler. Duygusal ve bilişsel işlemlerin dönüşümlü olarak harekete geçirilmesi sayesinde beyinde bu iki fonksiyondan sorumlu nöral ağlar arasında bağlantılar kurulabilir ve iyileşme sağlanabilir.[86]

Tüm psikoterapi ekollerinin temelinde nöral ağların bütünleştirilmesi yer alıyor olsa da travmalar bağlamında bu imkânı hızlı sürede ve geniş ölçüde sunan EMDR terapisi, hem terapistler hem de danışanlar için eşsiz bir fırsat gibi görünüyor.

2. BÖLÜM

TRAVMAYA MÜDAHALE

EMDR Terapisi (Göz Hareketleriyle Duyarsızlaştırma ve Yeniden İşleme)

"Göz Hareketleriyle Duyarsızlaştırma ve Yeniden İşleme"* terapisi, Amerikalı psikolog Francine Shapiro (1948-2019) tarafından geliştirilen etkili bir psikoterapi yöntemidir. 1968-1974 yılları arasında New York Üniversitesi'nde İngiliz Edebiyatı lisans eğitimini tamamlayan Shapiro, bir süre İngilizce öğretmeni olarak çalıştı. Özellikle edebî metinlerdeki kurguya ve karakterlere dair sistematik bir bakış açısı ve formülasyon arayışı, aynı yıllarda psikolojiye olan ilgisini artırdı. Böylece zaten ilgili olduğu davranışçı terapi ilkelerini daha yakından tanıma fırsatı edindi. İngiliz edebiyatı üzerine doktora yapmaya karar verdiğinde otuz bir yaşındaydı. New York Üniversitesi'nde başladığı doktora eğitimini şiir sanatı üzerine bir tezle tamamlamayı düşündü. Ancak tezine başlamak üzere olduğu 1979 yılında kanser olduğunu öğrendi. Uzun bir ömür ve başarılı bir kariyer planlayan Shapiro, büyük bir hayal kırıklığı yaşasa da sıkıntı verici zamanların ardından kanseri yenmeyi başardı. Buna rağmen kanserin doğası gereği

* EMDR: Eye Movement Desensitization and Reprocessing.

her an nüksedebileceği gerçeği, onu mücadeleci ve güçlü biri olmaya zorladı. Hastalıklara karşı doktorların dışında insanın kendi için de yapabileceği şeyler olduğuna inanıyordu. Yaşadığı hastalıkla bağlantılı olarak stresin bağışıklık sistemi üzerindeki etkilerini incelemeye koyuldu. Öğrendiklerini ve kanserle mücadele deneyimlerini ülkenin dört bir yanında seminerler vererek insanlarla paylaşmaya başladı. İnsanların hayatlarına dokunmayı isteyen Shapiro, çalışmalarını bu yönde ilerletmeye karar verdi ve böylece psikoloji alanında doktora programına başladı. 1987 yılında moralinin yerinde olmadığı bir gün, parkta çevresine bakınarak gezerken sıkıntı verici düşüncelerinin zihninden bir anda kaybolduğunu fark etti. Anlam veremediği bu durumu biraz yakından incelediğinde olumsuz düşüncelerin aklından geçtiği sırada göz hareketlerinin normalden daha hızlı olduğunu gördü. Göz hareketleri ile sıkıntı verici düşüncelerin ortadan kalkması arasında bir bağlantı olabileceğini düşünen Shapiro, bu kez aklına bazı rahatsız edici düşünceleri getiriyor ve bu sırada bilinçli olarak gözlerini hareket ettiriyordu. Bu yöntemi uyguladığı anlarda, enteresan bir şekilde zihnindeki olaylara dair rahatsız edici duyguların değiştiğini gördü. Göz hareketleri ve duyguların değişimi arasındaki bağlantıya dair bilimsel bir nedensellik arayışı, göz hareketlerindeki artışla birlikte zihinde olanlar üzerinde yoğunlaşmasını sağladı.

Shapiro, araştırmaları sonucunda geçen on yıl boyunca üzerinde çalıştığı zihin-beden ilişkisine dair anlamlı bilgilere ulaştı. Özellikle uykunun farklı evrelerinde göz hareketleriyle birlikte ortaya çıkan yoğun beyin aktivitesi ve sonuçları oldukça ilgi çekiciydi. Bu bilgilere göre uyku iki evreden oluşur. Bunlar belirli aralıklarla tekrar eden Non-REM ve REM* uyku evre-

---

* (İng.) Rapid-eye-movement: hızlı göz hareketi.

leridir. Non-REM evresi bir insanda toplam uykunun %80'ini oluşturur ve ortalama 90-120 dakika süren bölümlerden oluşur.[1] Non-REM döneminde beynin aktivitesi ve enerji tüketimi önemli ölçüde azalır, metabolizmanın yavaşlamasına bağlı olarak vücut kendini dinlenme moduna geçirir. Bu aralık derin uykuyla geçer. Normal bir insanda 90-120 dakikalık Non-REM uykusunun ardından uykunun ikinci evresi olan REM evresine geçilir. Hızlı göz hareketlerinin olduğu REM evresinde merkezî sinir sistemi oldukça etkindir. Kimi zaman bu etkinleşme hali, uyanıklık dönemindeki düzeyine ulaşır, hatta onu aşabilir. Çünkü uyanıklıkla karşılaştırıldığında REM döneminde limbik ve paralimbik bölgelerde etkinlik daha fazla iken dorsolateral prefrontal kortekste etkinlikte azalma olduğu gözlenmiştir.[2] REM uykusu, gün içinde yaşadığımız olayların beyin tarafından işlenmesi, olumsuz duyguların hazmedilmesi ve bu yolla kalıcı bir öğrenmenin oluşabilmesi için gerekli bir süreçtir. Öyle ki yeni bir beceri öğreniminden sonra insanların REM uykusu engellenirse o beceriyi yerine getirmede ciddi sorunlarla karşılaştıkları biliniyor. Çünkü göz hareketlerinin arttığı REM döneminde, kişinin gün içerisinde yaşamış olduğu olaylar ve öğrenilen yeni bilgiler yoğun zihinsel etkinleşme sayesinde beynin her iki yarı küresine işlenmiş olur. Böylece deneyim, eski bilgilerle bağlantılar kurarak daha uygun bir biçimde depolanırken kişiye sıkıntı veren günlük yaşantıların olumsuz etkileri de giderilmiş olur. Gün içinde yaşadığımız oldukça rahatsız edici bir deneyimin ertesi gün o kadar da rahatsızlık vermemesinin sebebi budur. Bu açıdan bakıldığında uyku, fizyolojik ve psikolojik olarak organizmanın kendini doğal yollarla düzenlediği bir süreç olarak görülebilir.[3]

Shapiro, kendi uygulamaları sırasında rahatsız edici düşüncelerin göz hareketleri gibi fizyolojik bir mekanizma üzerinden bu kadar hızlı değişimini, uykunun REM evresinde yoğun göz hareketleriyle birlikte ortaya çıkan süreçlerle ilişkilendirdi. Bu durumu, beynin kendini doğal yollarla iyileştirme kapasitesi olarak gördü. Çevresindeki birçok insana bunu uygulamaya başladı. Onlardan rahatsızlık veren bir anıya odaklanmalarını ve aynı anda sağa sola hareket ettirdiği elini gözleriyle bir süre takip etmelerini istedi. Göz hareketlerini durdurduğunda onlara anının ya da görüntünün yarattığı hisleri soruyordu. Tıpkı kendisinde olduğu gibi, uygulama yaptığı kişiler de duygularının yatıştığını bildiriyorlardı. Bir süre devam ettikten sonra rahatsız edici anının başka bir bölümüne odaklanmalarını sağlıyor ve bu işlemi anıya dair rahatsız edici duygular tamamen ya da büyük oranda yok oluncaya kadar devam ettiriyordu. Shapiro, yaklaşık altı ay boyunca rastgele seçtiği yetmişe yakın insanla çalıştıktan ve onların sıkıntılarını azaltmada anlamlı bir başarı sağladıktan sonra standart bir prosedür geliştirdi.

Yöntem hakkında kontrollü bir çalışma yapmayı ve sonuçlarını değerlendirmeyi düşünen Shapiro, bu yöntemi kimlere uygulaması gerektiğine karar vermeye çalışıyordu. TSSB, DSM-III'te (1980) psikolojik bir rahatsızlık olarak tanılanalı yedi yıl olmuştu ve klinisyenlerin oldukça zorlandıkları bu rahatsızlığın çözümü için henüz önerdikleri sistematik bir yaklaşım yoktu. Bu nedenle travmalardan yola çıkarak başlangıçta Vietnam gazileriyle, cinsel taciz ve tecavüz mağdurlarıyla çalışmayı düşündü. Ancak travmaların beyne depolanma sistemlerinin sıkıntı verici düşüncelerden daha farklı olabileceği düşüncesi üzerine, gönüllü bir Vietnam gazisiyle çalışmaya başlayarak yöntemin travmalarda etkili olup olmadığını araştırmaya koyuldu. Üzerinden yirmi yıl geçmesine rağmen savaşın travmatik izlerini taşıyan bu kişi, uygulama sonrasında ilk kez bu kadar rahatladığını bildirdi. Bu kişiyle bir süre sonra tekrar görüştüğünde iyilik halinin devam ettiğine dair geri dönüşler alan Shapiro, önceki çalışmalarına da dayanarak geçmiş travmatik yaşantıların geri çağrılması sırasında belirli aralıklarla uygulanan göz hareketlerinin TSSB etkilerini ortadan kaldırabileceğini gördü. İlk kontrollü çalışmayı 1987 yılında TSSB'li savaş gazisi, cinsel taciz ve tecavüz mağduru olan yirmi iki kişiyle gerçekleştirdi. Yaptığı uygulamalar sonrasında TSSB yaşayan kişiler, göz hareketleriyle birlikte anının duygusal kısmının ortadan kalktığını, travmatik sahnenin değiştiğini ve olayla ilgili pozitif inançlarında belirgin düzeyde artış olduğunu bildirdiler. Shapiro, bu çalışmanın sonuçlarını 1989 yılında *Journal of Traumatic Stress* dergisinde paylaştı. İlk başlarda bir duyarsızlaştırma terapisi olarak ortaya çıktığından Shapiro tekniğin adını "EMD" (Göz hareketleriyle duyarsızlaştırma) olarak belirlemişti. Ancak sonraki yıllarda yapılan çalışmalar, değişim için sadece duyarsızlaştırmanın değil, yeniden işleme süreçlerinin de önemli olduğunu gösterdi. Böylece "EMD" terapisinin adı, 1990 yılında "EMDR" (Göz hareketleriyle duyarsızlaştırma ve yeniden işleme) olarak güncellendi.

İlerleyen yıllar boyunca EMDR ile ilgili birçok kontrollü çalışma yapıldı. Bu süreçte çeşitli prosedürlerle sistematik hale getirilen EMDR, neredeyse hemen her psikopatolojik durumda tek başına ya da yardımcı teknik olarak çok etkili sonuçlar verdiğini kanıtladı. Bugün dünyada en çok uygulanan terapi yöntemlerinden biri haline gelen EMDR, özellikle travmaların yarattığı psikolojik sorunlarda kısa sürede oldukça etkili sonuçlar vermesiyle hem terapistler hem de danışanlar tarafından tercih ediliyor. Türkiye'de ilk olarak 17 Ağustos 1999 depremi sonrası, deprem mağdurları üzerinde uygulandı ve etkinliği görüldü. "Dünya Sağlık Örgütü" tarafından 2013 yılında yayınlanan manuelde (el kitapçığı) TSSB yaşayan çocuk, ergen, yetişkin bireylerde EMDR tekniğinin kullanılması önerildi. Hatta bu kılavuzda EMDR tekniğinin travma odaklı bilişsel davranışçı terapiden farklı ve etkili yönleri vurgulanmıştır. 1995 yılında Francine Shapiro'nun öncülüğünde kurulan EMDR-HAP (HAP: İnsani Yardım Örgütü) hiçbir kâr amacı gütmeden travma iyileştirme grubu olarak bugün de faaliyetlerini sürdürüyor. 2011 yılında "Travmatik Stres Çalışmaları Örgütü" tarafından ödüle layık görülen EMDR-HAP dünya genelinde terör saldırısı, savaş, deprem, sel, salgın hastalık gibi travmatik olaylarda mağdur olan insanların yaralarını sarmaya devam ediyor.

EMDR TERAPİSİNİN ETKİ MEKANİZMASI

EMDR terapisinin teorik altyapısı *"Adaptif Bilgi İşleme Modeli"*ne dayanır. EMDR ile erişilen hızlı klinik sonuçları ve alınan istikrarlı tepki örüntülerini açıklamak için Shapiro tarafından geliştirilen bu modele göre beyin, fizyolojik temelli bir sistemle kendisine ulaşan her bilgiyi işler ve işlevsel hale getirir.[4] Bir deneyim sırasında, duyu organları aracılığıyla alınan her bir parça bilgi (imge, düşünce, duygu, beden duyumu, ses, koku vb.) beynin ilgili alanlarına işlenerek var olan benzer anı ağlarıyla bağlantılar kurar ve bütünleşir. Böylece deneyim anı hafızasında normal bir biçimde yerini almış olur. Eski bilgiler ile yeni bilgiler arasındaki entegrasyon, gelecekte karşılaşacağımız benzer durumlarda işlevsel tepkilerimizi şekillendirir. Ancak travmatik deneyimler, normal yaşantılardan farklı olarak bellekte uygun olmayan bir biçimde depolanırlar. Yoğun duygulanımlar, korteks altı beyin bölgelerindeki (limbik sistem-amigdala) aktiviteyi artırırken frontal lobda (özellikle medial prefrontal kortekste) aktivite düzeyinin düşmesine neden olur. Normal koşullarda bu iki bölgenin (korteks-limbik sistem) aktif ve iş birliği içinde hareket etmesi gerekirken travmatik yaşantılarda ya da travmayı tetikleyen durumlarda frontal lobda bulunan medial prefrontal korteks kısmen devre dışı kaldığından sistem, limbik sistemin kontrolü altına girer. Sonuç olarak travmatik deneyimler ya da aşırı rahatsız edici yaşantılarda beynin adaptif bilgi işleme sistemi sekteye uğrar. Böylesi durumlarda travmatik deneyime dair bilgiler, sağlıklı bir biçimde işlemden geçirilemez ve eski bilgilerle bağlantı kurulamaz. Böylece beyin, deneyime ait bilgileri birbirinden bağımsız ve anlamsız bilgiler olarak kayıt altına alır. Ancak bir olayı tam olarak işlemden geçirmek için beynimizin tümünün katılımına ihtiyacımız vardır. Travmatik olaylar bizi boğduğu zaman beyinlerimiz davranış, duygu, duyu ve bilinçli farkındalık ağlarındaki nöral bütünleşmeyi muhafaza edemez hale gelir.[5] Bu nedenle üzerinden uzun zaman geçse de deneyim, yaşandığı anki haliyle (sevilen kişinin son görüntüsü, yitim haberinin alındığı an vb.) işlenmemiş ham malzemeler olarak kalır ve normal bir anı olarak hatırlanamaz. Entegrasyondan uzak bu kayıt sistemi sağlıklı bir öğrenmenin önündeki en büyük engeldir ve zaman zaman kendiliğinden, zaman zaman da tetikleyiciler vasıtasıyla normal dışı bir hatırlamaya sebep olur. Anılar duyusal ve duygusal ağlarda depolandığı ama bilişi, bilgiyi ve perspektifi örgütleyen ağlardan kopuk olduğu zaman çevresel ve içsel uyaranlarla tetiklenen eski olayların etkilerine karşı zayıf hale geliriz.[6] Travmatik anıyı çağrıştırabilecek herhangi bir ses, koku, görüntü vb. uyaran (bir trafik kazasına ait ses, sevilen bir kişiye ait eşya vb.) orijinal anıyı tetikler. Böylece beyin geçmiş ile şimdi arasında ayrım yapamaz. Bunun sonucunda kişi geçmiş anının bir kısmını ya da tamamını yeniden yaşıyormuşçasına etkilenir ve işlevsel olmayan tepkiler verir. Sonuç olarak travmatik deneyim beynin fizyolojik bilgi işleme dengesini bozduğundan deneyime dair duygu, düşünce, imge, duyumlar aracılığıyla sinir sisteminin sürekli uyarılmasına neden olur.[7] Travmayı doğrudan anımsatmayan yüksek ses gibi çeşitli uyaranlar travma anılarının canlanmasına neden olurken otonom uyarılmaya da yol açar.[8] Bu nedenle kişi problem oluşturacak duygusal tepkilerin yanında kalp çarpıntısı, terleme, titreme, uyuşma, bayılma gibi farklı fizyolojik tepkiler de gösterir.

İstem dışı göz hareketlerinin bilişsel süreçlerle ve korteksin işlevleriyle ilişkisi bilinmektedir.[9] Yapılan araştırmalara göre göz hareketleri, anının canlılığını, duygusal yükünü ve korku beklentisinin imgelerini azaltmaktadır.[10] EMDR tekniği, bu bilgilerden aldığı dayanakla istemli göz hareketlerini kullanarak bilgi işleme sürecinin hızlandırılmasını sağlar. Bu yolla dağınık bilginin anlamlandırılmasını ve işlenmesini kolaylaştırır. EMDR tekniğinin yaptığı şey, aslında uyanıkken uykunun REM evresine benzer fizyolojik bir durumu yeniden yaratmaktır. Bu bilgiler dikkate alındığında göz hareketlerine vurgu yapılıyor olsa da esas olan şey beynin çift yönlü uyarımı olduğundan geçtiğimiz otuz yıl boyunca farklı uygulama şekilleri ortaya çıkmıştır. Beynin çift yönlü uyarımını sağlayacak şekilde, her iki kulağa ritmik ses uyaranı vermek, dizlere bir aparat yardımıyla hafif şekilde dokunmak ya da ellere yine ritmik olarak titreşim vermek EMDR terapisinde kullanılan çift yönlü uyarım türlerindendir.

Bütün etiyolojik psikoterapi biçimlerinde temel terapötik ilke aynıdır: Danışanı, daha cazip koşullarda, geçmişte başa çıkamadığı duygusal durumlara yeniden maruz bırakmak. Danışan, yardım görebilmek üzere geçmiş deneyimin travmatik etkisini tamir etmek için düzeltici bir duygusal deneyim yaşamalıdır.[11] EMDR uygulaması sırasında danışandan sıkıntı veren sahne, düşünce, duygu ve beden duyumuna odaklanması istenerek çift yönlü uyarım yapılmaya başlanır. Sağ yarım küre bireyin deneyimlediği olaylara ilişkin duygusal hallerin temsillerini muhafaza ettiğinden geçmiş duygusal deneyime dair temsiller, sağ yarım kürede canlandırılır.[12] Öyle ki uygulamalar sırasında yapılan fMRI ve PET çalışmaları özellikle amigdalayı içeren limbik alan ve görsel kortekste aktivasyonun arttığını, beynin konuşmadan sorumlu "Broca" alanında ise kan akışının azaldığını ortaya koymuştur.[13] Buna bağlı olarak EMDR'de çift yönlü uyarımı içeren tedavi sürecinin nörobiyolojik mekanizmaları uyardığı ve travmatik yaşantılarda önemli rol oynayan limbik sistem ve amigdalaya etki ettiği öne sürülmektedir.[14] Böylelikle geçmişte olumsuz yaşam deneyiminin sekteye uğrattığı adaptif bilgi işleme süreci harekete geçerek duygusal sıkıntıları kaldığı yerden işlemeye başlar. Anıya ait duyusal, düşünsel, duygusal ve somatik malzemeler işlenmeye başladığında her anı kendinden önceki ve sonraki anılarla bağlantı kurarak olumlu değişimlerin önünü açar. EMDR'de beynin her iki yarım küresini harekete geçiren çift yönlü uyarımlar, yarım küreler arasında ileri ve geri bilgi aktarımını kolaylaştırmakta ve böylece travmatik yaşantıya dair parçaları işleyerek bütünleşmeyi sağlamaktadır.[15] Bu durum, organizmanın kendini onarmasına imkân sağlar. Tıpkı bedenimizde ortaya çıkan bir yaranın uygun koşullar sağlandığında kendini onarması gibi beynimiz de gerekli koşullar sağlandığında travmayı metabolize edebilir ve kendini onarabilir. Aslında EMDR uygulaması sırasında, travma koşulları sanal bir biçimde yeniden yaratılır. Bu hem benzer travmatik anılara ait malzemelerin işlenmesini hem de olumlu anı ağlarıyla nöral bağlantılar kurularak işlevsel değişimin ortaya çıkmasını sağlar. Burada amaç kişinin sadece duygusal yükünü boşaltmak değildir. Aynı zamanda yaşanan olaylarla ilgili oluşan gerçek dışı negatif inançların yerine olumlu inançların yerleştirilmesini sağlamaktır.

Çalışılan anıların işlenerek daha geniş anı ağlarına katılmasıyla rahatsız edici deneyimler, asimile edilir ve bütünleştirilir. Burada anının unutulması ya da bilinçaltına gömülmesi gibi bir durum söz konusu değildir. Anı kişinin hafızasında varlığını devam ettirir ancak anının olumsuz etkileri artık hissedilmez. Böylece travma, bugünkü kendiliğinden ortaya çıkan bilgi ya da terapistin kognitif müdahalelerle ortaya çıkmasını sağladığı yeni bilgilerle yeniden çerçevelenir. Dolayısıyla değişimi sağlayan temel faktörlerden biri, travmatik deneyime ait materyalin şu anki bakış açısıyla yani dışsal odakla yeniden ele alınmasıdır.

EMDR güncel travmaların yarattığı sorunlar üzerinde çalışma imkânı sağladığı gibi semptom odaklı bir çalışma imkânı da sunar. Zira EMDR teorisyenlerine göre tüm ruhsal sorunların temelinde travmatik yaşantılar vardır. Shapiro'ya göre kişilerde ortaya çıkan olumsuz duygu, davranış ve kişilik özellikleri beyinde uyum bozucu şekilde depolanan yaşantılardan kaynaklanmaktadır.[16] Soruna neden olan şey, kişi için büyük ve sarsıcı tek bir travma olabileceği gibi küçük ama tekrarlayan travmalar da olabilir. EMDR tekniğinde travmatik deneyime ait duygu, düşünce, görüntü ve beden duyumunun bilinçli bir şekilde geri çağrılması ve bu sırada devreye sokulan çift yönlü uyarımlar, sol yarım küredeki kortikal işlemeyi etkinleştirirken subkortikal (sağ beyin) etkinleşmeyi kısmen ketler ve sağ yarım küreyi düzenler. Böylesi bir düzenleme, olumlu tutumların açığa çıkmasını sağlayarak güvenlik hissini ortaya çıkarır. Dolayısıyla işlevsel olmayan bir biçimde depolanan travmatik deneyim, bilişsel devrelerin de sürece katılmasıyla bugünkü gerçeklikle yeniden çerçevelenir. EMDR tedavisinin amacı, geçmişten gelen işlevsel olmayan kalıntıları hızlıca metabolize etmek ve bunları faydalı şeylere dönüştürmektir.[17] Bu açıdan bakıldığında EMDR, danışanların olumsuz yaşantılarını duygusal sağlıklarına katkıda bulunacak şekilde yeniden işlemelerine yardımcı olan bir terapi yaklaşımıdır.[18]

EMDR terapisi her ne kadar travmatik yaşantıların izlerinin silinmesi amacıyla travma odaklı bir yaklaşım olarak ortaya çıkmış olsa da bugün birçok bozuklukta çözüm sağlayan bir terapi modeli sunmaktadır. Kaldı ki EMDR'nin temel öncüllerinden biri, çoğu psikopatolojinin yaşamın erken dönemindeki deneyimlere dayanmasıdır.[19] Sayısız çalışma ve olgu bildirileri EMDR'nin panik bozukluğu, fobiler, yaygın anksiyete bozukluğu,[20] performans kaygısı, davranım bozuklukları ve öz güven sorunları,[21] komplike yas,[22] beden dismorfik bozukluğu,[23] kronik ağrı,[24] migren[25] ve fantom ağrı[26] gibi birçok bozukluk üzerinde etkili olduğunu göstermektedir.

EMDR'nin Kullanım Alanları

- Panik Bozukluğu
- Depresyon (deneyimsel)
- Rahatsız Edici Anılar
- Ağrı Rahatsızlıkları
- Performans Kaygısı
- Bağımlılıklar
- Beden Algısı Bozuklukları
- Öz güven Sorunları
- Cinsel İşlev Bozuklukları
- Kaygı Bozuklukları
- Komplike Yas
- Fobiler
- Yeme Bozuklukları
- Stres Kontrolü
- Cinsel ve/veya Fiziksel Taciz
- Davranım Bozuklukları
- Migren ve Fantom Ağrı
- Kompleks Travma

EMDR TERAPİSİNİN İLKELERİ

Psikoterapide bir teori ya da sistem, klinik fenomeni tarif ederken insan davranışı, psikopatoloji ve terapötik değişim mekanizmaları üstüne tutarlı bir perspektif sunar.[27] Bu nedenle her psikoterapi tekniğinin psikopatolojinin nedenselliğini açıklayan bir teorisi vardır. Bu önemlidir zira bir danışanın getirmiş olduğu problemin nasıl oluştuğuna dair teori, o problemin nasıl giderileceğine dair pratiği belirler. Örneğin bilişsel terapi, kişide ortaya çıkan problemlerin bilişsel çarpıtmalar ve hatalı temel kabullerden kaynaklandığı görüşünü savunur. Buna uygun olarak tedaviyi kişide var olan bilişsel çarpıtmalar ve hatalı temel kabullerin değiştirilmesi üzerine inşa eder. Davranışçı terapi, kişinin yaşadığı ruhsal sorunları geçmişte ortaya çıkan davranışsal öğrenmelere dayandırır. Semptom odaklı çalışan davranışçı terapistler, çeşitli yöntemlerle yeni davranışsal öğrenmelere zemin hazırlayarak kişide var olan semptomun giderilmesini sağlarlar. Duygu odaklı terapiye göre özellikle erken gelişim dönemlerinde işlevsel olan birincil duyguların düzenlenmesindeki eksiklik nedeniyle işlevsel olmayan ve savunma amaçlı kullanılan ikincil duygular ruhsal sorunların kaynağıdır. Duygu odaklı terapi perspektifinden tedavi ikincil duygular yerine işlevsel olan birincil duyguların açığa çıkarılması ve regüle edilmesi yoluyla sağlanır. Psikodinamik yaklaşımda patolojinin kökeninde erken dönem yaşantıları vardır. Kimlik ve kişiliğimizin oluştuğu kritik dönemlerde özellikle olumsuz ilişkisel deneyimler, yetişkin dönemde kendini çeşitli bilinç dışı çatışmalar ve ruhsal sorunlar olarak ortaya koymaktadır. Bu teorik açıklamaya uygun bir şekilde psikodinamik terapi, en temelde aktarım üzerinden terapistin şahsında sağlıklı bir ilişki yoluyla kişide ortaya çıkan bilinç dışı çatışmaların ve karakter sorunlarının giderilmesini amaçlar. Bu örnekler daha da çoğaltılabilir. Sonuç olarak terapist, kendisine başvuran danışanı dinlemeye başladığında kendisine sunulan her bir parametreyi kullandığı psikoterapi yöntemi perspektifinden değerlendirir. Bu yolla vakayı formüle eder. Vaka formülasyonu hem içerik hem de süreç yönleriyle ilgilidir. İçerik yönleri kişinin ve problemlerinin bütün bir resmini ortaya koyan çeşitli bileşenleri kapsar.[28] Süreç yönleri ise kişiye ve problemlerine nasıl müdahale edilmesi gerektiğine dair terapiste yol gösterir. Bu bağlamda vaka formülasyonu kişinin psikolojik, kişiler arası ve davranışsal problemlerinin nedenleri, tetikleyicileri ve devam ettiricileri hakkında bilgi verir.

Bu bilgiler ışığında EMDR terapisti kendisine başvuran kişiyi dinlerken vakayı nasıl formüle etmeli ve neyi hedeflemelidir?

EMDR terapisi travmatik anılar ya da rahatsız edici deneyimlerle çalışır. EMDR teorisyenlerine göre kişide ortaya çıkan ruhsal sorunların kaynağı, işlevsel olmayan bir biçimde depolanan geçmiş travmatik anılardır. Bu teorik açıklamaya uygun olarak tedavi, işlevsel olmayan bilgilerin bulunduğu nöral ağların çift yönlü uyarımlarla aktive edilmesi ve travmaya ait bilgilerin beynin ilgili alanlarına işlenmesi yoluyla sağlanır. EMDR'nin varsayımına göre terapistin yardımıyla beyin, kendi doğal yeteneği olan bilgi işleme sistemini kullanarak onarım sağlar.[29]

Bir olayın travmaya dönüşmesi için deneyime dair baskın bir bileşen (duygu, beden duyumu, inanç, görüntü vb.) tarafından adaptif işlemenin engellenmesi gerekir. Bu engelleme sonucu travmatik deneyim normal yaşantılar gibi öyküsel/otobiyografik bellekte yer almak yerine parçalar halinde beynin farklı bölümlerinde dağınık olarak muhafaza edilir. Zihinsel süreçlerde bütünleştirilememiş ve işlenmemiş travmatik malzemenin parçaları, her an tetiklenmeye hazırdır. Görüntü, ses, duygu, düşünce, beden duyumu ya da çağrışımsal herhangi başka bir malzemeyle hızlı bir şekilde tetiklenen ruhsal yapı, normal dışı bir yolla travma tepkisi ortaya koyar. Bu tepki aslında doğrudan nesnelere, kişilere ya da olaylara verilmiş bir tepki değil, geçmiş travmatik yaşantıya verilen bir tepkidir. Örneğin çocukluk döneminde cinsel taciz travması olan bir kişi, yetişkin olarak cinsel bir deneyim yaşayacağında partnerinin dokunuşlarına yoğun olumsuz tepkiler verebilir. Bu dokunuşlar travmanın çeşitli bileşenlerini aktive ederek sanki aynı ya da benzer bir olay yaşanıyormuşçasına kişide duygusal bir tepkiye neden olur. Burada ortaya çıkan problemli tepki partnere değil, çocukluk çağında yaşanan travmatik yaşantıya verilen bir tepkidir.

EMDR tedavisi, bugünümüze sızan ve geleceğimizi şekillendiren böylesi yaşam olaylarının bizde yarattığı olumsuz etkileri ortadan kaldırmak ve yerine olumlu şeyleri koymak üzere geliştirilmiş bir terapi yöntemidir. O halde EMDR, travmatik anıların içeriğini oluşturan ve ilişkili anı ağlarını tetikleyen her tür malzemeyi hedefler. EMDR'de vaka formülasyonu, sunulan soruna bağlı olarak değişmekle birlikte en temelde kişilerin bugünde yaşadıkları problemlere kaynak teşkil eden geçmiş travmatik deneyimleri üzerine kuruludur.

Tüm bunların yanında her terapi ekolünün odaklandığı şeyler vardır. Bazı ekoller duyguya, bazıları düşünceye, bazıları ise davranışa odaklanırken her terapi yöntemi geçmiş, şimdi ya da gelecek gibi belirli bir zaman dilimini müdahale alanı olarak belirler. Fakat insan yalnızca duyguya, düşünceye ya da davranışa indirgenemeyecek kadar karmaşık ve özel bir varlıktır. EMDR terapisini diğer tekniklerden ayıran en önemli özellik geçmiş, şimdi ve gelecek odaklı üç yönlü bir yaklaşım sergilemesinin yanında tek bir şeyle sınırlı kalmayıp duygu, düşünce, davranış ve beden duyumları üzerinde çok yönlü bir çalışma ortaya koymasıdır.

Kişide açığa çıkan sorunlu davranışa kaynak oluşturan travmatik deneyimlerin tespit edilmesi, deneyime ait bilişsel, duygusal ve bedensel değişimlerin sağlanması EMDR terapisinin özünde yer alır. Bu özellikleri itibarıyla EMDR terapisi, diğer psikoterapi teorileriyle örtüşür. Erken dönem çocukluk anılarının psikopatolojideki önemine vurgu yapması bakımından psikodinamik yaklaşımla, geçmiş travmatik yaşantıların koşullu öğrenme ve genelleme yoluyla patolojik düzeyde kalıcı hale gelmesi üzerinde çözüm araması ve şimdiki zamanda işlevsel olmayan tepki ve davranışların ortadan kaldırılmasına yönelik deneyime dayalı bir model sunması bakımından davranışçı yaklaşımla, adaptif bilgi işleme sürecini kullanarak en temelde kişinin kendilik, diğerleri ve dünya hakkındaki uyumsuz düşünce ve inançlarına odaklanarak negatif bilişlerin işlenmesi, bu yolla pozitif bilişlere ulaşması ve bunları kalıcı hale getirmesi bakımından bilişsel yaklaşımla, travma merkezli terapi sistemi nedeniyle nörobiyolojik mekanizmaları harekete geçirerek travmatik deneyimin beynin ilgili bölümlerine işlenmesini (fMRI cihazlarıyla görüntülenen

EMDR öncesi ve sonrası veriler) sağlaması bakımından nörobiyolojik yaklaşımla uyumlu bir terapi yöntemidir. Bu yönüyle bakıldığında EMDR terapisi psikodinamik, bilişsel, davranışsal ve danışan merkezli olmak üzere birçok yaklaşımın ögelerini bir araya getiren bütüncül bir bakış açısı sunmaktadır.[30]

Şimdi bir an için gözlerinizi kapayın ve sizi rahatsız eden geçmiş bir deneyiminizi düşünün. Bu büyük bir travmatik deneyim olabileceği gibi bir arkadaşınızla ya da aile üyenizle yaşamış olduğunuz tartışma gibi küçük ama rahatsız edici bir olay da olabilir. Tüm olaya baktığınızda şu anda aklınızdan neler geçiyor, zihninizde nasıl görüntüler canlanıyor? Duygularınız, beden hisleriniz ve çağrışımlarınız neler? Bu sorulara vereceğiniz cevaplar travmatik deneyime ait parçaların izlerini taşır. EMDR terapisi, travmatik deneyime ait belirgin bir *imge/resim*, kendilikle ilgili *negatif inanç*, sürecin sonucunda kendilikle ilgili ulaşılmak istenen *pozitif inancı*, *duyguları* ve duygunun kişide yarattığı *güncel rahatsızlık düzeyini* ve de *bedensel duyumları* ele alır. Bu bileşenlerin her biri travma çalışması sırasında işlenmelidir. Ancak burada önemli olan nokta, olaya ait bileşenlerin şu andaki etkileri bağlamında ele alınması gerektiğidir.

EMDR Bileşenleri

- ***İmge/Resim:*** EMDR terapisti, danışandan tüm olayı aklına getirmesini ve olayı temsil eden ya da onu en çok rahatsız eden belirgin bir imge/resim belirlemesini ister. Genellikle danışanların sunduğu sahne, olayın en kötü anını temsil eden sahne olurken bazı danışanlar net bir sahne belirtemeyebilirler. Net bir sahnenin oluşu iyi olmakla beraber olmayışı kötü değildir. Zira mevcut sahnenin belirlenmesindeki amaç travmatik anıya erişimi kolay yoldan sağlamasıdır. İmge/resim, danışanı travmaya götüren bir kanal olarak kullanılır. Ancak travmayı uyarmak için olmazsa olmaz değildir. Danışan, sahne belirtmeden de tüm olayı zihninde canlandırdığında anı ağları arasına sıkışmış travmatik deneyimle bağlantı kurulmuş olur. Önemli olan travmatik olaya dair duygusal canlanmanın sağlanarak bilgi işleme süreçlerinin harekete geçirilmesidir.

- ***Negatif İnanç:*** Farkında olalım ya da olmayalım, her bir deneyim kendimizi başarılı, başarısız, yeterli, yetersiz, değerli, değersiz, güçlü, güçsüz, güvende ya da tehlikede görmemize neden olur. Travmatik deneyimler sonrası kendimizle ilgili istem dışı yaptığımız bilişsel çıkarsamalar bir süre sonra genellemelere dönüşür. Bunun sebebi travmatik yaşantıların her ne kadar dış kaynaklı olsalar da çabucak zihin içerisine dâhil edilmeleridir.[31] Böylece travma anında kendimiz hakkında ortaya çıkan olumsuz yargılarımızı her an zihnimizde taşımaya devam eder ve buna uygun davranışlar ortaya koymaktan kendimizi alamayız. Bir kez güçlü bir duygu eşliğinde güvensizliği yaşamışsak ve bunu besleyen başka deneyimlere maruz kalmışsak artık kendimizi güvende hissetmeyebilir ve sürekli bir biçimde dışarıdan tehlike gelecekmiş hissiyle kaçınmacı tepkiler ortaya koyabiliriz. Kendimizle ilgili geçmiş deneyim ya da deneyimlerin bir çıktısı olarak bugünümüzü şekillendiren inançlarımız, bugünün gerçekliğiyle örtüşmeyebilir.

EMDR terapisinde, gerçek dışı negatif inançlar hedeflenerek kişiyi bugünün gerçekliğine taşımak, terapistin yardımıyla gerçekleşir. Terapist danışandan yaşadığı travmatik olayla ilgili olarak kendine dair negatif inancının ne olduğunu belirlemesini ister. Negatif inanç, travmatik olayı hatırladığında kişinin kendiyle ilgili şu anda ne düşündüğü ya da kendini nasıl biri olarak gördüğüdür. EMDR terapisi olayın yaşandığı andaki gerçek durumu hedeflemez. Örneğin daha güçlü birine karşı kendini koruyamadığı bir deneyime maruz kalmış kişi, negatif inanç olarak "güçsüz biriydim" şeklinde bir inanç belirlemek isteyebilir. Ancak bu doğru bir hedef değildir. Zira olayın yaşandığı anda kişi gerçekten güçsüz olabilir. Soruna neden olan şey olay anında güçsüz olması değil, bu yaşantının bugüne bir iz düşümü olarak kişinin kendini genellikle güçsüz biri gibi deneyimlemesidir.

EMDR terapisi, travmatik olayın etkisiyle ortaya çıkmış olsa da kimliği çepeçevre saran ve bugüne yansıyan genel inançlar üzerinde çalışır. Bu nedenle negatif inanç, kişinin kendiyle ilgili gerçek dışı genel bir ifadeyi ortaya koymalıdır. Negatif inanç "ben"le başlar, geniş zamanlıdır ve olayla ilgili olarak kişinin kendisini bugün nasıl gördüğüne dair inancını taşır. Dolayısıyla örnekteki negatif inanç "güçsüzdüm" yerine "ben güçsüz biriyim" olabilir. Negatif inancın can yakması ve danışanın içini acıtacak şekilde vurucu olması gerekir. Aslında negatif inancın bu özellikleri, terapistin doğru mu yoksa yanlış mı bir negatif inanç seçtiğinin sağlamasını yapması açısından önemlidir. Kişinin içini acıtmayan bir negatif inanç, doğru bir tercih olmayabilir.

- ***Pozitif İnanç:*** EMDR terapisi ilk başlarda bir duyarsızlaştırma terapisi olarak ortaya çıktığında Shapiro tekniğin adını EMD yani "Göz Hareketleri ile Duyarsızlaştırma" terapisi olarak belirlemişti. Ancak uygulamalar sonucunda alınan klinik sonuçları yalnızca duyarsızlaştırmayla açıklayamadı. Uygulama sırasında kişilerin beyni, işlem gerçekleştikten bir süre sonra, olumlu anı ağlarıyla bağlantılar kurup âdeta bir dönüşüme aracılık ediyordu. Shapiro burada EMDR terapisinin bir maruz bırakma ya da duyarsızlaştırma terapisi olmadığını, olumlu malzemelerle yeni bağlantılar kurulmasının yani "yeniden işleme"nin de (reprocessing) hayati önem taşıdığını fark etti. Böylece tekniğin adını EMDR yani "Göz Hareketleriyle Duyarsızlaştırma ve Yeniden İşleme" terapisi olarak güncelledi.

EMDR terapisinde travmatik deneyime ait malzemeler yeterince işlendiğinde ve travmanın izleri silindiğinde yerine olumlu şeyleri koymak önemlidir. Bu nedenle kendisiyle ilgili algılamalarında olumlu değişiklikler yaratmak adına kişinin süreç sonunda kendisini nasıl görmek istediğine dair olumlu bir inanç, hedef olarak belirlenir. Negatif inancın belirlenmesinin hemen ardından danışandan olaya baktığında kendini nasıl görmek istediğini belirlemesi ve bu inancı 1 ile 7 arasında bir ölçekte (VOC değerlendirmesi) puanlaması istenir. VOC (Validity of Cognition) pozitif inancın geçerlilik düzeyini ölçer. Pozitif inanç, kişinin olaya baktığında kendisiyle ilgili şu anda inanmadığı (VOC değerlendirmesi düşük) ancak inanmak ya da olmak istediği şeyi ifade eder. Pozitif inanç varılmak istenen limandır, hedeftir. Yeniden işleme gerçekleştiğinde kişinin kendini bugünün gerçekliğinde olumlu bir biçimde görebilmesini sağlar. "Değil" kelimesini kullanmak (suçlu değilim vb.) doğru bir hedef değildir. Pozitif inanç da tıpkı negatif inanç gibi "ben" ile başlar ve duruma özel olmayıp kişi için ulaşılmak istenen genel bir inancı ifade eder. Burada en önemli kriter, pozitif inancın gerçekçi olması ve şu anda inanılabilirliğinin düşük olması gerektiğidir. VOC değerlendirmesi alınmasının sebebi budur. Düşük geçerliliği olan bir pozitif inanç doğru bir hedeftir. Aksi halde yüksek VOC değerlendirmesi olan bir pozitif inanç doğru bir hedef seçilmediğini gösterir. Çünkü kişide asıl problem oluşturan şey belirlenen pozitif inancın kişi için şu anda geçerli olmamasıdır. Örneğin kişi aslında elinden geleni yapmış ancak kendini suçluyor olabilir. Ya da kişi şu anda kendini koruyabilecek potansiyele sahiptir ancak travmatik olayın etkisiyle kendini koruyamayacak kadar güçsüz deneyimliyor olabilir. Bu durumda hedef olarak belirlenecek pozitif inançlar, "suçsuzum, elimden geleni yaptım" ya da "güçlü olabilirim" şeklinde belirlenebilir. Pozitif inancın belirlenmesindeki amaç, tedaviye bir yön belirlemek, alternatif olumlu nöral ağları uyarmak ve terapi sürecinde ilerlemeyi değerlendirebilecek bir başlangıç noktası sunmaktır.[32] Uygulama sırasında daha uygun bir pozitif inancın ortaya çıkması olasıdır. Bu durumda terapist, pozitif inancı güncellemelidir.

- ***Duygular ve Rahatsızlık Düzeyi:*** Çağdaş duygu kuramı, duygunun doğada adaptif olduğunu söyler. Organizmaya gelen karmaşık bilginin hızlıca işlenmesi ve temel ihtiyaçlar söz konusu olduğunda uygun eylemin üretilmesi için duygu hayati önem taşır. Ancak travmalarımızdan bize miras kalan duygular, uygun bir biçimde depolanmadığından hayatımızda sorun oluştururlar. EMDR travmaya ait izleri taşıyan duyguları hedefler ve bunları işlemeye çalışır. Zira duyguların işlenmesinde bir değişim olmaksızın yalnızca düşünceler üzerinde gerçekleşen psikoterapötik değişimler sınırlı kalacaktır. Travmatik anılarda bir değişim elde etmenin temelinde, duyguların merkezi olarak kabul edilen limbik sistemdeki amigdal çekirdeğin etkinleşmesi ve bu etkinleşmeyle bağlantılı fizyolojik ve biyolojik değişimler yatar.[33] Bu nedenle EMDR terapisinde travmatik anıya dair çalışılabilecek en önemli malzemelerin başında duygu gelir. Travmatik deneyim sırasında ortaya çıkmış ancak geride bırakılamamış problemli duygular, EMDR'de kullanılan çift yönlü uyarımlar sayesinde hızlı bir biçimde işlenir ve dönüştürülür. Danışandan hedef imgeyi ve negatif inancı aklında tutarak duygularına bakması ve şu anda neler hissettiğini söylemesi istenir. Aynı zamanda ifade ettiği duygunun rahatsızlık düzeyini 1 ile 10 arasındaki bir ölçekte (SUD) puanlaması istenir. SUD (Subjective Units of Disturbance) duygunun kişiye şu anda ne kadar rahatsızlık verdiğidir. Bu önemlidir zira EMDR terapisti, uygulama boyunca bir anının yeterince işlenip işlenmediğini, en temelde duygusal rahatsızlık düzeyini ölçerek kontrol eder. Amaç, SUD puanının sıfırlanması yani travmatik anının kişide herhangi olumsuz bir duygu yaratmayacak şekilde işlenmesini sağlamaktır.

- ***Bedensel Duyumlar:*** Deneyimlerimize ait olumlu ya da olumsuz her duygulanımın beden hafızamızda da bir karşılığı vardır. Gururlandığımızda göğsümüzün kabardığını, korktuğumuzda nefesimizin kesildiğini ve kalbimizin hızla çarpmaya başladığını, üzüldüğümüzde kalbimizin acıdığını ya da mutluluk ve neşe hissettiğimizde tüm bedenimizin enerjiyle dolup taştığını hissederiz. Öyle ki bu deneyimleri yıllar sonra bile hatırladığımızda yalnızca duygusunu, görüntüsünü ve düşüncesini değil, beden hislerini de hatırlarız. Hatta kimi deneyimler varlığını sadece beden hafızamızda devam ettirirler. Özellikle travmanın şiddetli olduğu anlarda beden ve zihin arasındaki bağlantının kopması, travmatik deneyimin bedensel seviyede kilitli kalmasına yol açar. Böylece kişiler, travmanın hikâyesini hatırlamak yerine birbirinden kopuk bedensel ve duyusal deneyimleri hatırlarlar. Bu nedenle travma çalışmasında beden duyumlarının da dikkate alınması, travmanın işlenmesi açısından önemlidir. Zaten EMDR terapistlerinin uygulaması sırasında en çok karşılaşacağı şeylerden biri, travmalarını dile getirirken danışanların yoğun bedensel tepkiler göstermeleri olur. Bu bedensel tepkiler, travmanın parçası olarak bugünü olumsuz bir biçimde etkilemeye devam ettiği için işlenmelidir. EMDR terapisti, danışandan olaya ve negatif inanca odaklandığında bedeninde olup bitenleri fark etmesini ve bunları bildirmesini ister. Bedensel duyumların işlenmesi, EMDR tekniğinin en çok önem verdiği konulardan biridir. Öyle ki uygulama sonunda travmaya dair işlenmemiş malzemenin kalıp kalmadığı, bedensel duyumlar üzerinden kontrol edilir.

EMDR Terapisinde Hedef Belirlemek

EMDR terapisi, travmatik anıların ya da rahatsız edici deneyimlerin olumsuz etkilerini gidermek amacıyla geliştirilmiş bir tedavi yöntemidir. Ancak EMDR terapisinde hangi anı ya da anıların çalışılacağına dair doğru hedefler belirlemek hayati öneme sahiptir. Bazı danışanlar trafik kazası, deprem, bir yakının kaybı gibi TSSB yaratabilecek durumlar nedeniyle terapiye gelebilirler. Böylesi durumlarda sorunlu duygu, düşünce ya da davranışa neden olan belirgin bir travmatik deneyim (geçmiş)

EMDR tarafından hedeflenebilir. Güncel tetikleyiciler (şimdi) işlenerek gelecekte yaşanabilecek zorluklar karşısında sağlıklı davranış örüntüleri geliştirme (gelecek) çalışmaları da yapıldığında oldukça iyi sonuçlar alınabilir. Ancak aynı görünümle terapiye gelen kimi danışanlarda, sadece sorunun kaynağı olduğu düşünülen belirgin bir olayın EMDR'yle çalışılması sonuç vermeyebilir. Zira yakın ya da uzak tarihteki belirgin bir travma, her ne kadar bugünkü sorunlu davranışın sebebi gibi görünüyor olsa da asıl kaynak, benzer geçmiş deneyimler olabilir. Böylesi durumlarda terapistin geçmiş travmatik anıları hedeflemeden istenilen sonuca ulaşması mümkün değildir.

Kızını ölüme götüren bir hastalık sürecinden sonra yoğun depresyon eşliğinde panikatakları başlayan bir danışanım terapiye başvurmuştu. Ellili yaşlarında olan bu kişi, üç çocuklu bir ailenin en büyük kızı olarak büyümüş ve sekiz yaşındayken kız kardeşini bir trafik kazasında kaybetmişti. Kayıp, evde çok derin bir acıya neden olmakla beraber aile bireyleri bu olayı hiçbir zaman kendi aralarında konuşamamıştı. Herkes acısını kendi içinde yaşamak zorunda kalmış ve doğal olarak sağlıklı bir yas süreci geçirilememişti. Bu danışanımda çocukluk dönemine dair kardeşiyle ilgili kayıp duygusunu çalışmadan sonuç almakta zorlanmıştım.

Bunun yanında her danışan böyle belirgin olaylar ve dahası belirgin bir semptomla (panikatak, depresyon, OKB vb.) gelmeyebilir. Danışanlar kimi zaman ne yaşadıklarına dair herhangi bir fikir sahibi olmadıkları, belirsiz ancak rahatsız edici duygular nedeniyle terapiye başvururlar. Bu durumda EMDR terapisti, danışanı dinlerken ortaya çıkan klinik durumu çok yönlü değerlendirmeli ve sorunun çözümü için uygun hedefler belirlemelidir. Danışanın bugün yaşadığı sorunu netleştirmeli ve sorununu beslediğini düşündüğü anıları bulup çıkarmalıdır.

Hedef anılar belirlenirken bazen anılar arasında bir bağlantı olmadığı düşünülebilir. Özellikle mesleğinde yeni olan EMDR terapistleri yaşanan sorunla ilgili doğrudan ve açık bir biçimde bağlantılı görünen anıları arama eğiliminde olabilirler. Bu durum, EMDR çalışmasında doğru hedeflere ulaşmayı engeller. Bu noktada terapist perspektifini genişletmelidir. Bugünkü sorunla doğrudan bağlantılı görünmüyor gibi olsa da çözüme ulaşmak için mutlaka hedeflenmesi gereken anılar vardır. Terapist tarafından doğru materyaller kullanıldığında çağrışım kanalları aracılığıyla canlanan travmatik anılar, hem seans boyunca hem de seanslar arasında danışanın zihnine yoğun bir şekilde hücum eder. Bunlardan hangilerinin çalışılması gerektiğine karar vermek klinik beceri gerektirse de terapistin en temelde dikkat etmesi gereken şey, bugün yaşanan sorun ile geçmiş deneyimler arasındaki açık ya da örtük benzerliklerdir.

Sonuç olarak EMDR terapisti bugünden geçmişe uzanan bir köprü kurmalıdır. Elindeki en güçlü malzemeler, şimdiki zamanda ortaya çıkan negatif inançlar, duygular ve beden duyumlarıdır. Bugünkü sorun ile geçmiş anı arasındaki inanç, duygu ve beden duyumsal benzerlikler terapistin doğru bir çizgide ilerlediğinin göstergesidir.

EMDR terapisinde hedeflerin belirlenmesi ve uygun müdahalelerin yapılabilmesinde Shapiro tarafından geliştirilen "standart EMDR protokolü" tam bir kılavuzdur. Bu protokol hedefler doğrultusunda *geçmiş, şimdi* ve *gelecek* üzerinden çok yönlü bir çalışmayı gerektirir. Klinik duruma bağlı olarak geçmişte yaşanan olumsuz yaşantıların (en eski anı, en kötü anı, diğer travmatik anılar vb.) işlenerek duyarsızlaştırılması ve yeniden işlemenin sağlanması, rahatsızlığı tetikleyen güncel olay ya da durumların ele alınarak ileriye dönük kaygıların giderilmesi ve gelecekte karşılaşılabilecek benzer sorunlarla baş edebilme düzeyinde *duygusal ve bilişsel* değişimin yaratılması, standart EMDR protokolü sayesinde mümkün hale gelir. Standart üç yönlü EMDR protokolü, danışanın tüm tedavisini yönlendirir.[34] Bu nedenle EMDR terapisti kendisine başvuran kişide neyi hedefliyor olursa olsun geçmiş, şimdi ve gelecek üzerinde çalıştığından emin olmalıdır.

EMDR TEDAVİSİNİN EVRELERİ

(EMDR 8 Aşamalı Tedavi Prosedürü)

EMDR tedavisi, sekiz evreden oluşur. Birinci evre *"Öykü Alma ve Tedavinin Planlanması"* evresidir. Bu evrede danışanın şikâyetlerinin ve hayatının ayrıntılı olarak dinlenmesi, bu bilgiler ışığında EMDR terapisine uygun olup olmadığının değerlendirilmesi ve tedavinin planlanması yer alır. İkinci evre *"Hazırlık"* evresidir ki burada, EMDR terapisi tanıtılır ve işleyiş mekanizmaları hakkında danışana bilgi verilir. Bunun yanında tedavi sürecinde karşılaşılabilecek zorlukların üstesinden gelmek amacıyla danışanın güvenliğini sağlayıcı çalışmalar yapmayı gerektirir. Üçüncü evre *"Değerlendirme"* evresidir. Bu evrede hedeflenen travmatik deneyime ait malzemeler belirlenir ve uygulamaya hazır hale getirilir. Dördüncü evre *"Duyarsızlaştırma"* evresidir. Bu evre, travmatik deneyime dair malzemelerin işlenme sürecini kapsar. Beşinci evre *"Yerleştirme"* evresidir ki kişide ortaya çıkan olumlu değişimlerin bilişsel düzeyde pekiştirildiği ve bütünleşmenin sağlandığı evredir. Altıncı evre olan *"Beden*

Taraması"nda travmaya ait beden duyumlarının tekrar kontrol edilmesi, eğer varsa rahatsız edici beden hislerinin işlenmesi, olumlu beden hislerinin ise pekiştirilmesi yer alır. Yedinci evre olan *"Kapanış"ta* kişinin seanstan güvenle ayrılmasını sağlayıcı ve seans sonrası stabilizasyonunu düzenleyici bilgilendirme yapılır. Sekizinci ve son evre olan *"Yeniden Değerlendirme"* evresinde bir önceki seansta yapılan çalışma yeniden ele alınarak gözden kaçırılan bir şey olup olmadığı kontrol edilir.

EMDR çalışmasında her evre için gereken seans sayısı ve her seansa dâhil edilen evre sayısı, danışandan danışana farklılık gösterir.[35] Bu bölümde EMDR tedavisindeki her bir aşama, ayrıntılarıyla ele alınacaktır.

BİRİNCİ EVRE
ÖYKÜ ALMA VE TEDAVİNİN PLANLANMASI

Öykü Alma ve Tedaviye Uygunluğun Değerlendirilmesi

Psikoterapi süreci çoğu kişi için bilinmez bir yoldur ve bu yola girmeye karar vermek oldukça zordur. İnsanlar, genellikle duyguları artık kontrol edilemez bir hal almaya başladığında bir uzmana başvurmayı düşünürler. Bu kararı verdiklerinde, terapistin hem insani hem de klinik becerileri, danışanlar için süreci kolaylaştırabilir. Travma söz konusu olduğunda klinisyenin bu becerileri daha da önemli hale gelir. Özellikle travma mağduru kişilerle çalışırken yeterli derecede güvenli bir atmosfer yaratmak çok önemlidir.[36] Zira travmatik izlerin silinmesi, travmanın güvenli bir ortamda ele alınabilmesiyle mümkündür. Güvenli bir ortam, terapistin danışanını hissettiği ve ona şefkat duyduğu bir sürecin sonucu olarak ortaya çıkar. Buradaki şefkat, danışanın düşkün haline ya da konumuna sempatiyi ifade etmez. Klinisyenin danışanla ortak bir insani durumu paylaştığının farkında olduğunu ifade eder.[37] Bu nedenle klinisyenin öykü alma aşamasında ve tüm terapi sürecinde danışanını hissedebilmesi, onun yaşadıklarına empati yapabilmesi önemlidir. Aksi halde klinisyenin kullandığı terapi modeli, ne kadar etkili olursa olsun insani bir ilişkinin varlığı olmaksızın tek başına iyileşme sağlamaya yetmez. Öyle ki psikoterapi sürecinde danışanı iyileştiren ortak faktörler üzerine yapılan araştırmalar, iyileşme için en önemli parametrenin danışan ile terapist arasındaki ilişki olduğunu gösterir. Uzun süreli terapilerde (psikodinamik yaklaşımlar) sonuca daha yüksek oranda etki eden güvenli bir terapist-danışan ilişkisi, yapılandırılmış ve kısa süreli tedavi yöntemlerinde bile (EMDR gibi) klinik sonuca ulaşmayı kolaylaştırır.[38] Dolayısıyla koşulları ne olursa olsun psikoterapinin kökeni kişiler arası ilişkidedir.[39] Her ne kadar yapılandırılmış bir yaklaşım olarak çift yönlü uyarımlarla nörobiyolojik mekanizmaları harekete geçiriyor olsa da istendik sonuçların alınması, diğer terapilerde olduğu gibi EMDR terapisinde de terapötik ilişkinin varlığına bağlıdır. Bu nedenle EMDR terapistinin önceliği danışanın kendini olabildiğince rahat ifade edebileceği güvenli ortamı yaratmak olmalıdır.

Son yıllarda bilim ve teknolojideki gelişmeler, her şeyin hızla tüketildiği ve insanların kolay yollardan isteklerine ulaşabildiği bir süreci beraberinde getirdi. Bunun bir yansıması olarak da psikoterapiye hızlı ve kolay bir çözüm arayışı içinde başvuran kişilerin sayısı arttı. Kısa zamanda etkili sonuçlar vermesi nedeniyle bu ihtiyacı karşılayan EMDR terapisi, hem danışanlar hem de terapistler tarafından çokça tercih edilen bir psikoterapi yöntemi haline geldi. Öyle ki çevresinden aldığı geri dönüşler nedeniyle doğrudan EMDR talebiyle terapiye başvuran kişilerin sayısında son zamanlarda ciddi bir artış söz konusu. Ancak EMDR terapisi, herkes için doğru bir tedavi seçeneği olmayabilir.

Bunu belirleyen şey terapiye başvuran kişinin bireysel özelliklerinin yanında, yansıttığı klinik görünümdür. EMDR tedavisine başlayabilmek için danışanın kişisel özelliklerinin ve sunduğu problemin çalışmanın yapılabilmesine izin verecek nitelikte olması gerekir. Klinisyen çoğunlukla ilk görüşmede, kendisine başvuran kişinin EMDR terapisi için uygun olup olmadığına karar verir. Bu kararı vermesini sağlayan standart bir ilk görüşme kişinin yaşadığı sorunun netleştirilmesi, semptomun ne zaman başladığı ve hangi durumlarda şiddetlendiği, kişinin fiziksel sağlık durumu, nörolojik bir bozukluğunun olup olmadığı, psikiyatrik bir öykü ya da ilaç kullanımı olup olmadığı, kişinin hayatındaki destekleyici ilişkilerin varlığı, kişinin sosyal yaşam zorlukları, bağlanma sorunları gibi konuları içerir.

İlk görüşmede EMDR terapisine uygunluğun değerlendirilmesini sağlayan bu bilgilerin sonraki seanslarda daha da detaylandırılması, terapistin tedavi planı yapabilmesini sağlar. Bunların yanında, EMDR tedavisine başlamadan önce mutlaka araştırılması gereken konuların başında, dissosiyatif durumlar gelir. Ancak bu bilginin aranması, klinik deneyim gerektirir. Zira her dissosiyatif durum, ilk seansta standart sorularla kendini belli etmeyeceği gibi, derinliğine bağlı olarak belirgin bir görünüm de sergilemeyebilir. Bu nedenle hem danışanlarının ruh sağlığını koruyabilmeleri hem de kendileri için oluşabilecek mesleki riskleri minimize edebilmeleri için henüz deneyim kazanmamış EMDR terapistlerinin süpervizyon desteği almaları çok önemlidir.

EMDR terapisi için uygun şartların olup olmadığına dair izlenimler ilk görüşmede oluşsa da öykü alma, tedaviye uygunluğun değerlendirilmesi ve terapinin planlanması iç içe geçen bir süreci kapsar. Terapist kendisine başvuran danışandan öykü alırken aynı zamanda tedaviye uygunluk açısından da sürekli bir değerlendirme yapar. Bununla birlikte öykü alma işlemi, tedavi planlamasına uygun özelliklerde yürütülür. Kaldı ki EMDR terapisi uygulamaya karar vermiş ve klinik tabloya uygun tedavi planıyla beraber öykü almaya başlamış bir klinisyen, EMDR çalışmasını engelleyici yeni bilgilerle karşılaşabilir. Bu durumda tedavi planını gözden geçirmeli, EMDR terapisi uygulamaktan vazgeçmek dâhil, yeni ortaya çıkan duruma uygun bir tedavi planı yapmalıdır.

Başlangıçta TSSB'ye bir müdahale yöntemi olarak ortaya çıkan EMDR terapisi, birçok psikopatolojinin tedavisinde etkili bir tedavi yöntemi olarak kullanılmaktadır. Çünkü EMDR perspektifinden psikopatolojinin temeli, büyük ya da küçük travmatik yaşantılardır. Büyük travmalar kolaylıkla hatırlanabilen ve kişinin yaşamını derinden etkileyen deneyimlerdir. Bilinenin aksine böylesi büyük travmalar, erişimi kolay olduğundan kısa sürede ve kolay bir şekilde çözüme kavuşturulan travmalardır. Küçük travmalar ise kişinin hatırlamakta zorlandığı, hatta çoğu zaman travma olduğunu bilmediği deneyimlerden oluşur. Büyük travmalara göre kendilik tasarımı üzerinde daha kalıcı izler bırakan böylesi küçük deneyimler, işlenmesi zaman alan ve çözüme zor kavuşturulan travmalardır. Travmaya ait bu özellikler, tedavi planı yaparken önemli hale gelir. Çünkü tedavi planlaması, başta danışanın getirdiği semptom ya da şikâyete bağlı olarak şekillenmeye başlasa da tedavinin tüm aşamaları, danışanın öyküsüne göre yapılandırılır. Danışan trafik kazası gibi tek bir travmatik yaşantı sonucu TSSB belirtileriyle terapiye başvurmuş olabileceği gibi, yakın dönemli bir travma ya da sevdiği birinin kaybı sonucu aşırı yas nedeniyle terapiye gelmiş olabilir. Bunların dışında arkadaş çevresinde yaşadığı değersizlik ya da iş yerinde ortaya çıkan yetersizlik duygularıyla terapiye başlama kararı vermiş olabilir. Bu farklılıklar bir yana birbirinin aynı travmatik yaşantı sonucu benzer semptomlar gösteren iki ayrı danışanda bile tamamen farklı tedavi planı yapmak gerekebilir. Bazı danışanda sadece travmatik tek bir deneyim hedeflenerek şimdi ve geleceği de kapsayan standart üç yönlü protokolün uygulanması yeterli olabilir. Ancak benzer özellikler gösteren bir diğer danışanda, mevcut travmatik yaşantıyla bağlantılı geçmiş travmatik deneyimlerin de hedeflenmesi gerekebilir.

Tedavinin Planlanması

EMDR seanslarının başarıya ulaşması ancak doğru bir tedavi planıyla mümkündür. Tedavi planı, tüm seanslar boyunca terapistin yol haritası olacaktır. Öyleyse EMDR terapisti, neyi hedeflemesi gerektiğine nasıl karar vermeli ve tedavi planını neye göre yapmalıdır? EMDR terapisinde sağlıklı bir tedavi planı, danışanın öyküsü alınırken aşağıdaki maddelerin ayrıntılı olarak incelenmesi sonucunda ortaya çıkar.

1. Semptom ya da Şikâyetler: Danışanı terapiye getiren şey nedir? Kişi hayatında nelerden şikâyet etmektedir? Panikatak, takıntılı düşünceler ve davranışlar, yaygın anksiyete gibi belirgin semptomlar var mıdır? Kendinde rahatsızlık olarak gördüğü ve değişmesini istediği işlevsel olmayan davranışlar, duygular ve negatif inançlar nelerdir? Kişinin problem olarak gördüğü şeyin günlük hayatında açığa çıkmasına neden olan yerler, durumlar ya da kişiler (tetikleyiciler) var mıdır? Bu bilgilerin terapi planlaması için bir referans noktası oluşturduğunu söylersek yanlış olmaz. Çünkü danışan akut bir travmayla gelmişse ve sorunu beslediği düşünülen geçmiş travmatik bir deneyim yoksa EMDR terapisti tek travma üzerinden çalışabileceği bir tedavi planı yapabilir. Ancak danışan belirgin bir semptom, sorunlu bir duygu ya da belirgin bir negatif inançla terapiye gelmişse bu durum geçmiş anılar üzerinden çalışmayı gerektirir.

2. Semptomun Başlangıç Öyküsü: Danışanın şikâyetlerinin ne zaman başladığı ya da doğrudan semptomun ortaya çıkmasına neden olan bir olay yaşanıp yaşanmadığı, terapi planlamasına başlarken oldukça önemlidir. Semptomun ortaya çıkması ve şikâyetlerin başlaması, aynı döneme denk gelen bir travmayı ortaya koyabilir. Danışanda sorunlu duyguya neden olan travmatik deneyim kaza, kayıp, kavga ya da doğal afet gibi çok açık bir travmayı işaret edebilir. Bunun yanında semptom, daha eski bir travmanın çeşitli tetikleyiciler yoluyla aktifleşmesi sonucu ortaya çıkmış olabilir. Kişi çoğunlukla bunun farkında değildir. Bugün de örtük bir şekilde karşılaşılan tetikleyiciler geçmiş bir travmayı açığa çıkararak sorunlu duygunun temelini oluşturabilir. Çocukluk döneminde yakın çevresi tarafından tacize maruz kalan kadın bir danışanım, yirmi beş yaşına geldiğinde yoğun panikataklarla terapiye başvurmuştu. Yaşamında oldukça işlevsel görünen danışan hayatında ilk kez bu duyguları yaşadığını ve yaşadıklarına anlam veremediğini söylüyordu. Öykü alma aşamasında şimdiye kadar hiç duygusal bir ilişkisi olmadığını ancak yakın zaman önce iş yerindeki bir erkekle görüşmeye başladıklarını belirtti. İlişkinin onda yarattığı duygular üzerine konuşurken yakın bir ilişkiye dair kendinin de çok farkında olmadığı korkularını ilk kez seansta paylaşmıştı. Bir taraftan çok mutlu ve coşkulu, diğer taraftan yoğun kaygıları olduğunu ifade ediyordu. Bu kaygıların cinsel bir yakınlaşma ihtimaline karşı ortaya çıktığını fark etmesi bizi danışanın çocukluk dönemindeki cinsel taciz travmasına götürdü. Tedavi planı da buna uygun olarak yapıldı ve danışanın kaygıları EMDR seansları sonunda giderilmiş oldu.

3. Fiziksel Sağlık ve Nörolojik Bozukluk Öyküsü: EMDR seanslarında danışanların yoğun duygular eşliğinde fiziksel tepkiler gösterdiklerine şahit oluruz. Kimi danışanlar dissosiyasyondan farklı olarak bedenleri üzerinde kontrollerini neredeyse tamamen kaybedebilirler. Bu durum tansiyon, kalp ve solunum rahatsızlığı gibi fiziksel sağlık sorunları olan kişilerle çalışırken risk oluşturabilir. Özellikle kalp ve solunum rahatsızlıklarının seanslarda ciddi sorun oluşturabileceği, terapist tarafından unutulmamalıdır.

EMDR terapisinde çift yönlü uyarımlar eşliğinde yapılan işleme, nörobiyolojik mekanizmaları harekete geçirir. Bu yolla devreye giren adaptif bilgi işleme sistemi, fizyolojik değişimin önünü açar. EMDR terapisinin etkinliğini ortaya koyan bu değişim mekanizması, nörolojik bozukluğu olan kişilerle çalışılırken fazladan dikkat göstermeyi gerektirir. Bugüne kadar nörolojik bozukluğu bulunan kişilerin EMDR tedavisinden zarar gördüğü rapor edilmemişse de EMDR terapisti, olası riskleri göz önünde bulundurmalı ve buna uygun değerlendirme yapmalıdır. Özellikle organik beyin hasarı olan kişilerle yapılan çalışmalarda, çift yönlü uyarım türünün göz hareketleri değil de dizlere dokunma şeklinde yapılması önerilir. Başlangıçta set sayılarının azaltılması ve uygulama hızının düşürülmesi, terapistin kontrollü bir şekilde ilerlemesi adına önemli olabilir. Ayrıca organik beyin hasarına bağlı olarak tedaviyi genelleme eğilimi az olabilen bu kişilerde, daha fazla anının EMDR ile hedeflenmesi gerekebilir.[40]

Yine MS hastası ve epilepsi hastalarında, travma odaklı EMDR çalışmalarının olumlu sonuçlar verdiği bilinmektedir. Ancak bu kişilerle yapılan EMDR seanslarında da görsel çift yönlü uyarımdan kaçınılmalıdır. EMDR seanslarının doğrudan epilepsi krizlerini tetiklediği bir durum bildirilmese de seanslar sırasında danışanın epileptik kriz geçirebileceği dikkate alınmalıdır. Otuz üç yaşlarında, iğne fobisi olan bir danışanım terapiye başvurmuştu. Danışanın psikiyatrik öykü geçmişi ve herhangi bir fiziksel sağlık sorunu bulunmuyordu. EMDR tedavisinin uygun olduğuna karar verdim ve EMDR seanslarına başladım. Ancak seanslardan birinde, danışanın gözleri yavaşça kaymaya başladı ve vücudu yana doğru düştü. Baygınlık geçirdiğini düşüneceğim sırada danışanın altını ıslattığına şahit olmam ve epilepsi nöbetini andıran bir şekilde kendine gelmesi beni kaygılandırmıştı. Kliniğimizde bulunan psikiyatristten destek alarak danışanın nörolojik bir muayeneden geçmesi gerektiğine karar vermiştik. Sonradan çekilen EEG sonuçlarında bir bulguya rastlanmadı. Ancak kimi epilepsi hastalıkları nörolojik muayenede bile tetkik edilemeyebiliyor. Tedavisini yeniden planladığım ve ilerleyen seanslarda benzer bir olayla karşılaşmadığım bu danışanda ortaya çıkan durumun bir epilepsi krizi mi yoksa konversif bir tepki mi olduğunu hiçbir zaman bilemedim. Ancak ne kadar dikkatli olmam gerektiğini bir kez daha öğrenmiştim.

4. Psikiyatrik Bir Öykü ya da İlaç Kullanımı: Psikiyatrik öykü geçmişi, tedavinin seyri açısından önemlidir. Yatarak psikiyatrik tedavi gören ya da EKT (Elektrokonvülsif Tedavi) gibi müdahalelerden geçmiş danışanlarda, EMDR seanslarının mutlaka bir psikiyatri uzmanı konsültasyonuyla yürütülmesi önemlidir. Özellikle EKT gören danışanlar, anılarını hatırlamakta oldukça zorlanacakları için EMDR tedavisi daha ileri bir tarihe ertelenebilir. Bunun yanında ilaç kullanan kişilerle çalışırken yine psikiyatri uzmanı gözetiminde ilaçların kontrollü bir şekilde kesilmesi, etkili bir çalışma için gereklidir. Kaldı ki başarılı bir EMDR tedavisi sonunda danışanın ilaçlara artık ihtiyaç duymayacağı öngörülür. Duyguları baskılayan bazı ilaçların kullanımına devam edilmesi, EMDR'yle işlenmesi gereken malzemelerin gözden kaçırılmasına neden olabilir. Sonuçta EMDR'yle hedeflenen anılar yeterince çalışılmadan tedavi sürecinin sonlandırılması gerektiği düşünülebilir. Tedavi süreci bittikten sonra ilaçlarının kesilmesi, danışanda tam anlamıyla çalışılmamış duyguları yeniden ortaya çıkarır. Bu nedenle ilaç kullanımı olan kişilerde ilacın bırakılmasının ardından, EMDR terapistinin çalışmış olduğu anıları tekrar kontrol etmesi gerekir.

5. Kişinin Hayatındaki Destekleyici İlişkilerin Varlığı: EMDR terapisi, hem uygulanması sırasında hem de seanslar arasında güçlü duyguların açığa çıkmasına neden olur. Seans esnasında kontrol edilemeyen duyguların yatıştırılması ve kişinin kendini güvende hissetmesini sağlayan müdahaleler, terapistin görevidir. Ancak seanslar arasında oluşabilecek riskler gözden kaçırılmamalıdır. Güçlü duygular ortaya çıktığında danışanların kendilerini nasıl yatıştıracaklarına dair teknikler terapistler tarafından öğretilir ancak hiçbir şey sağlıklı ve destekleyici bir ilişkinin yerini tutmaz. Danışanlar duyguların altında ezilmiş hissettiklerinde destek alabilecekleri güvenilir kişilerin olması tedavi sürecinin daha olumlu ilerlemesini sağlar. Dahası oluşabilecek riskleri en aza indirir. Dolayısıyla EMDR terapisti, danışanın hayatındaki güvenilir kişileri öykü alma aşamasında tespit etmeli ve zor zamanlarda bu kişilerden destek alması yönünde kişiyi teşvik eden bir pozisyonda olmalıdır.

6. Sosyal Yaşam Zorlukları: Danışanın sosyal yaşam zorlukları terapi sürecinin seyri için önemli bir etkendir. EMDR terapisi, çoğunlukla ilk seanslarda olumsuz duyguların ortaya çıkmasına neden olur. Eğer danışanın hayatında bir sosyal yaşam zorluğu varsa bu duygular, daha büyük bir soruna neden olur. Örneğin danışanın yakın bir zamanda çok önemli bir sunumu olabilir, bir sınava girecek olabilir, bir terfi almak üzere olabilir ya da hamilelik gibi hem fizyolojik hem de psikolojik olarak zorlu bir süreçten geçiyor olabilir. EMDR tedavisi özellikle anı ağlarını harekete geçirmesi nedeniyle, danışan için oldukça zorlayıcı bir deneyim haline gelebilir. Bu noktada klinisyen, danışanın sosyal yaşam zorluklarını dikkate almalı, süreci onun için daha katlanılabilir hale getirecek bir tedavi planı yapmalı ya da EMDR terapisini sosyal yaşam zorluklarının atlatılacağı ileri bir tarihe ertelemelidir.

7. Olumsuz Duygularla Başa Çıkma Düzeyi: Bazı danışanlar oldukça travmatik bir geçmişe sahip olabilirler. Bununla birlikte olumsuz duygularla başa çıkma mekanizmaları yeterince gelişmemiş olabilir. EMDR terapisti, bir anıyı hedefleyip çalışmaya başladığında neyle karşılaşacağını asla bilemediğinden her bir EMDR seansı beklenmedik olumsuz durumlara gebedir. Travmatik malzemelerin işlenme süreci, her şeyin kontrol altında olduğu normal bir seans olarak da ilerleyebilir, kişinin kontrolünü neredeyse tamamen kaybettiği abreaksiyon dediğimiz yoğun bir duygulanım eşliğinde de ilerleyebilir. Abreaksiyon, danışanın bastırdığı bir travmatik olayı fark etmesi ve ondan kurtulması anlamına gelir.[41] Bu noktada EMDR terapisti, seans içinde travmaya ait açığa çıkacak hiçbir malzemeden korkmaz ve kaçınmaz. Aksine bu malzemenin açığa çıkabilmesi için gerekli müdahaleleri yapmakla yükümlüdür. Çünkü travmatik malzemenin işlenmesi sırasında ortaya çıkan yoğun duygulanımlar, ilerlemeye dönüktür. Ancak bazı duygular danışanın kaldırabileceğinden çok daha fazlası olabilir. Bu nedenle EMDR terapisti, danışanının seans boyunca ve seanslar arasında ortaya çıkan yeni durumla başa çıkabileceğinden emin olmalıdır. Danışanın karşılaşacağı olası güçlüklerle baş edip edemeyeceği, öykü alma aşamasında belirgin hale gelir. Terapist, danışanın duygu düzenleme kapasitelerinin bu noktada yetersiz olduğunu düşünüyorsa travmaları işlemeye başlamadan önce psikolojik sağlamlığını artırıcı çalışmalar yapmalıdır.

8. Bağlanma Sorunlarına Dair Bilgiler: Bazı problemler vardır ki yalnızca EMDR terapisi uygulanarak sonuç alınamaz. Bağlanma sorunları yaşayan ve başta yakın ilişkileri olmak üzere hayatlarının genelinde bir kaosu tarif eden danışanlar, bu kategoride değerlendirilebilir. Klinik tablo itibarıyla kişilik sorunlarını yansıtan bu danışanlarda EMDR seansları, hayatlarında yeterli stabilizasyonu sağlayıcı bir etki yaratabilir. Ancak sorunun kesin çözümü için yeterli olmayabilir. Bu durum tedavi planı yapılırken dikkatle değerlendirilmeli ve danışanla açık bir biçimde paylaşılmalıdır.

9. Benzer Geçmiş Deneyimler: Geçmiş travmatik anılar, tedavi planına dâhil edilmeli midir yoksa sadece bugünkü problem üzerinden çalışmak yeterli midir? Bu sorunun cevabı danışanın klinik öyküsünde yatar. Terapist, geçmiş travmatik yaşantıların bugünkü sorunu beslediğini düşünüyorsa tedavi planına bunları da dâhil etmelidir. Aksi halde zaten istendik sonuçların alınması mümkün değildir. Böylesi danışanlarda, yaşam öyküsü alınırken bağlantılı anılar belirlenmeye çalışılır. Travmatik anılar belirlenirken terapist, şimdiki zamanda ortaya çıkan sorunlu duygu, düşünce ve beden duyumsal özellikler üzerinden geriye doğru gitmelidir. Bu özellikler, terapistin geçmiş anılara ulaşmadaki referans noktasını oluşturur. Örneğin terapist, *"Hayatınızda buna benzer bir şeyi ilk kez ne zaman yaşadığınızı hatırlıyor musunuz?" "Kendinizi bu duyguya bıraktığınızda ilk ne zaman böyle hissetmiştiniz?"*, *"Bunu tuttuğunuzda gidebildiğiniz kadar geriye* *gidin ve hatırlayabildiğiniz anılara bir bakın.*" gibi cümlelerle danışanı geçmiş travmatik yaşantılara götürmeye çalışır. Ancak geriye doğru gidildiğinde bağlantılı görünen her anı hedeflenmez. Yalnızca travmatik etki bırakan anılar hedeflenir. Geçmiş bir deneyimin travmatik etki bırakıp bırakmadığını test etmenin yolu ise o deneyimi hatırladığımız anda neler olduğuna bakmaktır. Eğer deneyimin hatırlanması esnasında kişinin verdiği duygusal, düşünsel ve bedensel tepkiler bir anıyı normal şekilde hatırlamanın ötesinde kısmen de olsa yeniden yaşantılamaya dönüşmüşse o deneyimin travmatik olduğu söylenebilir. Bu durum bize, deneyime ait parçaların yaşandığı andaki haliyle kısmen de olsa işlenmeden kaydedildiği bilgisini verir. Etkili bir müdahale, entegrasyonu yani bütünleşmeyi sağlar. EMDR sayesinde tüm bileşenleriyle beraber (görüntü, bedensel duyumlar, duygular ve negatif inanç) yeniden ele alınan her travmatik deneyim, örtük bellekten açık belleğe aktarılmış olur. Böylelikle travma artık rahatsız edici olmaktan çıkarılır.

Anıların hangi sırayla çalışılacağı danışanın özelliklerine bağlı olarak terapistin klinik deneyimine göre şekillenir. Ancak hatırlanabilen en eski anı, temel anı olduğundan her zaman için çalışmaya oradan başlanması uygun görülür. Temel anının çalışılması, tıpkı bir domino taşının yarattığı etki gibi, kendinden sonra gelen travmatik deneyimlere duygusal, bilişsel ve bedensel düzeyde olumlu etki eder. Ancak bilinmelidir ki yakın zamanlı bir anıya ait çalışma da kendinden öncekilere etki eder. Dolayısıyla en eski anıdan çalışmaya başlamak önemli olsa da bana göre tek yol değildir. Bu durum, plansız bir çalışmayla önümüze gelen anıyı çalışabileceğimiz anlamına gelmez. Kaldı ki doğru bir planlama, EMDR terapisi için her şeydir. Ancak ilk anıdan başlanmasına dair bir sınırlama, terapisti çalışma açısından zor durumda bırakabilir ve tedaviye olumsuz yansıyabilir.

Tedavi planı yaparken akılda tutulması gereken bir diğer konu, özellikle beş yaş öncesine ait anıların başlangıç aşamasında hedeflenmesinin uygun olmadığıdır. Çünkü EMDR terapisinde kullanılan çift yönlü uyarımlarla travmatik anılar uyarıldığında deneyime ait güçlü duygular gün yüzüne çıkar. Beş yaş öncesine ait anıların duygusal yükü, danışanın kaldırabileceğinden çok daha fazlasını ifade edebilir. Dahası EMDR terapisi, danışan için korkutucu bir şeye dönüşerek tedavinin devam etmesini engelleyebilir. Buna rağmen çocukluk çağı anıları, ergenlik ve yetişkinlik anılarından önce işlenmelidir. Çünkü çocukluk anıları, takip eden sonraki anılar için besleyici anılardır.

Tedavinin planlanmasında, en eski anıdan sonra danışanı en çok rahatsız eden anılar da işleme sırasında önceliklidir. Bu nedenle hedeflenmesi düşünülen travmatik anıların içerisinde, danışana en çok rahatsızlık veren anılar özellikle belirlenir. Terapist bunu yaparken, anının hatırlanması sırasında duygusal tepkileri de takip ederek danışanın verdiği öznel rahatsızlık düzeyini (SUD) esas almalıdır. Danışan en kötü tek bir anı değil, birden fazla anı verebilir. Terapist hepsini hedeflemelidir ancak danışanın kaldıramayacağı durumlarda en kötü anıların öncelikli olarak işlenmesi sakıncalı olabilir. Böyle durumlarda klinisyen, danışanın düşük rahatsızlık düzeyi bildirdiği anılardan başlamalı, gittikçe daha zorlu anılara geçmelidir. En kötü anı/anılar çalışıldıktan sonra, listesi oluşturulan travmatik deneyimlerin geçmişten bugüne kronolojik bir sırada işlenmesi önerilir. Çoğunlukla eski anılardan bugüne doğru işlem yaparak ilerlemek, daha olumlu sonuçların ortaya çıkmasını sağlar.

Travmatik yaşantılarda sağ beyin aktif bir şekilde çalışırken sol beyin yeterince aktif değildir. Sanki sağ ve sol beyin arasındaki bağlantıda kopma meydana gelmişçesine travmatik yaşantı sağ beyinde hapsolmuştur. Bu durum, çağrışımsal bellekte malzemelere erişimi kısıtlamaktadır. Bu nedenle travmatik yaşantıların bir kısmı ya da travmanın yaşandığı çocukluk dönemine dair bazı anılar, öykü alma aşamasında hatırlanmayabilir. Ancak süreç içerisinde EMDR'yle işlenen anılar, tıkalı olan çağrışım kanallarını açar ve düğümü çözer. Böylece kişi istem dışı olarak anılarını hatırlamaya başlar.

EMDR tedavi planı oluşturulup uygulanmaya başlandığında süreç içerisinde hatırlanan geçmiş travmatik anılar da plana dâhil edilir. Bunun yanında danışanı rahatsız eden *flashback*'ler ya da tekrarlayan rüyalarının olup olmadığı, öykü alma aşamasında öğrenilmesi gereken bilgilerdir. Travmanın *flashback*'ler ve kâbuslar olarak kendini tekrar tekrar hatırlatması, beynin bir çeşit kendini onarma isteğinden kaynaklanır. Duyarsızlaştırma ve sönümlenme sağlamak ve bu yolla travmayı metabolize etmek için ortaya çıkan bu durum, beynin evrimsel olarak gelişmiş bir girişimini temsil eder.[42] Ancak tecavüz ya da işkence gibi bazı travmalar o kadar rahatsız edicidir ki beynin uyumlanma yönlü bu girişimi sonuçsuz kalır.[43] Bu nedenle *flashback*'ler şeklinde gelen görüntülerin ve gece kâbuslarının tedavi planına dâhil edilmesi, sorunun giderilmesi için önemlidir.

10. Güncel Tetikleyiciler: EMDR terapisinde başarılı bir işleme, geçmiş travmatik deneyimleri çalışmanın yanında kişiyi güncel olarak tetikleyen unsurların da hedeflenmesini gerektirir. Bu nedenle travmatik anıların belirlenmesinin hemen ardından danışanı tetikleyen kişiler, durumlar ya da yerler, öznel rahatsızlık düzeyleriyle (SUD) birlikte belirlenmelidir. Terapist bunu yaparken olumsuz negatif inancı ya da olumsuz duyguları referans alır. Örneğin evine hırsız girmesi sonucu kendini tehlikede gören ve korkuyla terapiye başvuran biri için terapist, *"Tehlikedeyim inancınızı ya da bu korkunuzu hangi durum, kişi* *ya da yerler tetikliyor?"* şeklinde bir soruyla güncel uyaranları araştırmaya girişebilir. Danışan bu soruyla kendisinde işlevsel olmayan duygusal, düşünsel ve bedensel tepkiler uyandıran tetikleyicileri tespit edebilir. Böyle bir danışan için hırsızlığın yaşandığı ev, karanlık ortamlar, küçük tıkırtılar, izlediği filmdeki bir sahne ya da hırsızı anımsatan kişiler tetikleyici olabilir. Terapist, bunları not eder ve kişiye ne kadar rahatsızlık verdiğini ölçmek için her birine ait SUD puanı alır. Kişiyi tetikleme potansiyeli olan bu şeyler, öykü alma ve tedavi planının yapıldığı birinci aşamada belirlenir ancak işleme sürecinde ortaya çıkan malzemelere bağlı olarak da sürekli güncellenir. Bu tetikleyiciler geçmiş çalışılıp bitirildikten sonra, "şimdiki zaman" üzerinde çalışmayı sağlayacaktır.

11. İyileşme Hedefi: EMDR terapisinde doğru hedefleri belirlemeden ilerlemek, karanlık bir yolda yürümeye benzer. Hedefler yolumuzu aydınlatan ışık gibi, bize nereye gitmemiz gerektiğini gösterir. Bu nedenle terapi hedefleri, net bir şekilde belirlenmelidir. Danışanın terapiden beklentileri nelerdir? Başarılı bir psikoterapi sürecinin sonunda danışan kendinde neyin değişmiş olmasını bekler? Bu cevaplar, terapi planlaması için önemli olduğu kadar danışanın ortaya koyduğu hedefler ile terapi hedeflerinin örtüşüp örtüşmediğini belirlemek açısından da önemlidir.

Eşi tarafından aldatılan kadın bir danışanım, ilişkisini devam ettirmek istediği için yaşadığı travmatik olayları tamamen unutmak istiyordu. Geçmişi hiç yaşanmamış olarak algılamayı ve eşine güvenen biri haline gelmeyi terapi hedefi olarak belirlemişti. Ancak bu hedefler gerçekçi değildi. Terapi hedeflerinin gerçekçi ve ulaşılabilir olması önemlidir. Bunun yerine "Bunu atlatabilirim, güçlü olabilirim.", "Bununla baş edebilirim." gibi hedefler belirleyerek terapi sürecini başarılı bir şekilde sonlandırmıştık.

Öykü alma aşamasında danışandan onu en çok rahatsız eden on çocukluk anısı almak önemli olabilir. Bu anıların işlenmesi, danışanın genel düzeyde şikâyetlerinin ortadan kalkmasına katkı sağlayabilir. En çok rahatsız eden çocukluk anılarının belirlenmesinin bir diğer faydası, hangi duygu ve negatif inanç üzerinde daha çok çalışılması gerektiği konusunda terapiste yol gösterecek olmasıdır.

Şimdi kitabın sayfalarını kapatın ve sizi en çok rahatsız eden on çocukluk anınızı bir kâğıda yazın. Bitirdiğinizde anıları tek tek gözden geçirin. Her bir anıyı düşündüğünüzde kendinizle ilgili hangi negatif inançlar ortaya çıkıyor ve ne tür hisler uyanıyor tespit etmeye çalışın. Şimdi anılardaki ortak duyguyu ya da negatif inançları kendi aralarında kısaca kategorize edin. Genellikle anılar birkaç duygu ya da negatif inanç etrafında toplanırlar. Mesela on anıdan beş tanesi kendinizi değersiz görme, dört tanesi güvensiz hissetme, bir tanesi de başka bir duygu ya da düşünceyle alakalıdır. Ya da on tane anının tamamına yakını, kişinin hayatında çok daha belirgin bir sorunu gösteriyor olabilir. Öyle ki hiçbir duygu ya da negatif inanç belirlemeden sadece anıları almak bile terapistin klinik tabloyu netleştirmesine yardımcı olabilir. Çünkü bu anılar kendi aralarında gruplandırıldığında danışanın hayatında sorun teşkil eden baskın duyguya ya da negatif inanca işaret eder. Böyle olmasına rağmen terapist, danışan özelinde yaptığı değerlendirmeye bağlı olarak üzerinde çalışılan konuyla alakalı olmayan travmatik anıları hiç hedeflemeyebilir. Anlaşılacağı üzere EMDR terapisi, belirli kurallar tarafından çerçevelense de danışanın terapötik ihtiyaçlarına göre şekillenen bir tedavi yöntemidir.

Travmatik deneyimler, normal deneyimler gibi açık-öyküsel bellekte değil, örtük-motorik bellekte kayıt altına alındığından en küçük bilinçli/bilinç dışı tetikleyici örtük belleği harekete geçirir ve duruma uygun olmayan tepkilerin açığa çıkmasına neden olur. Bu özellikleri dikkate alındığında travmatik deneyimlerin bugünü etkilediğini ve gelecekte karşılaşılabilecek benzer durumları etkileyebileceğini söyleyebiliriz. Bu nedenle kalıcı bir değişiklik için terapist, çalışılacak konuyla ilgili hedef anıları (geçmiş) işledikten sonra güncel tetikleyicileri (şimdi) ve gelecekte karşılaşılabilecek zorlu durumlarda istendik davranış örüntülerini (gelecek) çalışarak süreci tamamlamalıdır. Travmatik olarak en eski anı, en kötü anı ve diğer travmatik anılar çalışıldıktan sonra, danışanı güncel olarak tetikleyen malzemeler çalışılır. Tetikleyiciler, öykü alma aşamasında terapist tarafından belirlenir. Ancak EMDR uygulamaları sırasında yeni tetikleyiciler ortaya çıkabilir. Bu durumda yeni bilgiler, işlenmek üzere tedavi planına dâhil edilir. Tedavi planının son aşaması, gelecek üzerinde çalışmaktır. Her bir tetikleyicinin yer aldığı gelecek şablonu (hikâye), tedavi planına dâhil edilir. Danışan hikâyenin sonuna rahatsızlık bildirmeden gidebilene kadar işleme yapılır. EMDR uygulamasında deneyimler ve tetikleyicilerin her biri için ayrı ayrı standart EMDR prosedürü uygulanır.

İKİNCİ EVRE
HAZIRLIK

Hazırlık evresi, tedavi süreci içerisindeki önemli bölümlerin başında gelir. Bu evrede, birlikte ilerleyen üç adım yer alır. Bunlar, EMDR terapisinin teorik altyapısıyla ilgili danışanın bilgilendirilmesi, işleme için gerekli olan çift yönlü uyarım türünün belirlenmesi ve hemen her koşulda kendini güvende hissedebileceği becerilerin danışana kazandırılmasını içerir. Terapistin uygun şekilde yürüteceği her bir adım, tedavi sonucuna doğrudan etki eder. EMDR terapisine ve işleyiş mekanizmasına dair açıklayıcı bilgilerin verilmesi, sürece ilişkin kaygıların giderilmesine katkı sağlar ve kişiyi tedaviye hazır hale getirir. Danışanla birlikte çift yönlü uyarım türlerinden hangisinin (ses, dokunma ya da görsel uyaran) kullanılacağına karar verilmesi, uygulamada olası olumsuz durumların önüne geçer. "Güvenli Yer" oluşturmaya dair yapılan çalışmalar ise her şeye rağmen seans sırasında oluşabilecek istenmeyen durumlara karşı kişiyi hazırlar.

EMDR'nin İşleyiş Mekanizması Hakkında Bilgi Verme

EMDR terapistleri, klinikte iki grup danışanla karşılaşırlar. Birinci grupta, EMDR hakkında hiçbir fikri olmayıp herhangi bir şikâyetle psikoterapiye başvuran danışanlar yer alır. İkinci grupta ise yaşadığı sorunla ilgili araştırmalar yapan, çoğunlukla kulaktan dolma bilgiler ya da öneriler sonucunda, doğrudan EMDR terapisi isteğiyle psikoterapiye başvuran danışanlar yer alır. Eğer klinisyen, EMDR terapisi uygulamaya karar vermişse tedavinin etkinliğini artırmak için her iki grup danışana da EMDR'nin teorisi ve işleyiş mekanizmasıyla ilgili bilgi vermelidir. EMDR terapisi isteğiyle gelen danışanlarda bu durum daha önemli hale gelebilir. Çünkü eksik ve yanlış bilgilerle terapiye başvuran danışanlar, EMDR tedavisinin çoğunlukla bir cihaz aracılığıyla gerçekleştiğine ve beyin dalgaları üzerinde yapılan bir değişimin iyileşmeyi sağladığına inanma eğiliminde olurlar. Öyle ki tedavi sürecinde böyle bir cihazın kullanılmadığına dair terapistin yaptığı açıklamalar, bu grup danışanlarda ilk olarak hayal kırıklığına neden olur. EMDR tedavisinin düşündükleri gibi bir şey olmadığı, aksine çeşitli tekniklerin beynin kendi kendini iyileştirme yetisini açığa çıkardığı, teorik bileşenleriyle birlikte anlatıldığında bu kişilerde daha gerçekçi bir tedavi beklentisi oluşmaya başlar. EMDR'nin ne olduğu, beynin travma anında ve travma sonrasında nasıl tepki verdiği ve bu yolla sorunlu davranışı nasıl ortaya çıkardığı, EMDR terapisinin nasıl bir tedavi gerçekleştirdiği, değişim ilkelerinin neler olduğu gibi konuların açıklanması hatalı bilgileri düzeltmenin yanında, kişinin tedaviye olan inancını artıracağı için sürece doğrudan katkı sunar.

Klinisyen EMDR teorisine dair açıklamaları ayrıntılı ancak danışanın anlayabileceği bir dille yapmalıdır. Aşağıdaki gibi bir açıklama, EMDR tedavisinin anlaşılmasını sağlayacak ve danışanları sürece genel düzeyde hazırlayacaktır.

> *"Beynimiz normal yaşantılarda farklı, travmatik yaşantılarda farklı şekilde hareket ediyor. Normal deneyimlerde her bir uyaran, beynimizin ilgili bölümlerine iletilerek orada bir işlemden geçiriliyor ve anlama büründürülüyor. Daha sonra deneyime ait bu parça bilgiler, bütünleştirilerek anı hafızasında muhafaza edilmek üzere depolanıyor. Mevcut deneyim aynı zamanda benzer anı ağlarına katılarak kişi için olumlu duyguların ve işlevsel davranışların temelini oluşturuyor. Beyin bu anıyı hatırlamak istediğinde, anı hafızasından bulup çıkarıyor ve normal bir deneyim olarak hatırlama işlemini gerçekleştiriyor. Ancak travmatik deneyimlerde süreç bu şekilde ilerleyemiyor. Beyin travmatik deneyime ait parça bilgileri, ilgili bölümlere gönderiyor ancak burada tam bir işleme sağlanamıyor. Bu noktada beynin çeşitli bölümleri arasındaki bağlantı kopuyor ve normal yaşantılardaki bütünleşme işlemi gerçekleşmiyor. Dolayısıyla deneyime ait her bir uyaran (ses, koku, görüntü, beden hissi, duygular vb.) bağlamından kopuk parça bilgiler olarak beynin çeşitli bölümlerine dağınık bir biçimde yerleşiyor.*

Sonuç olarak deneyim anı hafızasına bir bütün olarak aktarılamıyor ve diğer olumlu anı ağlarıyla bağlantı kuramıyor. Bu durumda kişi, deneyimi normal bir anı gibi hatırlamak yerine, çeşitli duygusal ve bedensel tepkiler eşliğinde anının içinde kaybolup gidiyor. Dahası beynin hatırlamaktan kaçındığı bu deneyim, çeşitli tetikleyiciler aracılığıyla harekete geçiyor ve istem dışı bir hatırlamaya neden oluyor. Bu hatırlama işlemi kimi zaman bilinçli, kimi zaman bilinç dışı düzeyde gerçekleşiyor. Böylece kişi sebebini çoğu zaman bilemediği duygularla, sorun yaratacak davranışlarla ve baş etmekte zorlandığı olumsuz düşüncelerle boğuşmaktan kendini alamıyor.

EMDR tedavisinde yaptığımız şey hayatınızı zorlaştıran bu olumsuz durumların kaynağına inmek. Bugün yaşadığınız sorunları besleyen geçmiş travmalarınızı buluyoruz ve onları yeniden işliyoruz. Bunun için anıyı çağırdığımız anda beyni normal yaşantılardaki bilgi işleme konumuna getirecek çift yönlü uyarımlar veriyoruz. Burada bir cihaz kullanmamız ya da beyin dalgalarına doğrudan müdahale etmemiz gibi bir durum söz konusu değil. Bunu gayet basit bir mekanizmayla her iki dizinize hafifçe vurarak, kulaklarınıza ritmik sesler vererek ya da sağa ve sola kaydırdığım ellerimi gözlerinizle takip etmenizi sağlayarak yapabiliyoruz. Bu yolla, anıyı sanal bir biçimde burada yeniden yaşıyor gibi oluyorsunuz. Ancak bu yeniden yaşantılama, tamamen bizim kontrolümüzde gerçekleşiyor. Bu esnada kullandığımız çift yönlü uyarımlar sayesinde beyin, travmatik deneyime ait parça bilgileri yeniden işlemden geçiriyor ve bütünleştiriyor. Anı travmatik olmaktan çıkarılıyor ve ilgili anı ağlarına eklenerek tıpkı normal anılar gibi hatırlanmak üzere beynimizde depolanıyor. Anı silinmiyor ve unutulmuyor. Anı yine sizin anınız olarak kalıyor ama artık sizi rahatsız etmiyor.

Şikâyetlerinize kaynak oluşturan travmatik deneyimlerinizi işlemden geçirdiğimiz için tedavi süreci sonunda şikâyetlerinizin büyük oranda ya da tamamen ortadan kaybolacağını öngörürüz."

Bu açıklamaların yanında kişinin yaşadığı duyguları biraz olsun anlamasını sağlayacak bilgiler, travma bağlamında psiko-eğitim olarak sunulabilir. Bazı danışanlarda ayrıntılı bilgilendirmeler çok daha işe yarayabilir. Çünkü duygulara ve travmatik durumların doğasına dair eğitici bilgiler, süreci kapsamaya ve güçlendirmeye yardımcı olur.[44] Ancak olumsuz bir deneyim olarak kişinin EMDR tedavisi süresince karşılaşabileceği güçlükler de söz konusudur. Özellikle EMDR uygulamalarının başlarında ortaya çıkan kötü duygular, çoğunlukla kendilerini iyi hissetme beklentisi içinde terapiye başvuran danışanlar için hayal kırıklığına ve tedavi sürecine dair çeşitli korkulara neden olur. Ancak EMDR terapisinde bir süre, kötü hislerin ortaya çıkması normaldir. Dahası bu beklediğimiz bir durumdur. Bunun sebebi danışanların o güne kadar farkında olmadıkları duyguların ya da hatırlayamadıkları anıların çift yönlü uyarımlar sayesinde hızlı bir şekilde gün yüzüne çıkmasıdır. Özellikle kompleks travma geçmişi olan kişiler, bu açıdan riskli gurupta yer alırlar. Böylesi bir durumda yeterince çalışma yapmadan EMDR tedavisine başlayan bir klinisyen, danışanda ikincil bir travmaya neden olabilir. Terapistin bir önceki aşamada öykü alırken değerlendirmeyi doğru yapması ve riskli kişilerde tedavi planını daha dikkatli şekillendirmesi önem taşır. Bu hassasiyetin yanında uygulamalara başlanmadan önce danışanlara kendilerini bir süre daha kötü hissedebilecekleri ve bu durumun geçici bir kötü hissetme olduğu, gittikçe duyguların daha dengeli hale geleceği mutlaka söylenmelidir. Böylece kişi, beklentisinin aksine daha kötü olmayı deneyimlediğinde duyguların altında ezilmek yerine her şeyin normal seyrinde ilerlediğini ve kontrol dışı bir şey olmadığını bilecektir. Ayrıca terapistin öngördüğü bir durumun yaşandığını görmesi, kişinin terapistine karşı duyduğu güvene katkı sağlayacaktır.

Çift Yönlü Uyarım Türünün Belirlenmesi

EMDR terapistleri çok iyi bilirler ki danışana çift yönlü uyarım vermeden sadece travmatik yaşantıya ait görüntüyü hayal ettirmek ve duygular ile beden duyumlarını hatırlatmak ciddi bir değişim yaratmaz. Bunlarla birlikte verilen çift yönlü uyarımlar travmatik anının malzemelerini hızlı bir şekilde işler. Yeterince işleme gerçekleştiğinde ise benzer anı ağlarıyla kurulan bağlantılar sayesinde anı, kişi için rahatsız edici olmaktan çıkar. Bunu sağlayan şey, yeniden işleme süreçlerini harekete geçiren çift yönlü (bilateral) uyarımlardır. Bu nedenle çift yönlü uyarımlar, EMDR terapisinin olmazsa olmazıdır. EMDR tekniğinin çıkış noktası REM uykusuyla benzerliği olduğundan uyarım türü de ilk başlarda göz hareketleri olarak standardize edilmişti. Ancak REM uykusuyla benzerliğin ötesinde beynin herhangi bir çift yönlü uyarımının işlemeyi sağladığına dair çalışmalar, uyarım türlerinin çeşitlenmesine yol açtı. Böylelikle göz hareketleri dışında kulaklara ritmik ses verme, dizlere hafifçe vurma ve ellere titreşim verme gibi çift yönlü uyarım türleri ortaya çıktı. Hem danışanların hem de terapistlerin konforunu sağlayabilecek cihazların da üretilmeye başlanması, teknik açıdan EMDR terapisinin daha kolay ve kişiye özgü uygulanmasının önünü açtı. İlerleyen dönemlerde çeşitli güçlükler nedeniyle yüz yüze seansların yapılamaması, EMDR terapistlerini yeni bir çözüm arayışına itti. Şu an gelinen noktada, çeşitli programlar ve cihazlar kullanılarak sağlanan çift yönlü uyarımlarla çevrim içi EMDR seansları bile yürütülebilir hale geldi.

Genellikle her terapistin yoğun olarak kullandığı bir uyarım türü vardır ancak özel durumu olan danışanlar için terapist bu alışkanlığını değiştirmelidir. Çünkü terapistin kullandığı uyarım şekli bazı sorunlar ve bazı grup danışanlar dikkate alındığında uygun olmayabilir. EMDR terapisti hangi uyarım türünü kullanacağına uygulamaya başlamadan önceki hazırlık aşamasında deneme yaparak danışanla birlikte karar vermelidir. Çift yönlü uyarım türlerinin birbirine herhangi bir üstünlüğü yoktur. Ancak bazı danışanlar için göz hareketleri istendik etki yaratmazken bazı danışanlarda ses ve dokunmayla gerçekleştirilen çift yönlü uyarımlar beklenen etkiyi yaratmaz. Organik beyin hasarı, MS, epilepsi gibi nörolojik bozukluğu olan ve göz sorunları yaşayan danışanlarda göz hareketleriyle yapılan uyarımlar, süreci daha da sıkıntılı bir noktaya taşıyabilir. Bunun yanında, taciz geçmişi olan danışanlarda bir aparat yardımıyla da olsa dizlere vuruşlar yaparak verilen çift yönlü uyarımlar risk oluşturabilir. Öyle ki ciddi taciz vakalarında dissosiyatif özellikler de dikkate alındığında, dokunarak (dizlere vuruş yaparak) yürütülen EMDR seanslarında danışan, terapistini tacizcisi olarak deneyimleyebilir. Dissosiyasyon belirtileri gösteren danışanlarda dikkat edilmesi gereken bir diğer konu, çift yönlü uyarımlar sırasında gözlerin açık tutulması gerektiğidir. Gözlerin kapatılması dissosiyasyona yatkın olan kişilerin anının içinde kaybolmasına ve seansın gerçekliğini kaybetmesine neden olabilir. Yine taciz geçmişi olan ve fiziksel yakınlığa dayanamayan danışanlarda terapist, mesafe ayarını danışanı rahatsız etmeyecek şekilde yapmalıdır. Dolayısıyla her danışan, kendine özgüdür. Bu nedenle EMDR terapisi diğer bütün psikoterapi yöntemlerinde olduğu gibi, danışanın kişisel özelliklerine ve kaygılarına göre biçimlendirildiğinde en uygun sonucu verir.

Uyarım şekli, danışanın tercihine sunularak kullanılmaya başlanır. Birkaç deneme yapılması, rahat olup olmadığına dair geri bildirim almakla beraber danışanın duygusal tepkilerinin takip edilmesi, uyarım türüne karar vermek için yeterli olur. İşleme sürecinde oluşabilecek olumsuz durumlarda (malzemeye erişimin kısıtlı olması vb.) uyarım şeklinin ve hızının terapist tarafından değiştirilebileceği bilinmelidir. Bazı durumlarda travmatik anıların işlenmesi sırasında çok yoğun duygular ortaya çıkabilir. Bu abreaksiyon durumu çoğu zaman ilerlemeye işarettir. Ancak ortaya çıkan yeni durumla başa çıkamayacak kadar güçsüz olan danışanlarda bu durum, bir noktadan sonra sorun oluşturabilir. Bu nedenle danışana, uygulama sırasında açığa çıkan yoğun duyguların altında ezilmediği sürece işlemeye devam etmesinin iyi olacağı söylenmelidir. Fakat işleme dayanılamaz bir noktaya geldiğinde kontrolün kendinde olduğu ve istediği zaman bir el işaretiyle işlemeyi durdurabileceği belirtilmelidir.

Güvenli Yer Çalışması

Travma tehlike karşısındaki çaresizlikle alakalı olduğundan travma mağdurları için güvenlik, kritik bir meseledir.[45] Bu nedenle seanslar sırasında ve sonrasında, güvenlikle ilgili oluşabilecek riskler karşısında terapistin klinik becerileri önem kazanır. Seans süresince travma mağdurunun kendini güvende hissetmesini sağlamak, travma terapistinin birinci önceliğidir. Bu noktada çeşitli nefes ve rahatlama egzersizleri, imajinasyon çalışmaları, dikkati başka bir odağa kaydırma ya da hipnotik telkinler terapistin anlık müdahale seçeneklerini oluşturur. Travma odaklı bir yaklaşım olduğundan EMDR terapisinde de güvenlik ayrı bir öneme sahiptir. Öyle ki "güvenli yer" egzersizi, uygulama başlamadan önce kullanıma hazır hale getirilir. Bu egzersiz aracılığıyla danışanlardan hayal dünyalarında kendilerini tamamen rahat hissedebilecekleri güvenli bir alan oluşturmaları istenir. Bu çalışmanın amacı, seans içinde yoğun duygulanıma tahammül edemediği durumlarda ve tamamlanmamış bir seans olduğunda danışanın seanstan güvenle ayrılmasını sağlamaktır. Ayrıca "güvenli yer", seans aralarında zorluk yaşayan danışanların kendilerini yatıştırmaları ve güvende hissedebilmeleri için kolaylıkla kullanabilecekleri bir egzersizdir. Sekiz aşamadan oluşan "güvenli yer" egzersizi, özellikle taciz ya da kompleks travma geçmişi olan danışanlarda hayat kurtarıcıdır.

Birinci Aşama, Resim: Danışandan kendini rahat ve güvende hissedebileceği bir yer hayal etmesi istenir. Bu yerin daha önce gittiği, bildiği bir yer olabileceği gibi tamamen hayalinde yarattığı gerçek dışı bir yer olabileceği bilgisi de verilir. Burada terapist, *"Sahil, sessiz bir orman ya da güzel bir kır alanı olabilir."* gibi açıklamalar yaparak danışanı yönlendirebilir. Önemli olan şey, kişinin kendini tamamen rahat ve güven içinde hissedebileceği bir resmi zihninde yaratabilmesidir.

İkinci Aşama, Duygular ve Duyumlar: Terapist, danışanın resme odaklanmasını, resme baktığında oluşan güzel duyguları hissetmesini ve bedeninde ortaya çıkan olumlu hislerin yerlerini belirlemesini ister.

Üçüncü Aşama, Güçlendirme: Terapist sakin, rahatlatıcı ve güven veren bir ses tonu kullanarak danışanın o resmin içine daha da girmesini, duygularını ifade etmesini ve derinleşmesini sağlar. Terapist bunu yaparken danışanın daha fazla duyu organına hitap edecek özellikleri uyarabilir. Çevresine bakıp neler gördüğünü detaylandırmasını, burnuna gelen kokuları hissetmesini ve içine çekmesini, ayağının altındaki kumsalı, çimeni ya da yüzüne vuran hafif meltemi, göz kapaklarından içeri giren güneş ışıklarını, kulaklarına gelen dalga, kuş seslerini vs. hissetmesini söyler. Bu yerde yalnız olmayı tercih edebileceği gibi ona güven veren, sevdiği insanları da davet etmek isteyip istemediği sorulabilir.

Dördüncü Aşama, Çift Yönlü Uyarım: Danışandan bildirdiği tüm ayrıntılara odaklanması istenerek çift yönlü uyarımlar eşliğinde güçlendirme çalışmalarına devam edilir. Uzun setler olumsuz malzemelerin açığa çıkması gibi bir risk taşıdığından çift yönlü uyarımlar 6-8 vuruş (ya da göz hareketi) gibi kısa setlerden oluşmalıdır. Setler sonunda danışanın duygularını ve beden hislerini kontrol ederek olumlu hisleri artıracak birkaç kısa setle daha fazla güçlendirme yapılır.

Beşinci Aşama, İpucu Sözcük: Danışandan bu güvenli yere bir isim vermesi istenir. Bu isim, "cennetim", "sahil", "orman" gibi sözcükler olabileceği gibi, güzel hisleri ve duyumları çağrıştıracak başka özel sözcüklerden de oluşabilir. Seçilen isimle birlikte güvenli yere ait tüm ayrıntılar ve hisler, çift yönlü kısa uyarımlar eşliğinde güçlendirilir.

Altıncı Aşama, Güvenli Yeri Kullanmak: Bir sonraki adımda, çift yönlü uyarımlar olmadan danışanın prosedürü kendi kendine tekrar etmesi istenir. Güven veren resmin, duyumların ve beden hislerinin terapistin yönlendirmesi olmaksızın danışan tarafından açığa çıkarılması sağlanır.

Yedinci Aşama, Rahatsızlık Durumunda Güvenli Yeri Kullanmak: "Güvenli yer"in çalışıp çalışmadığını kontrol etmek amacıyla danışandan ona az rahatsızlık veren bir şeyi aklına getirmesi ve bu sırada ortaya çıkan olumsuz hisleri fark etmesi istenir. Terapist ortaya çıkan olumsuz hisleri, egzersiz aracılığıyla giderene kadar danışanı yönlendirir.

Sekizinci Aşama, Rahatsızlık Durumunda Kendi Kendine Güvenli Yeri Kullanmak: Terapist danışandan yine düşük düzeyde rahatsız edici bir şeyi aklına getirmesini ve ortaya çıkan olumsuz hisleri fark etmesini ister. Bu kez terapistin yönlendirmesine ihtiyaç duymadan olumsuz hisler kaybolana kadar güvenli yer egzersizini kendi başına kullanması beklenir.

Güvenli yer çalışmasının neden yapıldığı danışana anlatılmalıdır. Seans sırasında yoğun rahatsızlık duyduğu herhangi bir durum olduğunda çift yönlü uyarımı ve işlemeyi durdurmak için elini kaldırabileceği ve bu şekilde terapistin yönlendirmesiyle güvenli yere geçebileceği danışana söylenmelidir. Aynı zamanda danışana, bu egzersizi seanslar arasında sıkıntı yaşadığı anlarda kendini rahatlatmak amacıyla kullanabileceği bilgisi verilmelidir.

ÜÇÜNCÜ EVRE
DEĞERLENDİRME

Değerlendirme evresi hedef anıya ait bileşenlerin belirlendiği ve danışanın anıya dair tepkilerinin ölçüldüğü evredir. Anı bileşenleri süreç içerisinde işlenecek malzemeleri belirlerken danışan tepkilerinin ölçülmesi, travmatik deneyimin derinliğine ve işlemenin ne düzeyde gerçekleştiğine dair bilgiler verir. Bu evre, travmaya ait rahatsız edici imge/resim belirlemek, negatif inancı tanımlamak, pozitif inancı oluşturmak, pozitif inancın geçerlilik düzeyini (VOC) belirlemek, duyguları adlandırmak, duyguların öznel rahatsızlık düzeyini (SUD) ölçmek ve beden duyumlarını tanımlamaktan oluşur. Terapist bunları belirleyebilmek için danışana, *"Olayı düşündüğünüzde şu anda içinizde neler oluyor, ne yaşıyorsunuz?"* şeklinde bir soru yöneltebilir ve bu soruyu daha da genişletebilir. Yeterli güven ilişkisinin oluştuğu klinik bir ortamda empatik bir tavırla iletilen bu tarz sorular, danışanın içine dönmesini sağlar. Sorular sayesinde hep içsel olana yönlendirilen danışan, gelen her türlü malzemeyi düzensiz bir biçimde paylaşmaya başlayabilir. Bu durum terapötik açıdan değerli olmakla beraber, çalışılacak malzemelerin özenle seçilmesi ve olabildiğince netleştirilmesi terapistin görevidir. Güvenli bir ilişkiye rağmen bazı danışanlar, paylaşmaktan rahatsızlık duyacakları malzemeleri bildirmek istemeyebilirler. Böylesi anlarda kişiye, anının o kısmını bildirmesine gerek olmadığı, çalışma sırasında neyin işleneceğini kendisinin bilmesinin yeterli olduğu söylenir.

Olaya Ait Resim/İmge Belirlemek

Burada danışandan travmatik anıya bakması ve onu rahatsız eden net bir resim/imge belirlemesi istenir. Terapist çoğunlukla, *"Olaya baktığınızda sizi en çok rahatsız eden sahne neresi?"*, *"Hangi resim, yaşadığınız olayın tamamını temsil ediyor?"* ya da *"Şimdi yaşadığınız tüm olayı, bir video izler gibi baştan sona izleyin. Sizi en çok rahatsız eden yerde videoyu durdurun ve bunu benimle paylaşın."* şeklinde sorularla ve yönlendirmelerle kişide en çok rahatsızlık yaratan sahneyi belirlemeye çalışır. Hedef anıya ait net bir imgenin belirlenmesi önemlidir. Çünkü terapist çoğunlukla bu imgeyi işlemenin başlaması için bir referans noktası olarak kullanır. Çift yönlü uyarım başladıktan sonra kişi bu resme odaklanmayı genellikle başaramasa da resim, nörolojik olarak depolanmış bilgiye erişim için ilk bağlantının oluşmasını sağlar.[46] Travmatik deneyimlerde kişiyi en çok etkileyen bir sahne genellikle vardır ancak kimi danışanlar, net bir sahne belirleyemeyebilirler. Bu durumda terapistin fazla ısrarcı ve yönlendirici olmaması gerekir. Böyle anlarda işlemeye başlamak için danışandan tüm olayı aklında tutması istenir. Bazı durumlarda ise hedef anıya erişim kısıtlı olabilir. Buna bağlı olarak anıya ait görsel bileşen flu, dissosiye ve belli belirsiz bir şekilde sunulabilir. Ancak çift yönlü uyarımlar eşliğinde işlemenin başlaması, anıya erişimin önünü açar ve rahatsız edici görselin netleşmesini ve daha da rahatsız edici bir hale dönüşmesini sağlar. Terapist böylesi durumlara hazırlıklı olmalıdır. Başarılı bir işlemenin sonunda, hedef sahne artık rahatsızlık vermemekle birlikte kesin olmasa da çoğunlukla silikleşir ve ortadan kaybolur. Kişi artık rahatsızlık veren resmi gözünde canlandıramadığını ya da sahnenin içine giremediğini ifade eder.

Negatif İnancı Tanımlamak

Geçmişte yaşadığımız deneyimler sonrasında beynimiz genellemeler yapar ve böylece kendilikle ilgili bir sonuca varır. Travmatik yaşantılar söz konusu olduğunda bu sonuç genellikle negatiftir ve travma anına ait durumu tanımlasa da (kısmen ya da tamamen) içinde bulunduğumuz zamanın gerçekliğiyle örtüşmez. Bu nedenle duygularımızı, olaylara verdiğimiz tepkilerimizi, ilişkilerimizi ve yaşamımızı işlevsiz hale getirirler. EMDR terapisinde amaç, travmaya bağlı olarak oluşan gerçek dışı negatif inançları ortadan kaldırmak ve yerlerine kişinin içsel potansiyellerinden doğan gerçekçi pozitif inançları koymaktır. Bu adımda terapist, hedef anıya ait, kişinin kendiyle ilgili oluşan negatif inancını tespit etmelidir. Negatif inancın doğru belirlenmesi, EMDR terapisinde önemli adımların başında gelir. Zira yanlış bir negatif inanç üzerinden çalışmak, istendik sonuçların alınmasını engeller. Bu öneme karşın bazı durumlarda doğru negatif inancın belirlenmesi, hem danışan hem de terapist için zordur. Bu noktada terapistin klinik deneyimi ve yönlendirmeleri önemli hale gelir. Terapist, travmatik deneyime ilişkin negatif inancı belirlemek amacıyla danışana çeşitli sorular sorar. Ancak hemen hiçbir danışan doğrudan bir negatif inanç ifade edemez. Terapistin sorularını birkaç farklı şekilde sorması ve doğrudan net bir cevap alamasa da danışanın söylediklerinden yaptığı çıkarımlar sonucunda olası negatif inançları öneri olarak sunabilmesi gerekir. Böylece net bir inanç belirlenmiş olur. Negatif inancın belirlenmesi için terapist, *"Olaya baktığınızda kendinizi şu anda nasıl görüyorsunuz?"*, *"Resme odaklandığınızda kendinizle ilgili neler düşünüyorsunuz?"*, *"Olayı düşündüğünüzde kendinizi nasıl tanımlardınız?"* ya da *"Bu size kendinizle ilgili neler söylüyor?"* gibi sorular yöneltebilir.

Burada dikkat edilmesi gereken temel noktalardan biri, olayı ya da resmi aklına getirdiğinde kişinin kendini ***şu anda*** nasıl gördüğüdür. Negatif inanç, yaşanılan travmatik deneyimin bir sonucu olarak ortaya çıkmış olsa da kişinin kendini hâlâ o şekilde görmesine yol açtığı için sorun oluşturur. Örneğin kişi, hatalarından dolayı sürekli cezalandırıldığı bir çevrede büyümüşse bu deneyimler sonucunda "mükemmel olmalıyım" gibi bir negatif inanç geliştirebilir. Bu yanlış inanç, kişinin hata yaptığında her an cezalandırılacağına dair bilinç dışı bir kaygı hissetmesine ve kendini sürekli mükemmel olmaya zorlamasına yol açar. Sonuçta sorunlu duygu ve davranışların temelini oluşturan kendilikle ilgili negatif inanç, kişinin yaşamını işlevsiz hale getirir. Bunun yerine kişinin elinden geldiğince iyi şeyler ortaya koymaya çalıştığı ancak kendine hata yapma hakkı verebildiği bir inanç sistemi, yaşamını daha işlevsel hale getirir.

Negatif inanç, "annem beni sevmiyor" gibi başka bir kişiye dair tanımlamadan ya da "güvende değildim" gibi travma anına ait durumu yansıtan cümlelerden oluşmaz. Aksine danışanın tamamen kendiyle ilgili olumsuz bir düşüncesini yansıtıyor olmalıdır. Bu nedenle negatif inanç cümleleri ***"ben"***le başlar ve duruma özgü olmaktan çok, ***genellemeyi ifade eden geniş zamanlı*** cümlelerdir. Örneğin "ben kimsesizim", "ben kendime güvenemem", "ben güçsüzüm" gibi ifadeler, duruma uygunsa doğru negatif inançlardır. Terapistin netleştirmeye dair tüm çabalarına rağmen bazı danışanlar; "karşı koyamadım", "kimse beni beğenmiyor" gibi duruma özgü betimlemeler yapmaktan kendilerini alıkoyamazlar. Böylesi durumlarda terapist, *"Bu seni nasıl biri yapar?"* gibi bir soruyla kişiyi genellenmiş olumsuz bir ifadeyi (güçsüz biriyim/çirkin biriyim) dile getirmeye yönlendirir. Bazen burada kısa bir açıklama yapmak, oldukça işlevsel olabilir: *"Yaşadığımız olaylar sonucunda, kendimize ve kimliğimize dair bazı değerlendirmelerde bulunuruz. Aptalım, hatalıyım, tehlikedeyim, suçluyum vb. gibi. Sizin bu olaya baktığınızda kendinizle ilgili şu anki değerlendirmeniz nedir?"* Negatif inanç belirlemekte zorlanan danışanlarımı bu cümlelerle yönlendirdiğim ve hızlı sonuç aldığım çokça seansım olmuştur.

Hiç kimse mükemmel değildir ve insan olarak hepimizin kusurlu ve eksik tarafları vardır. Dolayısıyla kendimizle ilgili bazı olumsuz düşüncelerimiz, doğrudan gerçeği yansıtıyor olabilir. Örneğin çocukluğunda okul basketbol takımına kısa boylu olduğu için seçilemeyen birinin yaşadığı olay, travmatik bir deneyime dönüşebilir. Dahası kişi bir yetişkin olarak da gerçekten kısa boylu biri olabilir ve hayatının farklı dönemlerinde bunu bir yetersizlik olarak gördüğü/yorumladığı deneyimler yaşamış olabilir. Bu ve benzeri deneyimler hedeflendiğinde danışan, "kısa boylu biriyim" gibi bir cümleyi negatif inanç olarak belirtebilir. Ancak gerçeği yansıtan olumsuz inançlar hedefleme için uygun değildir. Negatif inanç, kişinin kendiyle ilgili ***gerçek dışı*** olumsuz bir düşüncesini yansıtıyor olmalıdır. Dolayısıyla kişinin bu travmatik deneyimden kendisiyle ilgili çıkardığı gerçek dışı yorum/sonuç ele alınmalıdır. Bu durumla uyumlu olarak kökleri geçmişte ancak bugünü ve geleceği olumsuz bir biçimde etkileyen "yetersiz biriyim", "ben bir hayal kırıklığıyım" gibi cümleler uygun negatif inançlar olarak seçilebilir. Aynı zamanda negatif inanç ***can yakıcı*** olmalıdır. Dolayısıyla terapist, negatif inancı belirlerken danışanın duygusal tepkilerini de değerlendirmelidir. Bu durum, terapistin doğru mu yoksa yanlış mı negatif inanç üzerinden çalıştığını belirlemesi açısından da önemlidir. Can yakmayan ve kişide olumsuz duygular yaratmayan bir negatif inanç, doğru bir seçim olmayabilir.

Deneyimli EMDR terapistleri zorlu danışanlar söz konusu olduğunda bile negatif inancın belirlenmesine dair süreci, çoğunlukla başarılı bir şekilde yönetirler. Ancak mesleğinde yeni olan EMDR terapistleri, bazı danışanlarda negatif inancı belirlerken zorlanabilirler. EMDR terapisini ilk uygulamaya başladığım zamanlarda, soruları nasıl sorup da uygun cevapları alacağım konusunda bocaladığımı hâlâ hatırlıyorum. Bu nedenle terapist, negatif inancın belirlenmesi konusunda tüm çabalarına rağmen sorun yaşarsa EK-1'de bulunan "İNANÇ LİSTESİ"ni danışana sunabilir. Danışandan tüm olayı ya da travmatik sahneyi aklında tutmasını ve listedeki hangi negatif inancın kendiyle ilgili en uygun ifadeyi ortaya koyduğunu belirlemesini istemelidir. Bazı durumlarda çalışmanın başında belirlenenin aksine çalışma sırasında daha uygun bir negatif inanç ortaya çıkabilir. Bu durumda terapist, planı revize etmeli ve daha uygun olan inancı hedefleyerek çalışmaya oradan devam etmelidir.

Pozitif İnancı Oluşturmak

EMDR terapisti, negatif inancın belirlenmesinin hemen ardından, kişide olumlu duygu, davranış ve seçimlerin kaynağını oluşturabilecek bir "pozitif inanç" belirlemelidir. Pozitif inanç, çoğunlukla negatif inancın tam tersi yöndeki olumlu inancı ifade eder ve işleme sonucunda ulaşılmak istenen hedeftir. Bu açıdan bakıldığında travma işlenmeye başlanmadan belirlenen pozitif inanç, ilerlemeyi değerlendirmek için terapiste bir dayanak noktası oluşturur. Danışana uygun şekilde oluşturulmuş bir pozitif inanç, kişinin kendisiyle ilgili olumlu değerlendirmesinin nöral ağlarda genellenmesini sağlar ve danışanın sadece geçmiş olaylarla ilgili değil, güncel değerlendirmelerini ve gelecek beklentilerini de etkiler.[47] Bu adımda terapist danışana, *"Olaya baktığınızda kendinizi nasıl görmek istersiniz?", "Olayı düşündüğünüzde kendinizle ilgili neye inanmak istersiniz?"* gibi sorular sorarak pozitif inancı belirlemeye çalışır. Pozitif inancın belirlenmesi, kişiye travmatik olaya yeni bir bakış açısıyla bakabileceğinin farkındalığını sunar. Örneğin geçmişteki başarısız deneyimleri sonucunda "kendime güvenemem, başarısız biriyim" inancını taşıyan birine, şimdi ve gelecekte kendine güvenebileceğine ve başarılı olabileceğine dair bir seçenek sunar. Bu yönüyle, terapist için olduğu kadar danışan için de tedavinin yönünü belirler.

Pozitif inanç, kaynağını kişinin içsel potansiyellerinden alan ***gerçekçi*** bir düşünceye dayanmalıdır. EMDR terapisinde kişide var olmayan ve gerçeği yansıtmayan hiçbir şey dışarıdan bir müdahaleyle sağlanmaz. Terapistin tek görevi, kişide olanı açığa çıkarabilecek müdahalelerde bulunmaktır. Dahası EMDR, buna uygun biçimde geliştirilmiş bir tedavi yöntemidir. Örneğin ciddi sağlık sorunları yaşayan biri için "sağlıklıyım" inancı, gerçeği yansıtmadığı için uygun bir pozitif inanç değildir. Bunun yerine kişinin kendi içsel potansiyelini açığa çıkarabilecek ve olumlu nöral ağları uyarabilecek "güçlü olabilirim, bunu aşabilirim" gibi bir pozitif inanç daha gerçekçi ve uygundur. Aynı zamanda pozitif inanç ***kesin ifadelerden uzak*** cümlelerden seçilmelidir. "Asla hata yapmam" ya da "her zaman başarılı olmalıyım" gibi ifadeler yerine "hata yapabilirim, bundan bir şeyler öğrenebilirim" ya da "başarılı olabilirim" gibi kesinlik bildirmeyen inançlar, doğru pozitif inanç örneklerindendir.

Pozitif inanç, kişinin travmatik deneyime baktığında şu an için kendisiyle ilgili inandırıcı bulmadığı ancak travmanın yarattığı etkileri geçmişte bırakabilecek şekilde, kendini nasıl görmek istediğine dair inancını oluşturur. Bu nedenle uygun bir pozitif inancın kişide kendilik değerini artırıcı bir etki yaratması beklenir. Tıpkı negatif inanç gibi pozitif inanç da durumlar ya da kişilerle alakalı değil, doğrudan kişinin kendisiyle ilgilidir ve ***"ben"*** ile başlar. Örneğin "dünya güvenilir bir yer" yerine "güvendeyim" ya da "insanlar beni sever" yerine "ben sevilen biriyim, sevgiyi hak ediyorum" gibi inançlar kendilikle ilgili olduğundan uygun pozitif inançlardır.

Pozitif inanç anlam olarak olumlu olsa bile olumsuz kelimeler içeren cümlelerden oluşmaz. Bunun sebebi olumsuz ifadeler içeren cümlelerin kişide depolanmış uygun bilgiyi yeterince güçlü bir şekilde uyaramayacak olmasıdır. Örneğin "ben güçsüz biri değilim" cümlesi anlam olarak olumlu bir şeyi ifade eder. Ancak olumsuz ifadeler içerdiği için uygun bir pozitif inanç değildir. Bunun yerine "güçlü biriyim, güçlü olabilirim" cümlesi, olumlu nöral ağları harekete geçirme potansiyeli olduğundan doğru bir pozitif inanç olarak seçilebilir. Aynı şekilde "ben değersiz biri değilim" yerine "değerli biriyim" cümlesi, kişinin içsel potansiyellerini daha güçlü uyaracağından daha uygun bir pozitif inançtır.

EMDR terapisi, travmatik deneyime ait, işlevsel olmayan bilgiyi duyarsızlaştırma ve işlevsel olan bilgileri yeniden işleme terapisidir. Kişinin travmatik deneyimlerine rağmen kendisiyle ilgili olumlu bir bakış açısı edinebilmesi, pozitif inancın uygun belirlenmesi ve yeterli düzeyde işlenmesiyle mümkün hale gelir. Bu nedenle pozitif inancın duruma özgü bir tanımlamayı değil, ***genellenebilir*** bir ifadeyi yansıtması gerekir. Bu sayede, travmatik olaylara ilişkin olumsuz inançlar işlenip etkisi giderildiğinde ve yerlerine olumlu inançlar yerleştirildiğinde bu olumlu inançların yaşamın tamamına genellenebildiği, kişilerin daha uyum sağlayıcı ve baş etmeye yönelik davranışlar geliştirdikleri görülür.[48]

Pozitif İnancın Geçerlilik Düzeyini (VOC) Belirlemek

Pozitif inancın oluşturulmasının ardından, bu inancın şu anda kişi için 1 ile 7 puanlık ölçekte ne kadar inandırıcı olduğu (VOC) belirlenmelidir. Bu puanlama, terapistin süreç içindeki ilerlemeyi takip edebilmesi ve pozitif inancın gerçekliğini test etmesi açısından değerlidir. Bu adımda terapist, *"Resme (travmatik sahne ya da olay) baktığınızda ve kendinizle ilgili bu cümleyi (terapisti pozitif inancı tekrar eder) aklınıza getirdiğinizde bu düşünceyi 1 ile 7 arasında ne kadar inandırıcı buluyorsunuz?"* gibi bir soruyla VOC belirlemeye çalışır. Pozitif inanç belirlenirken bu düşüncenin mantıklı olup olmadığına bakılmaz. Bunun yerine kişinin kendisiyle ilgili düşünceyi ne kadar inandırıcı bulduğuna bakılır. Uygun bir pozitif inanç seçildiğinde bu soru karşısında danışanın düşük bir geçerlilik puanı vermesi beklenir. Çünkü pozitif inanç, kişinin şu anda kendisiyle ilgili tam olarak inanamadığı ancak inanmayı arzu ettiği bir düşüncedir. Dolayısıyla 5 ve üzeri verilen VOC değerleri, uygun bir pozitif inanç belirlenmediğinin göstergesidir. Zira böylesi yüksek bir puanlama, kişi için pozitif inancın zaten yeterli düzeyde geçerli olduğunu gösterir. Bunun yanında 1-2 gibi düşük bir VOC puanı terapiste her ne kadar doğru yolda olduğunu düşündürse de genellikle uygun olmayan bir pozitif inancın seçildiğini gösterir. Bu nedenle terapist düşük VOC verilen pozitif inancın uygunluğunu kendi içinde de olsa travmanın türüne ve danışanın öyküsüne göre yeniden değerlendirmelidir. Genellikle pozitif inanca dair 3-4 seviyelerinde verilen VOC uygun bir tercih yapıldığının göstergesidir. Bu bilgiler ışığında pozitif inanç, kişinin içsel potansiyellerini yansıttığını gösterecek kadar yüksek ancak kendiliği şu anda tanımlayamayacak kadar düşük bir puana sahip olmalıdır. Duyarsızlaştırma işlemi devam ettikçe, daha yerleştirme aşamasına gelmeden pozitif inancın geçerlilik düzeyinde önemli derecede bir artış olur. Hatta danışan, hedef anıya baktığında negatif inancın artık oraya uygun olmadığını, bunun yerine olumlu inancın uygun olduğunu terapistin yönlendirmesine gerek kalmadan ifade edebilir. Bu bilgiler, başarılı bir işlemenin gerçekleştiğini ve yerleştirme işlemine geçilmesi gerektiğini gösterir.

Duyguları Adlandırmak

Bu adımda terapist, danışandan travmatik olaya dair şu andaki duygularını belirlemesini ister. Önceki adımlarda belirlenen travmatik resim/imge ya da olayla birlikte negatif inanç, duyguları açığa çıkarmak için bir araç olarak kullanılır. Terapist çoğunlukla, *"Olayı düşündüğünüzde ve o cümleyi (terapisti negatif inancı tekrar eder) aklınıza getirdiğinizde şu anda neler hissediyorsunuz?"* ya da *"Resme o cümleyle baktığınızda (terapist negatif inancı tekrar eder) içinizde neler oluyor?"* gibi cümlelerle danışanı, duygularını ifade etmeye yönlendirir. Burada dikkat edilmesi gereken konu travma anına ait duyguları değil, hedef anıya baktığında ve negatif inancı aklına getirdiğinde danışanın şu anda hissettiği duyguları tanımlaması gerektiğidir. EMDR işlevsel olmayan bilgiyi işler. Öyle ki travma anında hissedilen duygular, çoğu zaman işlevseldir ve bir amaca hizmet ederler. Örneğin tehlike anında korku hissetmek, kişinin kendini korumasına hizmet edecek şekilde kaçmasını sağladığı için işlevseldir. Ya da kendiliğe karşı fiziksel veya duygusal bir saldırı söz konusu olduğunda hissedilen öfke, kişinin bu tehditle savaşmasını sağlayacağı için işlevseldir. Ancak travmatik yaşantılarda, olayın üzerinden uzun bir zaman geçmesine rağmen, kişi korku ya da öfke hissetmeye devam ettiği için sorun yaşamaktadır. Dolayısıyla travma anında oluşan duygular değil, travmadan miras kalan ve her an hissedilen duygular, kişinin yaşamını işlevsiz hale getirir.

Çoğunlukla danışanın şu anda olaya baktığında hissettiği duygular ile travma sırasında hissettiği duygular uyumludur. Trafik kazası geçirmiş bir kişi olay sırasında hissettiği korkuyu, aracına her bindiğinde hissediyor olabilir. Ancak bazı durumlar vardır ki olay anında hissedilen duygular ile sonrasında hissedilen duygular farklılık gösterebilir. Örneğin çocukluğunda tacize uğramış biri, taciz anında yoğun korku hissederken şu an olayı düşündüğünde tacizcisine karşı koymadığı için kendini suçlayıp utanç hissedebilir. Ya da tacizi engelleyemeyecek kadar güçsüz olduğu için üzüntü ya da öfke hissedebilir. Terapist her ne kadar şimdiki duyguya odaklanıyor olsa da travmaya ait duygular çoğu zaman karmaşıktır. Bu nedenle işleme sırasında danışanın ifade ettiği duygular dışında yeni duyguların açığa çıkması, genellikle beklenen bir şeydir. Bu durumda terapist, ne gelirse gelsin işlemeye devam etmelidir.

Duyguların Öznel Rahatsızlık Düzeyini (SUD) Ölçmek

Değerlendirme evresinin bu adımında, açığa çıkan duyguların kişide ne düzeyde rahatsızlık yarattığı ölçülür. Danışanın öznel rahatsızlık düzeyini (SUD) belirleyen bu ölçüm, süreç içerisinde işlemeyi yönlendirecek ve uygulama sırasında kontrol edilmek suretiyle işlemenin sonlandırılmasını sağlayacaktır. Bu adımda terapist danışana, "*Olayı hatırladığınızda hissettiğiniz bu duygular (terapist danışanın ifade ettiği duyguyu dile getirir) 0 ile 10 puan arasında bir ölçekte sizde kaç düzeyinde rahatsızlık yaratıyor?*" ya da duygularını tanımlamasının hemen ardından, "*Şu anda bu duygular sizi 0 ile 10 puan arasında ne kadar rahatsız ediyor?*" gibi sorular yöneltebilir. Terapist öznel rahatsızlık düzeyini, danışanın sadece sözel olarak ifade ettiği değer olarak almamalıdır. Bazı durumlarda danışanların sözel olarak ifade ettikleri öznel rahatsızlık düzeyi ile duygusal ve bedensel tepkileri uyumsuz olabilir. Böylesi anlarda terapist bunu danışanın farkındalığına sunmalıdır. Örneğin, "*9 düzeyinde rahatsız hissettiğinizi söylüyorsunuz ama rahat görünüyorsunuz.*" ya da "*5 şiddetinde rahatsızlık hissettiğinizi belirtiyorsunuz ama hal ve hareketleriniz sanki daha çok rahatsız olduğunuzu söylüyor.*" gibi cümlelerle SUD'nin daha net ve gerçekçi ifade edilmesini sağlayabilir.

Beden Duyumlarını Tanımlamak

Duygusal yükü fazla olan anılar, bedenimizde kayıt altına alınırlar. Öyle ki üzerinden yıllar geçse de varlığını ilk günkü kadar güçlü bir biçimde hissederiz. Travma anında bedenimizde mühürlenen ve bugünümüzü etkileyen bedensel duyumların EMDR terapisinde tespit edilmesi ve işlenmesi gerekir. Bu adımda, kişinin bedeninde olup bitenleri fark etmesi ve bunları tanımlaması yer alır. Terapist, *"Olayı (ya da resim/imge) düşündüğünüzde şu anda bedeninizde neler oluyor?"* gibi bir soruyla danışanı yönlendirir. Bu soru karşısında danışanlar çoğunlukla, "Göğsümde ağrı hissediyorum, kafam sıkışıyor, kollarımda uyuşma var, kalbim sanki yerinden çıkacak, nefes alamıyorum." gibi cevaplar verirler. Bu cevaplar çok değerlidir ve işleme sürecine yön verir. Ancak beden duyumlarının tanımlanmasından çok, duygusal rahatsızlığın bedenin neresinde hissedildiği önemlidir. Bu nedenle terapist, bir önceki adımda duyguların öznel rahatsızlık düzeyini (SUD) bildirmesinin hemen ardından danışana, *"Bu rahatsızlığı bedeninizin neresinde hissediyorsunuz?"* gibi bir soru yönelterek travmaya ait olumsuz hislerin bedenin neresinde depolandığını tespit edebilir. Yaşanan travmanın etkisine bağlı olarak duyumlar farklı bedensel bölgeler üzerinden kendini ortaya koyabilir. Böylece terapist depolanmış bu bedensel duyumları, süreç sonunda kontrol ederek işlemenin ne düzeyde gerçekleştiğini belirleyecek ve yeterli işleme olmuşsa hedef anıyla ilgili çalışmayı sonlandıracaktır. Ek bir bilgi olması açısından hangi duyguların bedenin neresinde hissedildiğiyle ilgili EK-2'de sunulan tablo terapistlere yol gösterici olabilir.

Terapist, hedef anıya ait işlenecek olan bu malzemeleri belirlerken danışanın her malzemeye dair duygusal tepkilerini de dikkatle değerlendirmelidir. Çünkü bazı danışanlarda travmaya bağlı olarak görsel bileşen çok daha etkili iken bazı danışanlarda bedensel duyum, negatif düşünceler ya da duygular daha baskın olabilir. Travmaya ait baskın bileşen, terapistin süreç içerisinde en çok neyi takip edeceğini belirlemesi ve süreç sonunda işlemenin kontrolünü sağlaması bakımından önem arz eder.

DÖRDÜNCÜ EVRE
DUYARSIZLAŞTIRMA

Duyarsızlaştırma evresi, çift yönlü uyarımlar eşliğinde uygulamanın başlatıldığı evredir. Travmatik olayın hızlandırılmış bir biçimde yeniden işlenmesini sağlayan bu adım, hedef anıya dair öznel rahatsızlık düzeyinin tamamen giderilmesini (SUD düzeyinin "0" olmasını) amaçlar. Bu durum dikkate alındığında duyarsızlaştırma evresinin travmatik deneyime dair sadece desensitizasyon sağladığı düşünülebilir. Ancak bu düşünce, sınırlı bir bakış açısını yansıtır. Bunun yerine duyarsızlaştırma evresini kendinden sonraki süreçleri de besleyecek malzemelerin ortaya çıkmasını sağlayan bir aşama olarak değerlendirmek daha doğru olacaktır. Çünkü sadece travmatik görüntünün normalleşmesi, duyguların işlenmesi, bedensel duyumların artık kişiye rahatsızlık vermeyecek bir düzeye gerilemesi gibi duyarsızlaştırma süreçlerinin yanında, bilişsel yeniden işleme sayesinde içgörülerin ortaya çıkması ve anı ağlarının harekete geçirilmesi sayesinde olumlu duygu ve beden hislerinin açığa çıkarılması süreçlerini de kapsar. Bu adıma geçmeden önce terapist, hedefe yönelik edindiği her bilgiyi gözden geçirmeli ve danışanın uygulama için yeterince hazır olduğundan emin olmalıdır. Hazırlık evresinde kişiye EMDR terapisinin işleyiş mekanizmasına dair bilgi verilmiş olsa da burada sürece dair bazı açıklamalarda bulunmak tedavinin etkinliğini artırır. Aynı zamanda uygulama sırasında karşılaşılabilecek olumsuzlukların önüne geçer. Uygulama öncesinde danışana şöyle bir açıklama yapmak uygun olur: *"Çalış-*

mamıza başlıyoruz. Ben sizin bazı şeylere odaklanmanızı isteyerek çift yönlü uyarıma başlayacağım. Bir süre devam ettikten sonra durup o anda sizde neler olduğunu soracağım. Bazen değişimler olduğu gibi bazen de hiçbir şey değişmeyecek. Size zaman zaman 0-10 arasında nasıl hissettiğinizi soracağım. Bazen değişecek, bazen de değişmeyecek. Size aklınıza nelerin geldiğini soracağım. Bazen bir şeyler gelecek, bazen de gelmeyecek. Burada 'olması gereken' diye bir şey yok. Bu yüzden elinizden geldiğince neler olduğuna dair geri bildirimde bulunmaya çalışın. Nasıl olması gerektiğini hiç düşünmeyin. Bırakın ne olursa olsun, ne gelirse gelsin. Ben, bir süre çift yönlü uyarım yapacağım, sonra da bununla ilgili konuşacağız. Bazen çok alakasız ve önemsiz olduğunu düşünebileceğiniz şeyler gelebilir. Hiçbirinin önemsiz olduğunu düşünmeyin ve her ne gelirse gelsin onu söyleyin. Bırakın neyin önemli ya da önemsiz olduğuna ben karar vereyim. Bu benim görevim olsun. Sizin yapacağınız tek şey duygularınızda, bedeninizde, zihninizde olup bitenleri fark etmek ve durduğumuzda bana söylemek. Uygulama sırasında işleme gerçekleştikçe hissettiğiniz duygular ve bedensel duyumlarınız farklılaşacaktır. Bu farklılık azalma ya da artma yönünde olabilir. Bunlar beklediğimiz ve kontrolümüz altında gerçekleşen şeyler. O yüzden siz sadece sizde olan değişimleri fark edin. Ben, çift yönlü uyarımı durdurduğumda derin bir nefes alarak gelen her ne ise benimle paylaşın. Bu bir duygu, bir düşünce, bedensel bir duyum, bir görüntü ya da eski bir anı olabilir. Olmasını istediğimiz bir şey yok. Sadece olanı takip edeceğiz. Bazen duygularınız, katlanmakta zorlandığınız seviyeye gelebilir. Dayanabildiğiniz ölçüde devam etmemiz çok işimize yarar. Ancak dayanamayacağınızı düşündüğünüzde ya da hissettiğinizde, elinizi kaldırarak bana 'DUR' işareti yapabilirsiniz. Bu durumda ben, işlemeyi keseceğim ve duygularınızın yatışmasını sağlayacak çeşitli egzersizlere geçeceğim. Ne olursa olsun, kontrolün bizim elimizde olduğunu unutmayın."

Terapist hangi çift yönlü uyarımı tercih ediyorsa ona uygun bir pozisyon almalıdır. Göz hareketlerini kullanacaksa hafif çaprazda oturmalı ve göz hizasında danışanın dikkatini dağıtacak bir şey olmadığından emin olmalıdır. Dışarıya bakan bir pencerenin görüş açısında olması ya da duvardaki bir resim, hareketli saat gibi uyaranlar el hareketlerinin takip edilmesini zorlaştıracağından uygun değildir. Danışanın tüm odağı, kendi iç dünyasından gelen malzemelere ve göz hareketlerini yönlendiren terapiste dönük olmalıdır. Dizlere bir aparat yardımıyla vurularak çift yönlü uyarım yapılacaksa terapist, danışanın karşısında ancak onu rahatsız etmeyecek bir mesafede konumlanmalıdır. Gözlerin açık tutulması gerektiği, terapiste değil, vuruşlara odaklanmasının daha iyi sonuçlar vereceği danışana söylenmelidir. Ses, göz hareketleri ya da titreşimle çift yönlü uyarımı sağlayan herhangi bir cihaz kullanılacaksa kısa bir deneme yapılması uygun olur. Terapist danışanın rahat olduğundan emin olduğunda duyarsızlaştırma ve yeniden işleme sürecini başlatabilir.

Terapist, danışandan hedef anıyı/resmi/imgeyi aklında tutmasını, aynı zamanda olaya dair negatif inanç, şu anda hissettiği duygular ve bedensel duyumlarının farkında olmasını isteyerek çift yönlü uyarıma başlar. Örneğin geçirdiği trafik kazası sonrasında, çarpışma anını unutamayan ve kendini güvende görmediği için araç kullanmaktan korkan bir danışan için, *"Çarpışma anına odaklanın ve güvende değilim düşüncesiyle birlikte göğsünüzde hissettiğiniz korkuyla beni takip edin ve bırakın gitsin."* şeklinde bir uyarım, başlangıç için idealdir. Bir başka örnek olarak başında ağrı hissettiğini söylediğinde, "Önemli bir şey yoktur." diyerek hastaneye götürmediği kızını kaybeden, bundan dolayı kendini suçlayan ve kızının ölmeden önceki son görüntüsünü aklından çıkaramayan bir anne için, *"Kızınızın görüntüsünü zihninizde tutun ve suçluyum düşüncesiyle birlikte kalbinizde hissettiğiniz acıyla beni takip edin ve bırakın gitsin."* cümlesi uygun bir başlangıç cümlesidir. Belirtmek gerekir ki örneği verilen danışanlar için çalışılacak malzeme, buradaki gibi tek bir olayla sınırlı değildir. Böylesi vakalarda işleme süreci, çoğunlukla birçok anının hedeflenmesini gerektirir. Hedef olaya ilişkin görsel, düşünsel, duygusal ve duyumsal tüm materyalin kişiye sunulması, daha güçlü bir uyarım sağlaması açısından önemlidir. Böylece her bir materyal, hedef anıya erişimin önünü açar ve işlemeyi hızlı bir biçimde başlatır. Süreç içerisinde terapist, çoğunlukla negatif inancı bir daha kullanmaya gerek görmeyebilir. Çünkü amaç, danışanın bu materyale bağlı kalmasını sağlamak değil, bu materyali hedef anıya erişim ve işlemenin başlaması için ilk adım olarak kullanmaktır. Bazen danışanlar böyle bir başlangıç yapıldığında herhangi bir malzeme getiremeyebilirler. Bu durumda terapist, *"Tüm olayı aklınıza getirdiğinizde aklınıza neler geliyor?"* gibi bir cümleyle danışanı yönlendirebilir ve ardından gelen malzemeyle çift yönlü uyarıma başlayabilir. Kimi zaman ise danışanlar hedeflenen olaya ilişkin görüntünün bir süre sonra silikleştiğini, bu görüntüye artık odaklanamadıklarını söyleyebilirler. Buna rağmen rahatsızlık düzeyleri belirgin bir şekilde devam ediyor olabilir. Böyle durumlarda terapist, *"Olayı düşünün, şu anda neler hissediyorsunuz, bedeninizde neler oluyor?"* gibi bir soruyla travmatik olayı uyarabilir. Ardından danışanın getirdiği malzemeyle işlemeye devam eder.

Uygulama sırasında, 25-30'luk setler ideal görünüyor olsa da işlemenin seyrine bağlı olarak terapist daha kısa ya da daha uzun setler yapabilir. Olumsuz materyallerin işlenmesi, bazen uzun setler yapmayı gerektirirken olumlu malzemelerde özellikle kısa setler tercih edilir. Bunun sebebi, uzun tutulan setlerin olumsuz malzemeyi açığa çıkaracak olmasıdır. Terapist her setin sonunda, gelen malzemenin sözel olarak ifade edilmesini ister. Seti sonlandırdığında, derin bir nefes almasını isteyerek, *"Şimdi ne var?", "Şu an ne geldi?"* gibi sorularla danışanı sözel ifadeye yönlendirir. Danışanın zihnini fazladan sözcüklerle dağıtmaktan kaçınmak ve eş duyumsal empati yakalamak için terapist, her setin sonunda sözel yönlendirme yapmaksızın danışanla birlikte derin bir nefes alıp, *"Şimdi ne var?"* sorusunu yöneltebilir. Danışan o anda zihninde, duygularında ya da beden hislerinde ortaya çıkan değişimleri dile getirir. Burada kişiye, "Ne hissediyorsun?", "Ne düşünüyorsun?" ya da "Bedeninde neler oluyor?" gibi yönlendirici sorular sorulmamalıdır. Yönlendirici sorular, beynin doğal bilgi işleme akışını bozacağından normal süreçte tercih edilmez. Ancak terapist çağrışım kanallarının yeterince işlenmediğini düşünürse kişiyi doğrudan duygu, düşünce, beden hissi ya da görüntü kanalına yönlendirebilir ve travmatik malzemenin işlenmesini sağlayabilir. Her setin sonunda danışanın yeni malzemeler getirmesi, işlemenin düzgün bir şekilde devam ettiğini gösterir. EMDR tedavisinin duyarsızlaştırma evresinde danışanlara zaman zaman, *"Bırakın ne oluyorsa olsun.", "Ne gelirse gelsin, sadece fark edin."* gibi yönlendirici ifadeler kullanılır. Eğer danışan hedef olayla ilgili çağrışımlar bildiriyorsa terapist, danışanı hedef anıya döndürmeden, *"Tamam, buradan devam edin."* ya da *"Buna odaklanın."* gibi yönlendirmelerle, gelen her malzemeyi işlemeye devam etmelidir. Ancak setler arasında getirilen malzemeler travmatik olaydan gittikçe kopuyorsa terapist danışandan hedef olayı/resmi zihninde tutmasını isteyerek tekrar SUD almalıdır. Böylece kişinin, uzaklaşmış olduğu travmatik deneyime çekilerek işlemenin normal sürecine dönmesi sağlanmış olur. Terapist sürecin akışına bağlı olarak değişimin düzeyini belirlemek istediğinde, danışanı zaman zaman travmatik olaya döndürerek SUD alabilir. Danışanın rahatsızlık düzeyine verdiği rakam 0-1 olmadığı sürece, *"Güzel, buradan devam edelim."* yönergesiyle işlemeye devam edilir. Set sonlarında danışanın bildirdiği şey her ne olursa olsun terapist bakışları, ses tonu ve yüz ifadeleriyle memnuniyetsizlik, hayal kırıklığı, korku ya da şaşkınlık belirtisi göstermemelidir. Terapistin sorunlu bir şekilde açığa çıkan bu tepkileri, danışanla arasındaki terapötik ilişkiye zarar verir.

Önceki evrelerde ve duyarsızlaştırma evresinin başında, sürecin nasıl ilerleyeceğine dair her ne kadar bilgi verilmiş olsa da işlemenin başlamasıyla birlikte danışanlar, kendilerini farklı bir deneyimin içinde bulurlar. Çoğunlukla bir şeylerin değiştiğini, farklılaştığını hissederler ama tam olarak ne olduğunu anlayamazlar. Öyle ki kimi danışanlar uygulama sırasında terapiste nasıl ilerlediklerini ve sürecin normal seyrinde devam edip etmediğini sorar. Kimi danışanlar ise sanki bir şeyler olması gerekiyormuş da kendilerinde olmuyormuş gibi bir hisse kapılarak zihinlerinin bir kısmını, "Acaba bende olmuyor mu?", "Ben mi yapamıyorum?" gibi sorularla meşgul edebilirler. Sonuçta kendilerini başarısız ya da yetersiz hissederek süreci olumsuz etkileyebilecek bir durum ortaya koyabilirler. Bu tarz danışanlara "olması gereken" diye bir şeyin olmadığı, sadece kendinde olanları fark etmesinin yeterli olacağı tekrar hatırlatılmalıdır. Böylesi durumların önüne geçmek için ilk seanslardan itibaren terapistin uygulama sırasında, *"Hı hı, çok iyi gidiyorsunuz, evet böyle, gayet güzel."* gibi geri bildirimler vermesi önemlidir. Destekleyici bu ifadeler, danışanın kendini daha çok bırakmasını ve böylece doğal işleme sürecinin daha sağlıklı ilerlemesini sağlar.

Bazı danışanlar, uygulama sırasında olumluya ilerleme eğiliminde olurlar. Bu nedenle gelen malzeme her ne ise onu fark etmeye odaklanmak yerine olumluya varmak üzere bir çaba gösterirler. Örneğin set sonrasında rahatsız edici beden hislerini bildiren bir danışan, sonraki setler boyunca, "Azalmadı.", "Hâlâ geçmedi.", "Yok, gitmiyor." gibi geri bildirimlerde bulunabilir. Bu durum sürecin normal işleyişini bozar. Adaptif bilgi işlemenin önünde engel oluşturan bu durumu önlemek için danışana, *"Olumlu bir şeyler olsun diye çabalamıyoruz. Lütfen sadece ne oluyorsa izin verin, bunları fark etmeye ve doğrudan benimle paylaşmaya çalışın."* gibi bir açıklama yapılması gerekebilir. Bazen de tam tersi şekilde danışanlar, terapistin olumsuz şeyleri aradığına dair bir düşünce geliştirebilirler. Bu nedenle işleme sırasında açığa çıkan olumlu duygu, düşünce ya da beden hisleriyle ilgili geri bildirimde bulunmayı gereksiz görebilirler. Hatta set sonunda, "Kötü bir şey yok.", "Geçti.", "Bir şey kalmadı." gibi geri bildirimlerde bulunabilirler. Yine burada danışana amacın sadece olumsuz malzemeyi bulup işlemek olmadığı, aynı zamanda yeni nöral bağlantılarla açığa çıkan olumlu hisler, düşünceler ya da beden duyumlarının işlemenin önemli bir parçasını oluşturduğu söylenmelidir. Bunun yanında danışanlar set sonunda olumlu ve olumsuz malzemeleri aynı anda getirebilirler. Böyle anlarda kişi, olumsuz olana yönlendirilmelidir. Terapist bunu yaparken olumlu çağrışımların kendilerini koruyabilecekleri, olumsuz olanların işlenmesi gerektiği varsayımına göre hareket eder.[49] Anıya ait olumsuz malzeme yeterince işlendiğinde olumlu anılara erişimin de önü açılacağından sürecin sonlarına doğru danışanlar olumlu malzemeler bildirmeye başlayacaklardır.

İşleme ilerledikçe SUD düzeyinin azalmasına dair bir beklenti olsa da işleme süreci her zaman bu şekilde ilerlemez. Öyle ki bazı danışanlar travmatik deneyimlerde şiddetli duyguları kontrol edebilmek için "yalıtmayı" bir savunma mekanizması olarak kullanabilirler. Ancak koruyucu bir mekanizma olarak uzaklaştırılan tüm duygular, işleme başladığı andan itibaren kişinin ruhunu istila edebilir. Böylesi anlarda anıya dair rahatsızlık düzeyinde (SUD) belirgin bir artış görülür. Bu durumda terapist bir olumsuzluk olduğunu düşünmemeli, aksine işlemenin doğru ancak farklı bir şekilde ilerlediğini bilmelidir. Çünkü SUD düzeyinin başlangıçta kaç olduğundan çok, tedavi devam ederken bir değişim gösterip göstermediği önemlidir.[50] Dolayısıyla SUD düzeyinde azalma ya da artma yönündeki her bir değişim, işlemenin olduğunu gösterir. Bazen rahatsızlık düzeyi öyle yüksek seviyelere gelir ki terapist, ne yapması gerektiğine karar veremeyebilir. EMDR terapistleri, danışanın yerinden kalkarak bir köşeye sindiği, yoğun ağlama nöbetlerinin açığa çıktığı, kişinin beklenmedik bir şekilde bağırmaya başladığı seanslara şahit olmuşlardır. Bu seanslar boyunca danışana yardımcı olmak için işlemeyi sonlandırmak, ilk seçenek olarak düşünülebilir. Ancak bilinmelidir ki amaç rahatsız edici materyalin işlenmesidir. Bu nedenle yoğun duygulanım anında risk görülmüyorsa terapist kesinlikle durmamalı ve işlemeye devam etmelidir. Danışan pozisyon değiştirmişse ona uygun olarak çift yönlü uyarım türüne geçilebilir. Örneğin göz hareketleriyle uyarılan bir danışan, yoğun duygulanım nedeniyle ağladığı ya da gözlerini kapattığı için uyarımı takip edemeyecek duruma geldiğinde, terapist hemen dizlere vurarak çift yönlü uyarıma devam etmelidir. Ya da bir köşeye geçip sinmiş bir danışan için omuzlara hafifçe vurarak çift yönlü uyarımı sürdürmek gerekir. Böylece travmatik materyal işlenmeye devam edilir. Ancak böyle zamanlarda, kişinin travmatik malzemeyi işlemesini kolaylaştıracak bazı sözel müdahalelerde bulunulması gerekir. Burada terapist, *"Seninleyim, yanındayım, durma, devam et, zor, biliyorum ama iyi olacaksın."*

gibi ifadelerle danışanı desteklemelidir. Yine terapötik müdahaleyi içeren bazı metaforların kullanılması, danışan için sürecin daha kolay atlatılmasını sağlayabilir. "Tren metaforu" ya da "tünel metaforu" EMDR terapisinde ortaya çıkan böyle durumlarda sıkça kullanılan ve işe yarayan metaforlardır. Yoğun duygulanım sırasında işlemeyle birlikte terapist danışana, *"Şu an bir tüneldesiniz, durmayın, devam edin, beklemeyin, yavaşlamayın, gaza sonuna kadar basın, gayet iyi gidiyorsunuz, tünelin sonundaki ışığı görmek üzeresiniz, sizin için zor, biliyorum ama bırakın, sadece seyredin ve olabildiğince hızlı devam edin."* gibi ya da *"Bırakın, izin verin, sanki hızlı giden bir trenin içindesiniz ve görüntüler, her şey akıp gidiyor ve siz bir daha onları göremiyorsunuz, sadece geçen görüntüleri izleyebiliyorsunuz, durmayın, devam edin."* gibi destekleyici ifadelerle müdahale edebilir. Bu tarz müdahaleler, EMDR terapisinde genellikle olumlu sonuçlar verir.

Yoğun duygulanım anlarında terapist, danışanın seans odasında olduğundan emin olmalıdır. Çünkü çift yönlü uyarımlar nöral sistemi aktive edeceğinden anının dissosiye olmuş parçalarını ya da başka dissosiye anıları gün yüzüne çıkartabilir. Dissosiye anılara dair yoğun duygulanımlar, kişiyi seans odasının gerçekliğini kaybetmeye kadar götürebilir. Bu durumda, danışan fiziksel olarak seans odasında olsa da duygusal olarak seanstan kopar ve kendini anının içindeymiş gibi deneyimleyebilir. Böylesi bir yaşantılama, travmatik malzemenin işlenmesini engellediği gibi kişiyi yeniden travmatize eder. Uygulama sırasında danışanın gözleri kapalıysa terapist dissosiyatif bir halin açığa çıkma ihtimaline karşı danışanın gözlerini açtırmalıdır. Kapalı gözler, travmatik anıya daha yüksek düzeyde odak sağladığı için yatkınlığı olan kişilerin dissosiye olmasını kolaylaştırabilir. Bununla birlikte seanslar sırasında travmatik olayın duygusal yükü kişi için ağırlaşıp süreci olumsuz etkileyecek bir seviyeye geldiğinde terapist işlemeyi kesmeli ve danışanın duygusunu yatıştıracak çeşitli müdahalelerde bulunmalıdır. Hazırlık evresinde oluşturulan "güvenli yer" egzersizini uygulamak, her şeyi bir tarafa bırakıp kişiyi sadece bedeninde olanlara ya da tek bir materyale odaklamak ya da kişiyi yatıştıracak hipnotik telkinlerde bulunmak bu müdahalelerden bazılarıdır. Özellikle taciz, tecavüz, şiddet mağdurlarında duygulanım çok yoğun olduğundan danışanın anıyı işleyecek kadar zihninde tutabilmesi için terapist, travmatik sahnede küçük değişiklikler yapabilir. Sahnenin hareketsiz bir şekilde dondurulması, mağdur edenle kişi arasına imajinatif yollarla kırılmaz bir cam konulması, görüntünün uzaklaştırılması, travmatik sahnenin siyah beyaz bir şekilde cansızlaştırılması gibi değişimler, danışan için işlemeyi kolaylaştırabilir. Ancak bir miktar işleme yapıldığında ve danışan duygularını kontrol edebilir seviyeye geldiğinde mutlaka orijinal sahneye dönülmeli ve işlemeye oradan devam edilmelidir. Çünkü EMDR terapisinde her zaman orijinal sahne hedeflenmelidir. İşleme sırasında dissosiyatif hallerin, yoğun duygulanımların ya da bedensel duyumların açığa çıkması halinde terapistin sakin kalabilecek donanım ve deneyime sahip olması gerekir. EMDR terapistlerinin bu tarz sorunlar yaşayabileceğini düşündükleri danışanları terapiye almamaları ve daha deneyimli terapistlere yönlendirmeleri gerekir.

Olaylar karşısında her zaman belirgin, tek bir duygulanım göstermeyiz. Travmatik olaylar doğası gereği kaotik olduğundan travma yaşamış kişiler de çoğu zaman karmaşık duygulara sahiptirler. Örneğin cinsel taciz mağdurlarında utançla birlikte travma failine karşı öfke ve kendiliğe dair suçluluk duyguları olabilir. Travmatik yasta üzüntüyle birlikte yitirilen kişiye ve yaratıcıya karşı öfke ve kaybedilen kişiyle geçen kötü zamanlara dair suçluluk duyguları olabilir. Yine örseleyici ebeveynlerle büyümüş bir danışanda üzüntü ile korku bir arada bulunabilir. EMDR terapisinde travmatik deneyime ait duygular işlendikçe başlangıçtakinden farklı duyguların açığa çıkması beklenen bir durumdur. Bu nedenle terapist, danışanın başlangıçta ifade ettiği duyguya bağlı kalmamalıdır. İşleme sırasında açığa çıkan ve set sonlarında bildirilen her yeni duygunun ardından terapist, *"Bunu bedeninizin neresinde hissediyorsunuz?"* şeklinde bir soruyla çift yönlü uyarıma devam etmelidir.

Psikoterapi, doğası gereği, sorun yaşayan kişinin kendini ifade etmesine yönelik bir süreci kapsar. Bu bakış açısı içinde, bazı danışanlar setler sonunda gelen malzemeyi uzun uzun anlatma eğiliminde olabilirler. Bununla beraber terapist de danışanın kendini anlaşılmış hissetmesini sağlayacak uzun açıklamalar yapma eğiliminde olabilir. Ancak bilinmelidir ki setler arasında uzun konuşmalar, adaptif bilgi işleme sürecini bozar. Bunun yerine gelen her malzemenin çift yönlü uyarımlar eşliğinde işlenmesi, hızlı bir iyileşme sağlar. Terapötik işleme, çift yönlü uyarımlarla başlayacak ve terapistin yorumları ya da terapistle kurulan ilişkiyle değil, danışanın içsel bilgi işleme sistemi sayesinde son bulacaktır.[51] Bu nedenle terapist fazla konuşmanın işleme sürecine zarar vereceğini, sadece çift yönlü uyarım bittiğinde kişinin kendinde fark ettiği değişimi kısa cümlelerle bildirmesinin önemli olduğunu danışana ifade etmelidir. Bu açıklamayı danışanı incitmeden aradaki terapötik ilişkiyi bozmayacak empatik bir yaklaşımla yapmalıdır.

İşleme Olduğunun Göstergesi

Danışanın set aralarında malzeme getirmesi, işlemenin olduğuna dair en önemli göstergedir. Bunun yanında çift yönlü uyarımların yapıldığı sırada danışanın göz kapaklarının hızlı hızlı hareket etmesi, gözleri kapalıysa dışarıdan görülecek şekilde göz yuvalarının oynaması, jest ve mimiklerdeki duygu değişimleri, bedensel iniş çıkışlar ve rahatsızlık düzeyinde azalma ya da artış yönündeki her bir değişiklik, işleme belirtileri olarak görülür. Ancak bazı durumlarda bir tıkanıklık söz konusu olur ve setler sonunda danışan herhangi bir malzeme getiremez. Böylece adaptif bilgi işleme süreci ilerleyemez. Art arda iki set yapıldığı halde danışanın herhangi bir malzeme bildirmemesi ya da mevcut malzemede bir değişiklik olmadığını söylemesi, tıkanıklığın en belirgin işaretleridir. Terapist bunlarla karşılaştığında işlemenin bir nedenden dolayı engellendiğini ve ek bir müdahale gerektirdiğini bilmelidir. Böylesi durumlarda terapistin yapması gereken ilk şey, uyarım şeklini ya da türünü değiştirmektir. Göz hareketlerinin yönünü değiştirerek sağa sola değil de aşağı yukarı ve çapraz yönlü uyarıma geçebilir. Ya da göz hareketleriyle sürdürdüğü çift yönlü uyarımı, avuç içlerine ritmik titreşim verme şeklinde değiştirebilir. Buna rağmen tıkanıklık açılmaz ise danışanı sadece bedeninde olan şeye odaklamak ve baskın bedensel duyumdan işlemeye devam etmek çoğunlukla işe yarar ve tıkanıklığın önünü açar. Düşük bir ihtimal de olsa bu iki müdahaleye olumlu cevap vermeyen danışanlarda ek stratejiler önemli hale gelir. Bu stratejilerin neler olduğu, ilerleyen bölümlerde ayrıntılarıyla ele alınacaktır. Deneyimli bir EMDR terapisti süreç içerisinde karşılaştığı dezavantajlı durumlarda, uygun müdahaleyi spontan bir şekilde gerçekleştirebilmelidir. Bunun yanında bazı danışanlar hedef anıya dair kendilerinin bile hazırlıklı olmadıkları bir malzemeyle karşılaşabilirler. Dile getirmek fazladan bir duygusal yük getireceğinden gelen malzemenin ne olduğunu söylemek istemeyebilirler. Ya da utanç hissettikleri bir şeyi ayrıntılarıyla paylaşmaktan kaçınıyor olabilirler. Bu durumda terapist danışana detay vermesine gerek olmadığını, sadece şu anda gelen şey her neyse ona odaklanması gerektiğini söyleyerek işleme sürecine devam etmelidir.

Çift yönlü uyarımların başlaması, nöral ağları harekete geçirdiğinden hedef anıyla bağlantılı diğer geçmiş anılar da zihne akmaya başlar. Bellek ağlarında depolanmış geçmiş anıların gün yüzüne çıkması, işlemenin olduğunu gösteren önemli işaretlerden biridir. Çünkü mevcut işlenen travma ile kişide işlevselliği baltalayan erken dönem çocukluk travmaları arasında doğrudan olmayan bağlantılar söz konusudur. Dolayısıyla mevcut travma ele alındığında bağlantılı travmaların tetiklenmesi ve seansa istem dışı gelmesi kaçınılmazdır. Anı ağlarındaki çağrışımlar katılımcı, uyaran, olay, fiziksel duyum, duygu ya da inanç bağlantılarıyla gerçekleşir. Birden fazla travmatik anının geldiği seanslarda terapist, anıları not ederek ayrıca hedeflemelidir. Bağlantılı anı sayısı fazla değilse ve gelen anılar ayrı olarak hedeflenmeyi gerektirmiyorsa terapist, gelen malzemeyi işlemeye devam etmelidir.

Hedef Olay ve Çağrışım Kanallarının Temizlenmesi

Başarılı bir EMDR seansının sonunda hedef olaya dair tüm çağrışım kanallarının temizlenmiş olması gerekir. Çağrışımlar her zaman belirli bir kanalı takip etmeyeceği için hangi çağrışım kanalının ne kadar temizlendiğini terapist takip etmelidir. Normal seyrinde ilerleyen bir işleme sürecinde terapist pek müdahalede bulunmaz. Ancak travmatik malzemenin yeterli düzeyde işlenmediğini düşündüğü zamanlar olabilir. Örneğin setler arasında şiddetli bedensel duyumsamalar bildiren bir danışan, diğer set sonrasında düşünce kanalından malzemeler getirmeye başlayabilir. Bir süre işleme devam ettikten sonra beden hislerinde bir iyilik hali bildirmeksizin anının artık rahatsız edici olmadığını söyleyebilir. Bu durumda terapist, danışanı doğrudan beden duyumlarına yönlendirerek o kanalda işlenmemiş bir malzeme olup olmadığını kontrol etmelidir. Terapist bunu yapmak istediğinde doğrudan, *"Bedeninizde neler var?"* diyerek kişiyi ilgili kanala yönlendirebilir. Ya da tüm olayı aklında tutmasını isteyerek, *"Ne hissediyorsunuz?", "Ne düşünüyorsunuz?", "Neler görüyorsunuz?", "Bedeninizde neler oluyor?"* sorularıyla kişiyi duygu, düşünce, görüntü ya da beden duyumu kanallarından birine yönlendirebilir.

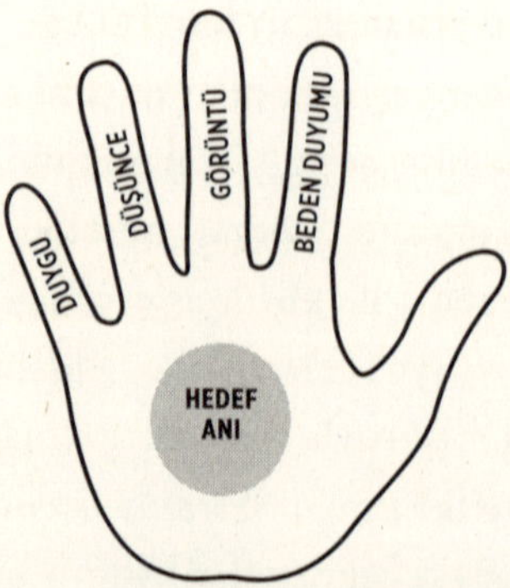

Hedef anının işlenmesi sırasında bazen farklı kanallardan bilgi gelirken bazen de tek bir kanaldan (baskın kanal) malzemeler gelmeye devam eder. Her bir kanalın sonuna gidildiğinde, yani ilgili kanalla ilgili yeterince işleme yapılıp duygusal rahatsızlık belirgin düzeyde azaldığında, terapist danışanı hedef anıya yeniden döndürmeli ve SUD almalıdır. Böyle durumlarda genellikle beklenen şey, danışanın yeni bir kanala dair travmatik malzemeler getirmesidir. Ancak süre kalmamışsa seans bitimine doğru yeni bir kanal açılmaması gerektiği bilinmelidir. Terapist seansı sonlandırmadan önce danışanın duygusal stabilizasyonunu sağladığından emin olmalıdır. Bu nedenle böylesi anlarda, tamamlanmamış seans prosedürü uygulanarak seans sonlandırılmalı ve işleme nerede kaldıysa bir sonraki seansta aynı yerden devam edilmelidir. Bunun yanında danışan yetersiz bir zaman diliminde yoğun duygusal bir malzeme getirir ya da rahatsızlık bildirirse hipnotik telkin kullanmak suretiyle danışanın stabilizasyonu sağlanabilir.[52]

Danışanlar herhangi bir çağrışım kanalı temizlendikten sonra kendilerini sakin ve dingin hissedebilirler. Bu durum, anının yeterince işlenmiş olduğunu düşündürebilir. Ancak terapist, işleme boyunca çağrışım kanallarını hep aklında tutmalı ve süreci sonlandırmak için her bir kanalın temizlendiğinden emin olmalıdır. Danışanın duygusal ve bedensel tepkilerini takip eden terapist, yatışmayı bariz bir şekilde görüyor ve tüm kanalların temizlendiğini düşünüyorsa danışanı tekrar hedef olaya yönlendirerek SUD almalıdır. Danışanın öznel rahatsızlık düzeyini 0-1 şeklinde bildirmesi durumunda terapist, yerleştirme evresine geçiş yapabilir.

Travmatik Anıların İşlenmesi

Anılar ve hatırlamayla ilgili olarak iki farklı bellek türüne sahibiz. Normal anıların kayıt altına alınması ve sonrasında hatırlanması, hipokampüsün etkin rol oynadığı birinci bellek türünde gerçekleşir. Sol beyin devrelerinin daha aktif olduğu bu bellek türünde anıya ait uyaranlar, beynin ilgili alanları tarafından işlemden geçirilir ve bütün bir şekilde kayıt altına alınırlar. Hatırlanmaları sırasında da ağırlıklı olarak sol beynin aktivasyonuyla anıya ait tüm bilgiler yeniden çağrılır ve bir hikâye yaratılır. Bu bellek türüne aynı zamanda "otobiyografik bellek" de denir. İkinci bellek türü ise travmatik deneyimlerde amigdalanın kontrolünde açığa çıkar. Bu bellek türü, sağ beyin devrelerinin daha aktif olduğu bir sistemde ortaya çıkar ve "korku belleği" olarak da bilinir. Kontrol edilmesi güç duygular yaratan travma, kişinin amigdal bellek sistemlerine öylesine damgalanır ki anılar kortikal bütünleşmeye direnç gösterir. Böylece beyin davranış, duygu, duyu ve bilinçli farkındalık ağlarındaki nöral bütünleşmeyi muhafaza edemez hale gelir.[53] Bu nedenle diğer bellek türünden farklı olarak bu bellek türünde deneyimler somatik, duyusal ve duygusal halleriyle yeterince işlenmeden kayıt altına alınırlar. Hatırlama işlemi de bilinçli farkındalığın çok olmadığı kontrolsüz düşünceler, anlamsız duygular, karmaşık bedensel duyumlar ve bütünlükten uzak duyusal hisler şeklinde gerçekleşir. Bu perspektiften bakıldığında EMDR terapisi travmatik deneyimleri işlenmeden bellekte depolanmış bir düğüm olarak görür. Bu düğüm çözülmeden ve anılara dair duygusal değişim sağlanmadan kişinin huzur bulması zordur. Travmatik anılarda bir değişim elde etmenin temelinde ise amigdalanın etkinleşmesi ve bu etkinleşmeyle bağlantılı fizyolojik ve biyolojik değişimler yatar.[54] EMDR terapisinde rahatsız edici sahnenin zihinde canlandırılması ve anıya dair bileşenlerin uyarıcı olarak kullanılması, sağ beyin devrelerini uyararak amigdalanın etkinleşmesini sağlar. Eş zamanlı olarak uygulanan çift yönlü uyarımlar ise bilişsel işlemlerden sorumlu korteksi ve sol beyin devrelerini harekete geçirir. Böylece tıkalı olan çağrışım kanalları açılır ve anı ağlarında kayıtlı görüntüler, duygular, düşünceler ve beden hisleri güçlü bir şekilde açığa çıkar. Duygusal ve bilişsel işlemlerin dönüşümlü olarak harekete geçirilmesi sayesinde beyinde bu iki fonksiyondan sorumlu nöral ağlar arasında bağlantılar kurulabilir.[55] Böylece düğüm olarak nitelendirilen travmatik deneyime dair çözülmüş parçalar, yeniden işleme sürecine dâhil olur ve bütünleşmeye başlar. Çözülmüş anı ağlarının bütünleşme süreci, kortikal bölgelerin hâkimiyetiyle sonuçlanır. Sonunda deneyim kişi için rahatsız edici olmaktan çıkar.

Duyarsızlaşma Evresinin Sonlarına Doğru

Duyarsızlaştırma aşamasının sonuna gelindiğinde danışanla ilgili bazı değişimler göze çarpar. Terapist, bu değişimleri gözlemeli ve işleme sürecini bu değişimler açısından da değerlendirmelidir. Başarılı bir işlemenin sonlarına doğru danışanlar çoğunlukla hedef anıya dair görüntünün içine artık giremediklerini, görüntünün kaybolduğunu ya da silikleştiğini, görüntüdeki kişinin artık kendileri olmadığını, kendileri olsa bile farklı (daha büyük, daha güçlü vb.) göründüklerini, travmatik sahneye sanki yukarıdan baktıklarını ifade ederler. Bunları bildirirken danışanların duygu ve beden duyumunda bir iyilik hali göze çarpar. Yüksek düzeydeki olumsuz duygular yatışmış, yerini dinginliğe bırakmıştır. Aynı zamanda bedensel olarak da rahatlamıştır ve kişinin gerginliği gitmiştir.

Hedef anıya dair işlemenin başarılı bir şekilde ilerlediğini gösteren önemli bir diğer belirti de olumlu anı ağlarıyla kurulan bağlantılardır. Normal sürecinde ilerlemiş bir duyarsızlaştırma evresinde, olumlu görüntülerle birlikte olumlu düşünce çağrışımları da sürece eşlik eder. Ardından olumlu duygular eşliğinde gelen beden duyumları da işlevsel kendilik algısının açığa çıkmasını sağlar. Yeterince işleme yapıldıktan sonra olumsuz malzemeler artık gelmeyip olumlu çağrışımlar yoğun olarak gelmeye başladığında ve terapist, duygu ve beden hislerinde büyük değişimler gözlemlediğinde danışanı hedef anıya döndürmeli ve SUD düzeyi almalıdır. Terapist, *"Olayı düşündüğünüzde aklınıza neler geliyor?"* ya da *"Olayı düşündüğünüzde şu anda 0-10 arasında ne kadar rahatsızlık hissediyorsunuz?"* gibi bir ifadeyle danışanı geri bildirimde bulunmaya yönlendirir. Başarılı bir işlemenin sonlarında alınan SUD, genellikle "0" ya da "1" düzeyinde olur. Bu durum duyarsızlaştırma sürecinin tamamlanması ve bir sonraki evreye geçilmesi gerektiğini gösterir. Ancak terapist bu değerlendirme sürecinde danışanın sözel ifadesiyle birlikte duygu ve beden hisleri gibi sözel olmayan işaretleri de dikkate alması gerektiğini bilmelidir. EMDR terapistinin gözlemleri, danışanın söyledikleriyle örtüşüyor ise bir sonraki aşamaya geçmeyi düşünebilir. Ancak danışan sözel olarak rahatsızlık düzeyi bildirmemesine rağmen duygusal ve bedensel olarak rahatsızlık gösteriyorsa terapist, işlemenin devam etmesi gerektiğini düşünmelidir. Bunun yanında danışanlar bazen rahatsızlık hissetmelerine rağmen görüntünün kaybolduğunu söyleyebilirler. Terapist burada işlemenin bittiğini düşünmemeli, *"Sadece olayı düşünün."* ya da *"Bedensel duyumlara odaklanın."* şeklinde bir müdahaleyle işlemeye devam etmelidir.

Kimi danışanlar ise işlemenin sonlandığına dair duygusal ve bedensel işaretler veriyor olsalar da sözel olarak 2-3 düzeyinde rahatsızlık bildirmeye devam edebilirler. Böylesi durumlarda terapist danışana, *"Rahatsızlık düzeyinizin '0' olmasını engelleyen şey ne?"* şeklinde bir soru yöneltebilir. Danışanlar bu soruya cevap olarak engelleyici inançlarını ifade ederlerse bu inançların hedeflenmesi ve işlemeye oradan devam edilmesi gerekir. Ancak işlemeyi engelleyen bir durum yoksa danışanlar bu soruya çoğunlukla şaşkınlık belirtileriyle cevap verirler. Yıllardır kendilerini rahatsız eden anıların bir anda nasıl bu kadar önemsiz hale geldiğini zihinsel olarak kabul edemezler. EMDR terapisinde ne olup da böyle bir sonucun ortaya çıkmış olabileceğini düşünmeden edemezler. Hatta çoğunlukla bu duyguların geçici olabileceği ve seans sonrasında rahatsızlıklarının tekrar eski haline gelebileceği yönünde bir kaygıyı ifade edebilirler. Dolayısıyla rahatsızlıkları tamamen ortadan kalksa da bu tarz duygu ve düşüncelerden dolayı, SUD düzeyini 2-3 şeklinde ifade edebilirler. Bu duygu ve düşüncelerin ele alınarak işlenmesi, kişinin hissettiği rahatsızlık düzeyini gerçekte olduğu gibi bildirmesinin önünü açar. Benzer bir durum, travmatik yas çalışmalarında sıklıkla görülür. Bazı danışanlar yitirilen kişiye dair anıların rahatsızlık verici olmaktan çıkıp normalleşmesini, o kişinin hatırasına bir ihanet ya da vefasızlık olarak deneyimleyebilirler. Sanki anılar rahatsızlık vermeyecek seviyeye gelirse o kişiyi de unutacaklarmış, zihinlerinden ve kalplerinden tamamen söküp atacaklarmış gibi düşünebilirler. Bu nedenle anıların az da olsa rahatsızlık verecek seviyede kalmasını isterler. Böylece SUD düzeyinin "0"lanmasına, farkında olmadan izin vermemiş olurlar. Terapist bu engelleyici inançları tespit ettiğinde ve çift yönlü uyarımlarla çalıştığında hedef olaya dair rahatsızlık düzeyi de ortadan kalkar.

Hedeflenen travmatik deneyimin failine karşı ifade edilmemiş duygular bulunuyorsa terapist, danışandan bu duygularını failiyle paylaşmasını isteyebilir. Ancak travma yeterince işlenmeden travma failiyle yüzleşmek doğru bir seçenek olmayabilir. Zira travmatik anıya dair çözülmemiş malzeme (duygu, bedensel duyum, inanç vb.), travma failiyle işlevselliğe giden bir yüzleşmeyi engeller. Hatta durumu daha da içinden çıkılmaz bir hale dönüştürebilir. Hedeflenen anıda çözülmemiş malzeme olduğunun en önemli göstergesi, seans içerisinde terapist tarafından gözlemlenen duygusal rahatsızlığın devam etmesidir. Ancak kişinin anıya dair rahatsızlık düzeyi önemli ölçüde azalmışsa bir adım öteye geçmenin en iyi yolu, danışanı bu yüzleşmeye ya da bastırılmış duyguları ifade etmeye yönlendirmektir. Danışan yeterince güçlenmiş ve terapist tarafından cesaretlendirilmiş ise böylesi müdahaleler oldukça tedavi edicidir. Öyle ki yüzleşme anlarında olumlu yönde açığa çıkan çok güçlü duygular, travmanın failine vurma, tekme atma ya da onu itme gibi bedensel bir enerjiye dönüşerek kendilerini her yönüyle ortaya koymak isterler. Bu tepkiler, travma anında verilmek istenen ancak bir nedenden dolayı verilemeyen işlevsel tepkilerdir. Kendisini çocuk yaşta taciz eden dayısıyla ilgili anılarını yeterince çalıştığımız bir danışanım, sandalyede oturduğunu hayal ettiği dayısına, içindeki tüm öfkeyi ifade etmeye başladı. Bir süre sonra kendini o kadar güçlenmiş hissetti ki bedensel olarak da dışa dönük hareketler yapmaya başladı. Ona ne yapmak istediğini sorduğumda dayısının oturduğu sandalyeye tekme atmak istediğini söyledi.

Bunu neden yapmadığını sordum ve danışan kalkıp karşısında duran sandalyeye öfkeyle bir tekme attı. Bir başka danışanım, ilkokul yıllarında fiziksel şiddet uygulayan ve kendisini sürekli aşağılayan öğretmeninin kalbini yerinden söküp çıkarmak istediğini söylerken bunu tüm benliğiyle istediğini gösteriyordu. Sözcükler duygularını ifade etmeye yetmediğinde, bu arzusunu istem dışı olarak beden hareketleriyle de göstermeye başladı. Cesaretlendirdiğimde karşısında oturduğunu hayal ettiği öğretmeninin göğsünü açıp kalbini söküp aldığı bir beden hareketini seansta sahneledi. Sonunda çok büyük bir rahatlama sağladı ve anı artık onu rahatsız edemez hale geldi.

BEŞİNCİ EVRE
YERLEŞTİRME

Bu aşamaya kadar gelinen süreçte travmatik deneyime ait görüntü, rahatsız edici düşünceler, duygu ve beden duyumları çift yönlü uyarımlar sayesinde işlenmiştir. Ancak başarılı bir EMDR seansı, yalnızca rahatsız edici malzemeyi işlemekle kalmaz, aynı zamanda kişinin olumlu bir kendilik hissini sürdürebilmesinin önünü açar. Öyle ki yeniden işleme sayesinde ortaya çıkan işlevsel bilgiler, deneyimin yeniden çerçevelenmesini ve travmatik anıya rağmen kişinin kendine olumlu bir perspektiften bakabilmesini sağlar. Hedef anıya dair SUD değerlendirmesinin "0" ya da "1" olması durumunda yerleştirme evresine geçilir. Bu evre, pozitif inancı geliştirmek ve bunu hedef anıyla belirli bir biçimde ilişkilendirmek için kullanılır.[56] Bu adıma geçildiğinde EMDR terapistinin ilk yapması gereken şey, değerlendirme aşamasında alınan pozitif inancın kişi için hâlâ uygun olup olmadığını kontrol etmektir. Çünkü bazen işleme sırasında, önceden belirlenmiş olan pozitif inançtan daha uygun bir inancın ortaya çıkması mümkündür. Örneğin babası tarafından her davranışı güçlü bir biçimde cezalandırılan biri, bu deneyimlerle bağlantılı olarak kendini "suçlu biri" olarak görebilir. Buna uygun bir biçimde terapi hedefleri açısından, "Hata yapabilirim, bu normal bir durum." şeklinde bir pozitif inanç belirlenmiş olabilir. Ancak en küçük hataları bile ağır bir biçimde cezalandırılacak kadar değersiz, sevilmeye değer görülmeyen bir kendilik algısı, tüm işleme boyunca hâkimiyetini hissettirebilir. Bu durumda uygun pozitif inancın, "Değerli biriyim, sevilebilirim, sevgiyi hak ediyorum." şeklinde yeniden değerlendirilmesi gerekebilir. Danışanın setler sonunda getirdiği malzemeler ve anılar, bu değişikliğin yapılıp yapılmayacağı konusunda terapiste bilgi verir. Pozitif inancın uygunluğunu işleme boyunca gelen malzemelere göre değerlendiren terapist, çalışılan hedef olayla ilgili daha uygun bir pozitif inanç belirleyebilmek için danışanı yönlendirmelidir. Bu adımda terapist, *"Olayı düşündüğünüzde kendinizle ilgili bu düşünce (terapist pozitif inancı dile getirir) size nasıl geliyor? Size daha iyi hissettiren, daha uygun gördüğünüz başka olumlu bir ifade aklınıza geliyor mu?"* gibi bir soruyla pozitif inancın uygunluğunu yeniden test eder. Danışan ister başlangıçta belirlenen inancı ister daha iyi hissettiren başka bir inancı belirlemiş olsun, terapist pozitif inancın hedef anı/olay ile uyumlu olduğunu düşünüyorsa yerleştirme işlemini başlatabilir.

Çoğu EMDR seansının sonunda, duyarsızlaştırma evresindeki işleme nedeniyle orijinal görüntü/hedef sahne değişmiş ya da silikleşmiştir. Dolayısıyla danışanlar sahneyi tam olarak zihinlerinde canlandıramadıklarını, hedef sahnenin artık eskisi gibi görünmediğini söyleyebilirler. Bu nedenle danışandan hedef sahne/imgeyi değil, sadece olayı düşünerek pozitif inancı 1 ile 7 arası bir ölçekte değerlendirmesini istemek daha uygun olabilir. Burada terapist, *"Olayla birlikte bu düşünceyi (terapisti pozitif inancı tekrar eder) aklınıza getirdiğinizde 1 ile 7 arasında ne kadar inandırıcı buluyorsunuz?"* ya da *"Olaya bu düşünceyle baktığınızda (terapisti pozitif inancı tekrar eder) size ne kadar inandırıcı geliyor?"* gibi sorularla VOC (inancın geçerlilik düzeyi) belirlemeye çalışır. Başarılı bir EMDR seansının ardından hedef olayla birlikte baktığında kişinin olumlu kendilik algısına olan inancının artması beklenir. Çünkü yeniden işleme sayesinde rahatsız edici malzeme işlenmiş, olumlu anılar ve düşünce çağrışımlarıyla kurulan bağlantılar artmıştır. Böylece kişi kendini başlangıçta görmek istediği noktaya birkaç adım daha yaklaşmıştır. Örneğin geçmişte taciz deneyimi olan ve yakın ilişkiler söz konusu olduğunda kendini güvende hissetmeyen, kimseye güvenemeyeceğini düşünen bir danışanın belirlediği "güvendeyim, insanlara güvenebilirim" pozitif inancı, başlangıçta 3 düzeyinde geçerliyken (VOC: 3) başarılı bir şekilde gerçekleştirilen duyarsızlaştırma evresinden hemen sonra, daha yerleştirme evresine geçilmeden 5-6 seviyelerine (VOC: 5-6) kadar yükselebilir. Bu durum işleme süreçlerinin normal seyrinde ilerlediğini gösterirken yerleştirme evresine uygun bir zamanda geçildiğinin de işaretidir. Ancak yerleştirme işlemine geçmek için alınan VOC ile danışanın başlangıçta (değerlendirme evresi) verdiği VOC puanı birbirinin aynı ise ya da pozitif inançta olumlu yönde belirgin bir artış görünmüyorsa işlerin yolunda gitmediğini söyleyebiliriz. Bu durum, çoğunlukla yeterli düzeyde işleme yapılmadığını ya da yanlış bir pozitif inanç üzerinden çalışıldığını gösterir.

Eğer beklenildiği gibi danışanın kendisiyle ilgili olumlu ifadeye olan inancında bir artış söz konusu ise terapist, danışandan olaya ve pozitif inanca odaklanarak kendisini takip etmesini ister ve çift yönlü uyarımı başlatır. Terapist şöyle söyleyebilir: *"Olayla birlikte bu düşünceyi tutun (terapist pozitif inancı tekrar eder) ve beni takip edin."* Terapist 7-10'luk kısa setler sonunda gelen her malzemenin paylaşılmasını ister. Danışanlar, set sonlarında çoğu zaman olumlu hisler ve beden duyumları bildirirler. Setler devam ettikçe daha güçlü düşünceler, sürece eşlik eder ve artan bir iyilik hali göz çarpar. Danışanın getirdiği her olumlu malzeme, yine kısa setlerle işlenmeye devam edilir. Setlerin kısa tutulmasının sebebi, duyarsızlaştırma evresinde her ne kadar çalışılmışsa da rahatsız edici malzemelerin yeniden uyarılmasını önlemektir. Uzun setler olumsuz malzemeleri tekrar uyarabileceğinden yeterli düzeyde işleme yapıldığından emin olunduğunda kısa setler işlevsel sonuçlara ulaşmayı kolaylaştırır. Böylece hedef olayla bağlantılı pozitif inanca dair inanırlık, her set sonunda daha da artarak 6-7 seviyelerine kadar ulaşır. Bu pekiştirme sonunda, pozitif inanca dair VOC puanı 7 olana kadar -yani tam olarak inanılır seviyeye gelene kadar- yerleştirme işlemine devam edilir. Pozitif inancın VOC düzeyi 7 olduğunda birkaç setlik pekiştirme sonrasında bir sonraki evreye geçilebilir.

Zaman zaman bir önceki evrede işlenmesi gereken ancak gözden kaçırıldığı için yeterince işlenememiş olumsuz görüntü, duygu, düşünce ya da beden hisleri açığa çıkabilir. Bu durumda terapist, setler sonunda danışanın getirdiği her olumsuz malzemeyi 25-30'luk uzun setlerle rahatsızlık yok oluncaya kadar işlemeye devam etmelidir. Yeterince işleme gerçekleştiğinde pozitif inanç tekrar puanlanır ve danışan VOC 7 bildirene kadar pekiştirme işlemine devam edilir.

Kimi zaman ise danışanlar, yeterince işleme yapıldığı halde pozitif inancın geçerlilik düzeyini 7 olarak değil de 6 olarak bildirirler. VOC 7'de bitirmek her ne kadar ideal görünse de terapist yeterli çalışma yaptığından emin olduğunda VOC 6'da da yerleştirme işlemini sonlandırabilir. Ancak bunun için danışanın istenen seviyeye ulaşmasını engelleyen bir inanç ya da duyguya sahip olmadığından emin olunmalıdır. Eğer hedef olayla ilgili pozitif inancın "tamamen doğru" (VOC 7) olacak şekilde hissedilmesini engelleyen düşünceler ya da duygular ortaya çıkarsa bunlar çalışılmalıdır. Örneğin yas çalışması yapılan bir danışan, süreci olumlu duygularla sonlandırdığında kaybettiği kişiye ihanet edeceğini düşünebilir. Ya da onu tamamen unutmak ve hayatından çıkarmak istemediği için bir miktar acı verici duyguların kalması gerektiğini düşünebilir. Bu düşünceler uzun setlerle işlendiğinde kısa bir süre sonra çoğunlukla olumluya döner ve VOC puanında da bir yükselmeyle kendini belli eder. Ancak bazı engelleyici düşünceler vardır ki kaynağını daha derinlerden, erken çocukluk yaşantılarından alır. Örneğin kendini âciz biri olarak gördüğü için iş yerindeki arkadaşlarına karşı hakkını savunamayan ve bu nedenle terapiye başvuran bir danışanı ele alalım. Böyle bir danışan için zavallı ve âciz biri olmak yerine hakkını savunabilecek gücü kendinde görmesi, iyi bir terapi hedefidir. Buna uygun olarak yapılan planlamada, hedef olaylar yeterince çalışılmış olsa bile, hak aramanın terk edilme ve yalnızlıkla sonuçlanacağı düşüncesine kaynak oluşturan çocukluk deneyimleri varsa VOC hiçbir zaman 6-7 olmaz. Dolayısıyla, "Hakkımı savunursam kimse beni sevmez ve yalnız kalırım." gibi işlevsel olmayan bir düşünce, süreci engelliyor olabilir. Böylesi durumlarda engelleyici inançların kaynak aldığı travmatik anılar, tespit edilmelidir. Terapist bunu yaparken danışanın sunduğu sorunlu duygu ya da düşünceyi referans alarak, *"Bunu ilk ne zaman hissettiniz?"* ya da *"Kendinizle ilgili böyle bir karara ne zaman vardınız?"* gibi sorular sorabilir. İşlev bozukluğuna neden olan anılar çalışılmadan hedef olayla ilgili başarılı bir çalışmadan söz edilemez. Dolayısıyla klinisyen, çalışmanın önceliğini bu anılara vermelidir. Bu anıları yeterince işleyip bitirdiğinde hedef olayla ilgili çalışmaya tekrar döner ve bağlantılı pozitif inanca dair VOC puanı 7 olana kadar devam eder. Sonrasında yerleştirme evresini sonlandırabilir. Ancak tek bir seans içinde ortaya çıkan engelleyici geçmiş anılarla çalışmak, zaman açısından sorunlar yaratabilir. Çocukluk anıları çalışılırken terapist neyle karşılaşacağını kestiremez. Bu nedenle seansın bitimine az bir zaman kaldıysa terapist bu anılara hiç girmemeli ve bir sonraki seansı bu anıları çalışacak biçimde planlamalıdır. Böyle durumlarda yeterince çalışma yapılamadığı için terapist, beden taraması yapmadan "tamamlanmamış seans prosedürü" ile seansı bitirmelidir. Aksi halde hiçbir seans, beden taraması yapılmadan bitirilmemelidir. Tamamlanmamış seans prosedürü sonraki bölümlerde ayrıntıları ile ele alınacaktır.

ALTINCI EVRE
BEDEN TARAMASI

Travmatik yaşantılar, kişilerin kaldırabileceğinden çok daha fazla duyguyu içinde barındıran deneyimlerdir. Duygusal yükü fazla olan deneyimler ise çoğunlukla beden hafızasında kayıt altına alınırlar. Öyle ki kimi travmatik deneyimler sırasında beden ve zihin arasında çözülme yönlü açığa çıkan bir kopukluk nedeniyle travmatik anı, sadece bedensel seviyede kilitli kalır. Böylesi bir çözülmede anı bilinçli olarak hiç hatırlanmayabilir ancak zaman zaman açığa çıkan koku, tat gibi duyusal ya da ağrı, kasılma, uyuşma gibi bedensel hisler aracılığıyla kendini hatırlatır. Bu hatırlama, sorunlu duygu ve davranışların temelini oluşturur. Sonuç olarak kişinin işlevselliğini bozar. Bu nedenle travma çalışmasında bedensel belirtilerin ele alınması özel bir öneme sahiptir.

Travmaya müdahale yöntemi olarak ortaya çıkan EMDR terapisinde, tüm çalışma boyunca bedensel belirtiler hassasiyetle işlenir ve her bir kanalın yeterince temizlendiğinden emin olunduğunda bir sonraki aşamaya geçilir. Olumlu inancın en yüksek düzeyde yerleştirilmesinin de ardından, beden taramasıyla travmatik anıya ait işlenmemiş malzeme olup olmadığına bakılır. Danışandan, hedef anıya ve olumlu inanca odaklanarak tüm bedenini kontrol etmesi ve herhangi bir gerginlik varsa bunu bildirmesi istenir. Terapist, *"Olayla birlikte olumlu düşünceyi aklınızda tutun (terapist pozitif inancı tekrar eder) ve tüm bedeninizi baştan aşağı kontrol edin, sizi rahatsız eden ya da huzursuzluk veren herhangi bir beden hissi var mı bir bakın."* şeklinde bir yönlendirmeyle danışanı bedeninde olup bitenleri fark etmeye yönlendirir. Normal koşullarda başarılı bir duyarsızlaştırma ve yerleştirme işlemi sonrasında kişinin rahatsızlık uyandıran bir beden duyumu bildirmesi beklenmez. Aksine travmatik malzemenin işlenmesi, kişide bedensel olarak da bir rahatlama sağlayacağından danışanlar, EMDR'yle işlenen her bir travmatik anı sonrasında genellikle bedenlerinde bir rahatlama ve huzur hali olduğunu, gerginliklerinin kaybolduğunu ve sanki üzerlerinden büyük bir yük kalkmış gibi hafiflediklerini söylerler. Bu durumda olumlu beden duyumları, birkaç kısa setle pekiştirilerek kapanış evresine geçilir. Ancak bazen beden taraması evresinde, kişide küçük de olsa rahatsızlık yaratan belirtiler ortaya çıkabilir. Bu durum işlemenin tam olmadığının göstergesidir. Eğer danışan rahatsızlık veren bedensel bir duyum belirtirse buna odaklanması istenerek çift yönlü uyarımlar aracılığıyla işleme yapılır. Bununla birlikte setler sonunda işlenmemiş başka malzemeler gelirse onlar da sürece dâhil edilerek kişi bedeninde bir iyilik hali bildirene kadar işleme sürdürülür. Çoğunlukla birkaç set sonrası rahatsızlık yaratan belirtiler ortadan kalkar ve olumlu hisler açığa çıkar. Yine kısa setlerle pekiştirme yapılarak olumlu hislerle birlikte, "beden taraması" evresi sonlandırılır.

Ancak bazı bedensel hisler çok daha güçlüdür ve terapist ne kadar işleme yaparsa yapsın bir türlü azalmayıp aksine daha da belirgin hale gelirler. Unutulmamalıdır ki güçlü bedensel hisler, ağır travmatik yaşantıların habercisidir ve pusuda bekleyen bağlantılı geçmiş travmatik anıları gün yüzüne çıkarabilirler. Panikatakları nedeniyle terapiye başvuran bir danışanım, kendini güvende hissetmediği travmatik anıları çalıştığımız bir seansın sonunda, bacaklarında bir gerginlik olduğunu bildirdi. Birkaç setin sonunda bu gerginlik daha da arttı. Hızla yayılan bedensel hisler, kasık bölgesinde kasılmalar ve uyuşma hissinin de eşlik ettiği bir şeye dönüştü. İlerleyen setler sonrasında bu bedensel belirtilerin çocukluğunda maruz kaldığı bir cinsel tacizin izleri olduğunu acı bir şekilde görmüş olduk. Oysa danışanım o güne kadar bu anıyı bilinçli olarak hiç hatırlamıyordu. Terapi planlaması yaptığımız sırada da onu anımsatabilecek bir durum oluşmamıştı. Ancak beden hislerini takip etmemiz, bizi sorunun kaynağı olan deneyime götürdü ve sonraki seanslar boyunca bu anı üzerinde çalışmamızı sağladı. Beklenmedik bir biçimde ortaya çıkan böylesi kriz anları, EMDR terapistinin fazladan dikkatini ve uzmanlığını gerektir.

EMDR terapisinde yeterince çalışılmış her bir hedef olayın ardından beden taraması mutlaka yapılmalıdır. Çünkü beden taraması, hedef olayla ilgili çalışmanın ne kadar başarılı yürütüldüğünün bir çeşit sağlaması gibidir ve yalnızca işlenmiş anıları sonlandırdığımız bir adımdır. Ancak bir nedenden dolayı (zaman yetersizliği, yeni anıların ortaya çıkması, engelleyici inançlar vb.) hedef olayla ilgili yeteri kadar duyarsızlaştırma ve yerleştirme işlemi yapılamamışsa beden taraması yapmak doğru değildir. Bunun yerine "tamamlanmamış seans prosedürü" uygulanır ve travmatik anı çalışması, bir sonraki seansta kaldığı yerden devam edecek şekilde planlanır. Hedef olayla ilgili bu aşamaya kadar gelmiş ve beden taramasında da herhangi bir sorunla karşılaşmamış terapist, bir sonraki adım olan "kapanış" evresine gönül rahatlığıyla geçebilir.

YEDİNCİ EVRE
KAPANIŞ

EMDR terapisinde güvenlik birinci önceliktir. Bu nedenle danışanın seanstan güven içinde ayrılabilmesini sağlayan kapanış evresi, hayati önem taşır. Mesleğinde yeni olan EMDR terapistleri dikkatlerini çoğunlukla duyarsızlaştırma ve yeniden işleme süreçlerine verdiklerinden kapanış evresindeki çalışmaları önemsemeyebilirler. Ancak özellikle yoğun geçen bir seansın ardından kapanış evresinde yapılan uygulamalar, terapinin seyrini belirler. Bu nedenle her seansın son 10-15 dakikalık bölümü, kapanışa ayrılmalıdır. Türkiye'de standart seans süreleri, 45-50 dakika arasında olduğundan bu süre uzun görünebilir. Ancak EMDR seanslarının 90-100 dakika arasında planlandığı düşünülürse kapanış için ayrılan bu sürenin ideal olduğu söylenebilir.

Seanstan Güvenli Ayrılma

Her seansın sonunda dikkat gerektirse de dissosiyatif durumlar, aşırı travmatik deneyimler, işlemeyi engelleyen yoğun duygulanımlar ya da zamansız bir şekilde gün yüzüne çıkan rahatsız edici anılar söz konusu olduğunda kapanış evresi daha dikkatli bir şekilde yürütülmelidir. Bu durumların her biri, terapistin ekstradan bir müdahalesini gerektirir. Seans bitimine doğru dissosiyatif bir durumun ortaya çıkması, terapistin seansı uzatabilecek bir esnekliğe sahip olmasını gerektirir. Bunun yanında danışanın kendini daha iyi hissedebileceği noktaya gelene kadar bir süre ofiste beklemesi ancak dissosiyatif belirtiler giderildiğinde ofisten ayrılması sağlanmalıdır. Yine doksan dakikalık bir EMDR seansında bile bitirilemeyen aşırı travmatik anılar, kapanış evresi için özel bir öneme sahiptir. Bir anının tam olarak işlemden geçirilememesi, kişinin seans sonrasında karşılaşabileceği güçlükler açısından risk oluşturur. Bir şekilde açılan ancak tam olarak işlenmeden bırakılan rahatsız edici deneyime ait malzemeler, danışanın duygusal mücadele sınırlarını zorlayabilir. Sonuçta hem danışana hem de terapi sürecine zarar verir. Bu nedenle terapist yarım kalmış bir anıyla seansı sonlandırmak zorunda kalmışsa danışanın duygusal stabilizasyonunu sağlayacak zamanı kendine ayırmalıdır.

Diğer terapi yöntemlerinden farklı olarak EMDR terapisinde seansı "iyi"de sonlandırmak ya da en azından danışan kötüyken sonlandırmamak önemlidir. Bu nedenle hedef olayın tam olarak işlenemediği seansların bitimine az bir zaman kala, yeni bir kanalın açılmasına izin verilmemelidir. Aksi halde danışan, seans odasından yüksek düzeyde bir rahatsızlıkla çıkmak zorunda kalabilir ki bu, EMDR terapisinde hiç istenmeyen bir durumdur. Bunun yerine, rahatsız edici malzeme hiç uyarılmadan kapanış için gerekli yönlendirmeler yapılmalıdır. Terapistin hassasiyetine karşın kontrol edilemez bir biçimde, kişinin seans sonrasında baş etmek zorunda kalacağı olumsuz duygular açığa çıkabilir. Bu tarz durumlarda, duygusal rahatsızlığı en aza indirecek egzersizleri ve rahatlama tekniklerini danışanın kendi kendine uygulayabiliyor olması gerekir. Bunun için hazırlık evresinde birlikte uygulanan "güvenli yer" ya da çeşitli rahatlama egzersizlerinin seanslarda pratik yapılması önerilir.

Aynı zamanda terapist, bu egzersizleri seans aralarında hemen her gün kullanması için danışanı yönlendirmelidir. Tüm bu önlemler ve danışanın kendini yatıştırma becerilerine rağmen, rahatsız edici malzemeler kişinin günlük yaşamını önemli ölçüde etkileyecek seviyenin üzerinde kalabilir. EMDR'yle hedeflenen anıların bütünleşmesi için iki seans arasında bir haftalık süre ideal görünse de danışanın kendi kendine baş etmekte zorlanacağı böylesi durumlarda seans araları kısaltılabilir ve hemen ertesi güne ek bir seans verilebilir.

Her EMDR seansı beklenmedik durumlara gebedir. Bellekte depolanmış anı ağlarının uyarılmasıyla rahatsız edici başka anıların zamansız bir şekilde gün yüzüne çıkması, EMDR seanslarında sık karşılaştığımız bir durumdur. Buna karşın süre kısıtlaması nedeniyle bu anıların hemen işlenemeyecek olması, danışanların seanstan rahatsız edici görüntüler, düşünceler, duygular ve beden duyumlarıyla ayrılmalarına yol açabilir. EMDR terapisti ancak başarılı bir kapanış evresiyle bu olumsuz durumun önüne geçebilir.

Tamamlanmamış Seans Prosedürü

Rahatsız edici malzeme tamamen işlenip yerleştirme aşaması da başarılı bir şekilde yürütülememişse "tamamlanmamış seans prosedürü" uygulanır. Bu prosedür iki temel ilke üzerine kuruludur. Birincisi, rahatsız edici malzemelerin tamamı işlenmeden bitmiş bir çalışmadan söz edilemez. İkincisi ise her ne olursa olsun EMDR terapisinde, danışan seanstan güven içinde ayrılmalıdır. Bu nedenle hedef olayın tüm aşamalarıyla tamamlanamadığı seanslarda, danışandan "SUD" ya da olumlu inanca dair "VOC" alınmaz. Aynı zamanda kişi, beden taramasına yönlendirilmeden doğrudan rahatlama egzersizlerine geçilir. Böylece hedef olayla ilgili yarım kalan çalışma, bir sonraki seansa bırakılırken danışanın terapi odasından güvenle ayrılması sağlanmış olur.

EMDR terapistlerinin kapanış evresinde en çok kullandığı yöntemler arasında "güvenli yer", "hipnotik telkin", "yönlendirilmiş görselleştirme", "ışık akış tekniği" ve "dikey göz hareketleri" yer alır. Terapistin duruma uygun olarak yapacağı tercihe göre bu yöntemler, hem tamamlanmamış seans prosedürünü uygulamak amacıyla hem de hedef olayın tamamen çalışılıp bitirildiği bir seansın sonunda, danışanı rahatlatmak amacıyla kullanılabilir. Bunlardan bazıları ise öz denetim sağlamak amacıyla, danışanların seanslar arasında da kullanabileceği yöntemlerdendir.

Kapanış ve Öz Denetim Prosedürleri

1. **Güvenli Yer:** Başarılı geçen bir seansın ardından kapanış için genellikle "güvenli yer" çalışması, terapistler tarafından tercih edilir. EMDR terapisinin hazırlık evresinde oluşturulan bu egzersizde, danışanın kendini tamamen güvende ve huzurlu hissedeceği gerçek ya da hayalî bir imge yaratması ve bu yere bir ad koyması sağlanır. Bitirilmiş bir anı için kapanış evresinde ya da seans sırasında kişinin işlemeyi sürdüremeyecek kadar rahatsız olduğu durumlarda, rahatlatıcı bir yöntem olarak bu imgeyi canlandırması terapistin kontrolünde gerçekleştirilir. İmgeyle beraber gelen olumlu duygu ve beden hisleri pekiştirildiğinde gözle görülür bir rahatlama hali ortaya çıkar. Aynı zamanda bu egzersiz, rahatsız edici duyguları yatıştırmak için danışanın seans aralarında kendi kendine kullandığı bir egzersizdir.
2. **Hipnotik Telkin:** Bazen duyguların tüm benliği istila ettiği öyle durumlar olur ki danışanlar güvenli yer eg-

zersizini uygulayabilecek bilişsel kararlılığı gösteremeyebilirler. Böyle anlarda duygularını, düşüncelerini ya da bedenlerinde açığa çıkan hisleri bir miktar da olsa kontrol edemeyecek noktaya gelirler. Bu durum, danışanların dışarıdan bir etkiye en açık oldukları anlardandır. Her ne kadar olumsuz materyalin yönlendirilmesi EMDR terapisinde çok istenen bir şey olmasa da bu tarz durumlarda terapistin kontrolü ele alması ve çeşitli hipnotik yöntemler kullanarak danışanı rahatlatması gerekebilir. Her şeyi bırakıp, sadece nefesine odaklanıp düzenlemesine yardımcı olmak, zihnindeki tüm düşüncelerin akıp gitmesini ve bedeninin tamamen rahatlamasını sağlamak amacıyla sakin ve tekdüze kullanılan rahatlatıcı sözcükler, danışanı içinde bulunduğu zorlu durumdan çıkarabilir. Seansın bitimine kısa bir süre kala ortaya çıkan rahatsız edici malzemeleri yönlendirmek için hipnotik yöntemler bir fırsattır. Aynı zamanda rahatlamaya yönelik oluşturulan çeşitli ses kayıtları, danışanların seans aralarında kullandığı materyallerden biridir.

3. **Yönlendirilmiş Görselleştirme:** Danışanlar için hayal ve fantezi zengin bir enerji kaynağıdır. Bu egzersiz de danışanın bedeni ve ruhu üzerinde güçlü etkisi olan duygusal imajları yaratmak suretiyle gerçekleştirilir. Bir çeşit gündüz kurduğumuz hayallerin yönlendirilmiş halidir. Bu canlandırmalar, danışanın kendi belirlediği ve üzerinde etkisini hissettiği imajlardan oluşabileceği gibi terapist tarafından da yaratılabilir. Kişide bıraktığı olumlu etkilere bağlı olarak, diğer yöntemlerle birlikte kapanış prosedürü olarak tercih edilebilir.
4. **Işık Akış Tekniği:** Bu teknik özellikle rahatsız edici bedensel duyumların hızlı bir biçimde ortadan kaldı-

rılmasını sağlayan oldukça etkili bir tekniktir. Öyle ki kronik fiziksel ağrıların tedavisinde travmatik anıların işlenmesiyle birlikte kullanıldığında gayet iyi sonuçlar verir. Uygulanması durumunda yalnızca fiziksel acıların değil, duygusal acıların giderilmesine de katkıda bulunur. Bu yönüyle hem seansın etkinliğini artırmak amacıyla hem de kapanış evresini başarılı bir şekilde tamamlamak amacıyla kullanılabilir. Işık akış tekniğinde, doğrudan rahatsız edici bir beden hissi ya da olumsuz duygular hedeflenebilir. Kişiden bedenindeki rahatsız edici duyuma odaklanması ya da rahatsızlık veren duyguyu bedeninin neresinde hissettiğini fark etmesi istenir. Daha sonra terapist, *"Bu beden hissinin bir şekli, rengi, dokusu, kokusu vb. olsaydı nasıl olurdu?"* gibi ayrı ayrı sorularla, rahatsızlık yaratan duyumsamayı danışanın somut hale getirmesini sağlar. Bu işlem tamamlandığında terapist, *"İyileşmeyi bir ışık temsil edecek olsaydı bu ışık ne renk olurdu?"* gibi bir soruyla danışanı yönlendirir. Daha sonra terapist, *"Bu ışığın (terapist rengi dile getirir), başınızın tepesinden size doğru geldiğini ve vücudunuzdaki şekle yöneldiğini hayal edin. Bu ışık sonsuz bir kaynağa sahip ve ne kadar kullanırsanız o kadarına sahip olabilirsiniz. Işık şekle doğru yöneliyor ve içine giriyor. Şeklin içinde ve çevresinde titreşimlerle hareket ediyor. Işık bunu yaptıkça şekle ne oluyor?"* yönergesiyle devam eder. Burada danışan beden hissi ya da duyguların somutlaşmış bir temsili olan imgede değişiklikler bildiriyorsa bu imge tamamen yok olana kadar egzersize devam edilir. Rahatsız edici his tamamen yok olup danışanın olumsuz duyguları ortadan kalktığında terapist, bu ışığın (rengini dile getirerek) yavaş yavaş yayılmaya başladığını ve tüm bedenini sardığını, hipnotik bir ses tonuyla söyler ve uygulamayı sonlandırır. Bazen danışanlar, bu egzersize olumlu yanıt vermezler. Işık hüzmesinin beden hislerinde ya da duygularında bir değişiklik sağlamadığını bildirebilirler. Birkaç deneme yapıldığı halde danışan beden hislerinde ya da imgede herhangi bir değişiklik bildirmiyorsa terapist bu tekniği uygulamayı bırakmalı ve başka bir kapanış prosedürüne geçmelidir.

5. **Dikey Göz Hareketleri:** Tamamlanmamış bir seansı bitirmek için danışanı rahatlatıcı etkisi olduğu bilinen dikey göz hareketlerine yönlendirmek iyi bir tercihtir.[57] Dikey göz hareketleri sonrasında gelen malzeme her neyse terapist, *"Şimdi bunu kaldırabiliriz, bir sonraki seansa gelene kadar bir kutuda kalmasına izin verebiliriz."* ya da *"Sonraki seansa kadar bunları bir kenara bırakabiliriz."* gibi ifadelerle olumsuz malzemenin seans sonrası etkisine karşı, danışanı korumaya alabilir. Rahatlama sağlayan diğer kapanış prosedürleriyle birlikte kullanıldığında "dikey göz hareketleri"nin iyi sonuçlar veren bir yöntem olduğu söylenebilir.

Oturumun Değerlendirilmesi

Seansın sonunda danışanın hem kendini hem seansı değerlendirmesi istenir. Bunun amacı danışanın seans içinde gerçekleşen olumlu değişimlerle ilgili içgörü kazanmasını sağlamaktır. Bu, travmatik anıya dair yeniden çerçevelemenin son adımı olarak da değerlendirilebilir. Ayrıca danışanın seansta yaşadığı olumlu değişimleri konuşmak, öğrenmeyi daha kalıcı hale getirir. Hedef olayın tam işlenemediği ve "tamamlanmamış seans prosedürü" ile bitirilen bir seans söz konusu olduğunda oturumun genel bir değerlendirmesini yapmak daha önemli hale gelir. Buradaki asıl amaç ise danışanın bitirilememiş anıya ait olumsuz malzemelere değil de seansta yaşanan olumlu değişimlere odaklanmasını sağlamaktır.

Terapinin etkisini küçümsemeye yönelik bir tutum içerisinde olan kimi danışanlar, duygusal olarak belirgin bir farklılık gözlendiği halde farklı hissetmediklerini, pek bir değişim yaşamadıklarını dile getirebilirler. Terapiye karşı gösterdikleri bu dirence rağmen başarılı geçen bir EMDR seansının ardından kendilerinin verdiği SUD puanları, iyi bir geri bildirim aracı olur. Travmatik anı işlenmeye başlanmadan önceki SUD puanı ile işlendikten sonraki SUD puanı ve duygusal dinginlik hali, danışanın kendindeki değişimi daha net görebilmesine ve terapiye gösterdiği direnci aşabilmesine katkı sağlar.

Seans Sonrasına Dair Bilgilendirme

EMDR terapisinde kullanılan çift yönlü uyarımlar, nöral ağları harekete geçirir. Böylece travmatik deneyimle bağlantılı birçok anı, görüntü, duygu ya da düşünce zihne akmaya başlar ve beden de buna eşlik eder. Aynı anda aktive olan adaptif bilgi işleme sistemi, rahatsız edici materyalin işlenmesini ve deneyimin normal anı hafızasında yer almasını sağlar. Beynin uyumlanma yönlü bu aktivasyonu, sadece seansla sınırlı kalmayıp seans sonrasında da devam eder. Sonuç olarak beyin, kendini onarmayı sürdürürken açık kalan çağrışım kanalları rahatsız edici yeni anı, görüntü ya da duyguların gün yüzüne çıkmasına yol açabilir. Her bir EMDR seansı sonrasında beklenen bu durum hakkında danışan bilgilendirilmelidir. Aynı zamanda danışandan seans aralarında ortaya çıkan ve rahatsızlık veren anılarını, rüyalarını, duygularını, düşüncelerini ya da önemli gördüğü şeyleri yazması istenir. Bu süreçte bir günlük tutulmasını istemek, çok işlevsel olabilir. Bu bilgiler doğrultusunda terapist, çalışılması gereken yeni anılar olduğuna karar verebilir. Ancak çok rahatsız edici bir durum söz konusu değilse daha önce planladığı anıları çalışıp bitirmeden yeni anıları hedeflemesi önerilmez. Tamamlanmamış seans prosedürü uygulanan bir EMDR seansının ardından, anıyla çalışmanın henüz bitmediği ve bir sonraki seansta devam edeceği kişiye söylenmelidir. Beynin daha fazla olumsuz çağrışım yapabileceği böylesi durumlarda, danışanın rahatlama egzersizlerini aktif bir şekilde kullanması gerektiği, buna rağmen sorun yaşamaya devam ederse terapistine ulaşabileceği söylenmelidir.

SEKİZİNCİ EVRE
YENİDEN DEĞERLENDİRME

Duyarsızlaştırma ve yeniden işleme terapisi olan EMDR'de tek amaç, rahatsız edici deneyimlerin işlenmesi değildir. Bunun yanında yakınması olan kişilerin duygularında, düşüncelerinde, davranışlarında ve sosyal yaşamlarında olumlu yönde değişimler yaratmaktır. Travmatik deneyimlerin EMDR'yle hedeflenip çalışılmasının teknik olarak bu sonucu doğurduğu bilinse de yapılan çalışmanın kişinin günlük yaşamına nasıl etkileri olduğu araştırılmalıdır. Danışan, işlemenin gerçekleştiği bir seansın sonrasında neler yaşamıştır? Benzer bir durumla karşılaştığında neler hissetmiş ve nasıl tepkiler vermiştir? İşleme sonucunda ortaya çıkan değişim, kişinin içinde yaşadığı sosyal çevreye nasıl yansımıştır? Bir önceki oturumda çalışılan anıyla bağlantılı farklı çağrışımlar ya da yeni anıları var mıdır? Kişinin seans sonrası günlük yaşamında karşılaştığı güçlükler nelerdir? EMDR terapisinde bu sorulara cevap olabilecek "yeniden değerlendirme aşaması", bir önceki seansta çalışılan materyalin tekrar ele alınması ve hafta arasında kişide ortaya çıkan olumlu değişimler ya da hedeflenmesi gereken olumsuz malzemelerin tespit edilmesi amacını taşır. Bu amaca yönelik olarak terapist, her yeni oturumun başında bir önceki seansta çalışılmış anıyı kontrol eder ve etkilerini gözden geçirir. Danışandan hedef olaya tekrar bakmasını ve bu sırada rahatsız edici bir duygu, düşünce ya da bedeninde bir gerginlik olup olmadığını fark etmesini ister. Normal koşullarda yeterince iyi çalışılmış bir deneyim, anı ağlarıyla bütünleşip asimile olacağından bu aşamada rahatsızlık uyandırması beklenmez ve yeniden çalışmayı gerektirmez. Ancak bazen çalışıldığı halde yeterince çözümlenmemiş deneyimlere ait rahatsız edici duygu ya da beden hisleri ortaya çıkabilir ki bu durum, hedef olayla ilgili yeniden işlemeyi gerektirir. Böyle anlarda terapist bir sonraki anıya geçmeden önce, hedef olayla ilgili yarım kalmış çalışmayı devam ettirir. Ancak yeterince çalışıp hedef olayın işlendiğinden emin olduğunda sıradaki anıyla çalışmaya başlayabilir. Dolayısıyla ilk seanstan itibaren başlaması gereken bu evre, sürecin ne kadar etkili olduğunu test ederken hem seansın hem de tüm tedavinin yönünü belirler.

Yeniden değerlendirme, terapistin sadece yeniden işlemeyi gerektirecek malzemeyi tespit etmek için kullandığı bir evre değildir. Bununla beraber bir önceki oturumda gerçekleştirilen çalışmanın sonucu olarak ortaya çıkan ve kişinin sosyal yaşamını daha işlevsel hale getiren yeni farkındalıkları, davranış ve duygu değişimlerini de tespit etmeyi içerir. Eğer yapılan değerlendirme sonucunda danışanın içgörüsü artmış, problem çözme becerileri gelişmiş, olumlu duygular genelleşmiş ve kişinin kendilik algısında kalıcı değişimler ortaya çıkmışsa hedef olayla ilgili başarılı bir çalışmadan söz edilebilir ve bir sonraki anıya geçilebilir. Zaten EMDR seanslarının aralıklı gerçekleştirilmesinin sebebi, bu ilerlemelerin ya da varsa olumsuz gelişmelerin bir değerlendirmesini yapabilmektir. Aksi halde birkaç seans işlenen ve etkileri terapist tarafından sonraki seanslarla izlenmeyen bir travma çalışması, başarısız olabileceği gibi farklı olumsuz sonuçların da doğmasına neden olabilir. İşleme sonrasında ortaya çıkan ve yeniden değerlendirme sayesinde tespit edilen bu olumlu değişimlerin pekiştirilmesi önemlidir. Çünkü terapinin başarısı yalnızca rahatsız edici anıların işlenmesiyle değil, bu işlemeyle birlikte ortaya çıkan olumlu değişimlerin kalıcı hale gelmesiyle de ölçülür.

Tekrar etmek gerekir ki "yeniden değerlendirme evresi", her seansın başında yapılır ve tüm tedavi süreci boyunca devam eder. Bir danışanın EMDR tedavisi ise tüm terapi sürecinin yeniden değerlendirilmesiyle son bulur. Belirgin tek bir travmayla terapiye başvurmuş danışanlarda, değerlendirme evresi için aralıklarla verilen birkaç seans yeterli gelebilir. Ancak karmaşık travması olan ya da ilişkisel travmaya maruz kalmış kişilerde, terapistin sürekli bir kontrolü gerektiğinden, bu süreç çok daha uzun bir zaman alabilir. Belirli seans aralıklarıyla uzun soluklu bir travma çalışması yapılan danışanın tüm tedavi sürecinin değerlendirilmesi önce iki haftada bir, sonra ayda bir ve en son üç ay sonrasına verilen seanslarla sonlandırılabilir. Süreci sonlandırmak amacıyla tedavinin genel olarak değerlendirilmesi, çalışma boyunca işlenen birden fazla anının kontrol edilmesini gerektirir. Terapist hem travmatik anıların işlendiği önceki her bir oturumun değerlendirmesini hem de tüm tedavi sürecinin genel bir değerlendirmesini standart üç yönlü EMDR protokolü üzerinden yönlendirir. Öyle ki farklı protokoller gerektiren sorunlar nedeniyle terapiye başvurmuş danışanların yeniden değerlendirilmesi bile standart EMDR protokolünün kontrolünde ilerler.

EMDR Tedavi Aşamalarının Gözden Geçirilmesi

EMDR, travmatik yaşantıları hedef alan, bu yaşantıların bugünkü izlerini ortadan kaldırmaya çalışan ve gelecekte karşılaşılabilecek benzer durumlara kişiyi hazırlayan bir tedavi yöntemidir. Bu tedavi yöntemi sekiz evreden oluşur. Bu evreler, *"öykü alma ve tedaviyi planlama"*, *"hazırlık"*, *"değerlendirme"*, *"duyarsızlaştırma"*, *"yerleştirme"*, *"beden taraması"*, *"kapanış"* ve *"yeniden değerlendirme"* evreleridir. Birinci ve ikinci evre tedaviyi genel olarak yönetirken sonraki evrelerin her biri, tüm travmatik anılar için ve her tetikleyici için ayrı ayrı uygulanır. Örneğin kompleks travmayla terapiye başvuran bir danışan için *"öykü alma ve tedaviyi planlama"* evresi olan birinci evrede, danışanın şikâyetlerinin ve hayatının ayrıntılı olarak dinlenmesi, bu bilgiler ışığında kişinin EMDR terapisine uygun olup olmadığının değerlendirilmesi ve tedavinin bir planının yapılması (travmatik anıların belirlenmesi başta olmak üzere) yer alır. *"Hazırlık"* evresi olan ikinci evrede, EMDR terapisi için uygunluğu onanan danışanın bilgilendirilmesi, çeşitli egzersizlerle tedaviye hazır hale getirilmesi ve çift yönlü uyarım türünün belirlenmesi yer alır. Dolayısıyla birinci ve ikinci evreler, her bir danışan için terapinin henüz başlarında bir kez uygulanır. Süreç içerisinde güncelleme yapmak, planlamada değişikliğe gitmek mümkün olsa da bu evreler tüm süreci yönetir.

Üçüncü evreden başlayarak sona kadar giden evreler ise her bir travmatik deneyim için ve anılar bittikten sonraki süreçte her bir tetikleyici için uygulanır. Kompleks travmayla başvuran bir danışanın rahatsız edici her deneyimine ait işlenecek materyal, *"değerlendirme"* evresinde belirlenir. *"Duyarsızlaştırma"* evresinde bu materyaller çift yönlü uyarımlar sayesinde işlenir. Anıya ait olumlu inanç ve tutumların geliştirilmesi, *"yerleştirme"* evresinde gerçekleştirilir. Travmatik deneyime ait işlenmemiş bir malzemenin olup olmadığı *"beden taraması"* evresinde kontrol edilir. Başarıyla işlenmiş rahatsız edici her deneyimin ardından danışanın seanstan güvenle ayrılabilmesi için *"kapanış"* yapılır. Ve çalışılan her anı, bir sonraki seansın başında *"yeniden değerlendirme"* evresinde gözden geçirilerek işlemenin etkisi ölçülür. Dolayısıyla bu süreç, her bir travmatik anı için geçilmesi gereken evreleri ortaya koyar. EMDR terapisinde standart olarak izlenmesi gereken yol, aşağıda özet olarak sunulmuştur. Unutulmamalıdır ki sekiz aşamalı EMDR tedavi prosedürüne sadık kalmak yöntemin etkinliği için çok önemlidir.[58]

1. **Aşama (Öykü Alma ve Tedavinin Planlanması)**
   - Öykü alma ve tedaviye uygunluğun değerlendirilmesi
   - Tedavinin planlanması
2. **Aşama (Hazırlık)**
   - EMDR'nin işleyiş mekanizması hakkında bilgi verilmesi
   - Çift yönlü uyarım türünün belirlenmesi
   - Güvenli yer ve çeşitli rahatlama egzersizlerinin uygulanması
3. **Aşama (Değerlendirme)**
   - Hedef olayı temsil eden rahatsız edici bir resim/imaj belirlenmesi
   - Hedef olaya ilişkin negatif inancın belirlenmesi
   - Pozitif inancın belirlenmesi ve geçerlilik (VOC puanı) düzeyinin saptanması
   - Hedef olay/resim ile beraber negatif inancın kişide yarattığı olumsuz duyguların belirlenmesi
   - Duyguların öznel rahatsızlık düzeyinin (SUD puanı) belirlenmesi
   - Beden duyumlarının yerlerinin belirlenmesi

4. **Aşama (Duyarsızlaştırma)**
   - Hedef olay/resim + Negatif inanç + Duygu + Beden duyumu …….. "Bırak gitsin"…..
   - Anı, görüntü, duygu, düşünce, beden duyumu ve ilişkili anı ağlarındaki materyalin işlenmesi
   - Hedef olaya ilişkin rahatsızlığın işleme yoluyla giderilmesi (SUD 0-1 ulaşılması)
5. **Aşama (Yerleştirme)**
   - Hedef olay/resim ile beraber pozitif inancın uygunluğunun ve geçerlilik düzeyinin yeniden değerlendirilmesi
   - VOC puanı "7" olana kadar yerleştirme işleminin yapılması
   - Ortaya çıkan olumlu değişimlerin kısa setlerle pekiştirilmesi
6. **Aşama (Beden Taraması)**
   - Hedef olay/resim ve pozitif inanca odaklanarak tüm bedenin taranması ve rahatsız edici bir beden duyumu olup olmadığının kontrol edilmesi
   - Rahatsız edici hisler varsa yeniden işlemenin sağlanması
   - Rahat beden duyumları varsa birkaç kısa setle pekiştirilmesi
7. **Aşama (Kapanış)**
   - Güvenli yer ya da rahatlama egzersizleriyle olumlu duyguların pekiştirilmesi
   - Oturumun genel bir değerlendirmesinin yapılması
   - Danışanın seanstan güvenle ayrılmasının sağlanması
8. **Aşama (Yeniden Değerlendirme)**
   - Bir önceki oturumda çalışılan anıya ait işleme düzeyinin yeniden değerlendirilmesi
   - Bir önceki oturumda çalışılan anıya ait işlemenin kişinin yaşamına etkilerinin değerlendirilmesi

3. BÖLÜM

STANDART PROSEDÜR VE EMDR PROTOKOLLERİ

11 Aşamalı Standart EMDR Prosedürü

Bir kişi çeşitli şikâyetlerle terapiye başvurduğunda EMDR terapisti, danışandan ayrıntılı bir öykü alarak tedavi planı yapar. Ardından EMDR'nin işleyiş mekanizması hakkında bilgi vererek ve çeşitli rahatlama egzersizlerini kullanarak kişiyi tedaviye hazır hale getirir. 11 aşamalı standart EMDR prosedürü, bu aşamadan sonra devreye girer. Danışan ister yakın dönem bir travmayla ister tek travmatik yaşantıyla ya da herhangi bir semptomla terapiye başvurmuş olsun, her bir travmatik deneyimin işlenmesi sırasında kapanışa kadar nasıl bir yol izlenmesi gerektiğini standart EMDR prosedürü ortaya koyar.

Buna göre izlenmesi gereken yol şu şekildedir:

1. *Hedef Sahne/Resim:* EMDR terapisti, danışandan tüm olayı aklına getirmesini ve olayı temsil eden ya da onu en çok rahatsız eden belirgin bir imge/resim belirlemesini ister. Eğer danışan belirgin bir imge belirlemekte

zorlanıyorsa terapist danışandan tüm olayı aklında tutmasını ister.

2. *Negatif İnanç:* Terapist, olayı düşündüğünde kişinin kendiyle ilgili gerçekçi olmayan negatif inancının ne olduğunu belirlemesine yardımcı olur.
3. *Pozitif İnanç:* Olayı düşündüğünde kişinin kendini nasıl görmek istediğine dair pozitif bir inanç belirlemesi istenir.
4. *Pozitif İnancın Geçerlilik Derecesi (VOC):* Kişinin belirlediği pozitif inancın şu anda "0-7" arası bir ölçekte ne kadar inandırıcı olduğu ölçülür.
5. *Duygu:* Hedef olay ve negatif inancı birlikte düşündüğünde kişinin şu anda hissettiği duygular isimlendirilir.
6. *Duyguların Öznel Rahatsızlık Düzeyi SUD:* Duyguların kişi için "0-10" arası bir ölçekte ne kadar rahatsız edici olduğu belirlenir.
7. *Beden Duyumlarının Yeri:* Olayı düşündüğünde kişinin şu anda bedeninde neler olduğunu fark etmesi istenir.
8. *Duyarsızlaştırma:* Hedef olaya dair şu an hissedilen rahatsızlık düzeyi (SUD) "0" ya da "1" olana kadar rahatsız edici tüm materyalin (görüntü, duygu, düşünce, beden hisleri ve ilgili anı ağlarındaki maladaptif bilgiler) işlenmesi sağlanır.
9. *Yerleştirme:* Hedef olaya dair pozitif inancın yerleştirilmesini içerir. Bu adımda VOC "6-7" düzeyine kadar gelmelidir.
10. *Beden Taraması:* Hedef olayı ve pozitif inancı birlikte düşündüğünde kişinin bedeninde herhangi bir rahatsızlık olup olmadığını kontrol etmesi istenir. Rahatsız edici

beden duyumları varsa işlenir, kişi rahatlık bildiriyorsa pekiştirme işlemi yapılır.

11. *Kapanış:* Danışanın seanstan güvenle ayrılmasını sağlayacak çeşitli egzersizler kullanılır. Bunun yanında, seans sonrasına dair danışan bilgilendirilerek çalışma sonlandırılır.

STANDART ÜÇ YÖNLÜ EMDR PROTOKOLÜ

EMDR terapisinde amaç, sadece geçmiş olumsuz deneyimleri ele almak, bu deneyimlerin yarattığı rahatsızlığı ortadan kaldırmak ve kişinin geçmişle barışmasını sağlamak değildir. Aynı zamanda danışanın günlük hayatını olumsuz etkileyen durumları hedefleyerek bunlarla baş etme kapasitesini artırmak ve gelecekte benzer olumsuz deneyimler yaşandığında alternatif tepkiler geliştirebilmesini sağlamaktır. Bunun için Shapiro, *geçmiş, şimdi* ve *gelecek* üzerinden çok yönlü bir çalışmayı gerektiren *"standart EMDR protokolü"*nü geliştirmiştir. Bu protokol sayesinde EMDR terapisti, kendisine herhangi bir şikâyetle başvuran danışanın bugünkü sorununa kaynak oluşturan ***geçmiş*** travmatik deneyimlerini hedefleyerek işler. Ardından kişinin olumsuz duygu ya da düşüncelerini ***şimdiki zamanda*** tetikleyen geçmişle bağlantılı durumları/kişileri tespit eder ve bunlar üzerinden bir çalışma yürütür. En sonda ise geçmiştekine benzer olumsuz deneyimler yaşanması durumunda, kişinin daha işlevsel tepkiler verebilmesi için bir ***gelecek planlaması*** yapar ve kişi için davranışsal pozitif bir şablon oluşturur. Hem geçmişin hem de şimdinin işlevsel olmayan alanlarını hedefleyen ve daha sonra geleceğin alternatiflerine odaklanan standart üç yönlü EMDR protokolü, danışanın tüm tedavisini yönlendirir.[1] Bu nedenle EMDR terapisti kendisine başvuran kişide neyi hedefliyor olursa olsun geçmiş, şimdi ve gelecek üzerinde çalıştığından emin olmalıdır. Ancak klinik görünüme ve danışanın terapötik ihtiyaçlarına bağlı olarak bu alanların çalışma sırası değiştirilebilir.

Geçmiş Üzerinde Çalışmak (Travmatik Deneyimler)

Danışanlar belirgin bir travmatik yaşantının neden olduğu sorunlarla terapiye başvurabilirler. Bu bir trafik kazası, deprem, bir kayıp ya da taciz yaşantısı olabilir. Terapist, yakın ya da uzak geçmişte ortaya çıkan ve kişinin hayatını işlevsiz hale getiren bu deneyimleri tüm süreci yönetecek olan EMDR protokolü çerçevesinde öncelikli olarak hedeflemelidir. Kişinin sorunlarının başlangıcı olarak görülen geçmiş deneyim işlendikten sonra, şimdiki zaman ve gelecek zaman çalışması da yapıldığında gayet olumlu sonuçlar alınabilir. Ancak bazen durum bu kadar basit olmayabilir. Çünkü çoğu zaman güncel olarak yaşadığımız bir deneyimle ortaya çıksa da bugünkü işlevsiz duygu ve davranışlarımızın kökeninde çocukken maruz kaldığımız olumsuz yaşam deneyimleri vardır. Özellikle kaynağı belli olmayan çeşitli semptomlar ve kaygıyla gelen danışanlarda ya da değersizlik, yetersizlik, sevilmediğini hissetme, kimseye güvenememe gibi daha derinde hissedilen olumsuz duygularla gelen danışanlarda, erken dönem çocukluk yaşantıları çalışılmadan olumlu sonuçlar almak neredeyse imkânsızdır. Bu nedenle EMDR terapisti, kendisine başvuran kişinin sorununu dinlerken bu sorunun hangi çocukluk yaşantılarından kaynaklandığını belirlemeye ve tedavi planını buna göre yapmaya çalışmalıdır. Zira sevgilisi tarafından terk edilen ve bunun yarattığı duyguları aşmakta uzun süre zorlanan bir kişinin erken döneme ait duygusal ya da fiziksel terk anılarının olma ihtimali oldukça yüksektir. Ya da geçirdiği küçük çaplı bir kazanın ardından sürekli ölüm korkusu yaşayan ve evden dışarı çıkamayan birinin çocukluğuna dair kendini tehlikede hissettiği anıları olması neredeyse kaçınılmazdır. Aksi halde çok büyük olmadığı sürece, yaşadığımız olayların olumsuz etkileri zaman içinde kaybolur. Böylelikle bizler ne yaşamış olursak olalım, bir süre sonra yine eski rahat günlerimize hasarsız bir şekilde ulaşabiliriz. Bu, beynimizin uyumlanma yönlü normal bir tepkisidir. Ancak bazen üzerinden zaman geçse bile yaşadığımız olayların etkisinden çıkamayız. Bu, beynin aşırı tepki verdiği durumlarda ortaya çıkar. Aşırı tepki, normal bir tepkiyle bizim tepkimiz arasında bir fark olduğu anlamına gelir. Bu fark ise daha önce öğrendiğimiz şeylere dayanan bir hassasiyetin göstergesidir. İşin özü şudur: Aşırı tepkiye sebep olan şey, genellikle işlenmemiş anı ya da anılardır.[2] Örneğin ailesi tarafından baskıcı bir tutum ve korku içinde yetiştirilen bir yetişkin, yeni çalışmaya başladığı iş yerindeki patronundan, babasına benzer özellikleri olduğu için ölesiye korkabilir. Dahası bu benzerliğin farkındalığına hem duygusal hem de bilişsel düzeyde sahip olmadığı için panikatak ya da daha genelleşmiş bir kaygı bozukluğu geliştirebilir. Böylesi aşırı tepki durumları, terapistin erken dönem anılarına ulaşması gerektiği anlamını taşır. Terapist bunu yaparken kişide açığa çıkan olumsuz inançları, geçmişe uzanan bir köprü olarak kullanır. Bu örnekte geçen kişi için terapist, *"Patronunuzla yaşadığınız son olayı (ya da olayları) aklınızda tutun ve şu an kendinizi nasıl görüyorsunuz bir bakın."* şeklinde bir yönerge yöneltir. Danışan, *"Tehlikedeyim, güvende değilim."* gibi bir cevap verdiğinde, *"Hayatınızda böyle hissettiğiniz ya da kendinizi tehlikede gördüğünüz hangi anılar var?"* gibi bir soruyla bağlantılı geçmiş anıları sorgulamaya girişir. Bu tür bir sorgulama, çoğu zaman terapistin daha fazla çabasını gerektirebilir.

Yine karmaşık (kompleks) travma sonrası stres tepkileriyle terapiye gelen danışanlarda, herhangi bir duygu ya da düşünceyi odak almaksızın, danışanın canını en çok yakan çocukluk deneyimleri araştırılmalıdır. Genellikle çocukluk dönemine ait 20-30 arasında travmatik deneyimin alınması ideal olandır. Kişinin yaşamındaki işlevsizliğin kaynağı olduğu düşünülen bu anılar, belirli bir plan çerçevesinde öncelikli olarak hedeflenmelidir. Ancak çalışmaya başlamadan önce terapist, kişide bıraktığı benzer olumsuz izleri dikkate alarak bu travmatik anıları gruplandırmalıdır. Çünkü kişinin hayata ve kendine bakış açısını şekillendiren ve gittikçe daha yıkıcı duygulara dönüşen bu anılar, çoğu bakımdan birbirine benzerdir. Örneğin herhangi bir şikâyetle terapiye başvuran ve görüşme sonucunda kompleks travma geçmişi olduğu anlaşılan bir danışandan yirmi tane çocukluk anısı alınmış olsun. Bu anılar, birbirinden tamamen bağımsız değildir. Bunlardan yedi tanesi değersizlik, sekiz tanesi kontrol, beş tanesi de güvenlikle ilgili olabilir. Benzer deneyimler aynı anı ağlarında depolandığından birlikte işlemenin etkileri çok daha güçlüdür. Anılara ait bu gruplandırma danışandan alınan olumsuz inançlara göre yapılıyor olsa da terapistin klinik becerisiyle şekillenerek son halini alır. Aynı zamanda hedeflenen anıların en eski olanından yakın zamanlı olanlara doğru kronolojik bir sıralamayla çalışılmasının daha iyi sonuçlar verdiği bilinmektedir.[3] Bunun sebebi, EMDR terapisinde işlenen eski anıların domino etkisi yaratarak kendinden sonraki anılara da duygusal ve bilişsel düzeyde olumlu yansımaları olmasıdır. Yine de beş yaş öncesine ait anıların başlangıç aşamasında çalışılması önerilmez. Çok erken dönem anılar, danışan ancak belirli bir duygu düzenleme (affect regulation) kapasitesine kavuştuktan sonra işlenmelidir. Daha önce de belirttiğim gibi geçmiş travmatik anıların her biri için standart EMDR prosedürü uygulanır. Yani her bir anı için travmatik malzeme işlendikten sonra olumlu inanç yerleştirilir ve beden taramasının ardından çeşitli egzersizlerle kapanış gerçekleştirilir.

Görüldüğü gibi tedavinin başlangıç evrelerinde, danışandan kapsamlı bir öykü alınması ve tedavi planının doğru bir şekilde yapılması oldukça önemlidir. Terapist ancak bu yolla güncel soruna kaynak oluşturan geçmiş anıları hedefleyebilir ve sorunu ortadan kaldıracak müdahaleyi yapabilir. Geçmiş travmatik anılar başarılı bir şekilde işlendikten sonra *"şimdiki zaman"* üzerinde çalışmaya geçilebilir.

Şimdiki Zaman Üzerinde Çalışmak (Güncel Tetikleyiciler)

Bir an için gözlerinizi kapayın ve çocukluğunuzda en sevdiğiniz çizgi filmi izlediğiniz bir anı hayal edin. Filmdeki diyaloglar, çizgi kahramanınızın giydiği kostüm, izlediğiniz sırada soba üzerinde buharı tüten bir çaydanlık, belki annenizin kızarttığı ekmeğin kokusu, belki suyunu akıta akıta yediğiniz bir portakalın tadı, belki de izlerken sarıldığınız bir battaniyenin verdiği sıcaklık hissi, küçük ama huzurlu bir aile resmi ya da kalabalık hoş bir ortamın zihninize kazınmış görüntüsü... Ve tüm bunların şu anda bedeninizde ve ruhunuzda yarattığı hisler, duyumlar...

Sadece tek bir anıya ait olan bu uyaranların her biri, gizli bir potansiyele sahip. Geçmişte hissedilen duyguları, şimdiki zamanda geri çağırma potansiyeli... Çünkü hepsi, anının içeriğini oluşturan farklı parçalar. Bütünleştirilip tam bir anıya dönüştürülse de her biri beklenmedik zamanlarda bedensel, duygusal ya da bilişsel düzeyde hatırlamaya neden olabiliyor.

Bizi mutlu eden anıları çağrıştırabilecek şeylerle karşılaştığımızda bu, hoş bir deneyim olabilir. Ama travmatik deneyimler söz konusu olduğunda anıya ait her bir uyaran, ayrı bir tetikleyiciye dönüşüyor. Üstelik travmatik deneyimler sırasında gerçekleşen depolama işleminin entegrasyondan uzak olduğu düşünülürse tetikleyiciler ayrı bir önem kazanır. İşlenmemiş malzemeler anıyı bir kez tetiklediğinde zaman kaybolur ve "geçmiş" artık "şimdi" olur. Geçmişe ait tüm duygular, düşünceler ve bedensel hisler şimdiki zamana bulaşır ve bizi ele geçirir.

Bu durum, otobiyografik bellekte kayıtlı olan ve kişinin bilinçli olarak hatırlayabildiği deneyimlerde açıktan ortaya çıkar. Örneğin bir uçuş sırasında yoğun türbülans nedeniyle uçak fobisi geliştiren biri için uçak görmek, uçak sesi duymak, havaalanının yakınından geçmek, pervane görmek, kapalı bir alanda bir süre kalmak gibi bir çok uyaran, tetikleyici bir işlev görerek kişinin yoğun korku ve kaçınma tepkisi vermesine neden olabilir. Örtük bellekte izleri bulunan ve çoğu zaman kişinin bilinçli olarak hatırlamakta zorlandığı deneyimlerde ise belli belirsiz ancak güçlü bir his kişiyi içine alıverir. Örneğin çocukluğunda duygusal ya da fiziksel terk deneyimleri olan biri için sevgilisine ulaşamadığı anlar, yalnız kalınan durumlar, kendisinin davet edilmediği arkadaş toplantıları ya da terk deneyimlerini yaşadığı geçmiş figürlere benzeyen kişiler tetikleyici olabilir. Bu uyarıcılarla her karşılaşma, çocuksu duyguların gün yüzüne çıkmasına neden olur ve böylece kişinin işlevsel olmayan duygusal ve davranışsal tepkiler vermesine yol açabilir. Aslında EMDR terapisinde soruna kaynak oluşturan geçmiş deneyimler hedeflendiğinde bugünkü rahatsızlık verici durumlar da büyük oranda ortadan kaybolur. Örneğin biraz önceki uçuş fobisinde travmatik uçuş sahnesinin ya da varsa benzer geçmiş deneyimlerin hedeflenmesi, çoğu zaman kişiyi güncel olarak rahatsız eden uyaranlara karşı da normal tepkiler vermeye sevk eder. Kişi artık uçak sesi duyduğunda, pervane gördüğünde ya da kapalı bir alanda kaldığında uyarılmaz. Bir diğer örneği ele alırsak geçmiş terk deneyimleri yeterince işlenmiş bir danışan yalnız kaldığında, sevgilisine ulaşamadığında ya da bir arkadaş toplantısına davet edilmediğinde artık rahatsızlık hissetmediğini fark eder. Ancak yeterince işlemeye rağmen güncel olarak kişiyi tetikleyen olaylar ya da kişiler olabilir. EMDR terapisti bunu tespit edebilmek için öykü alma aşamasında edindiği bilgileri dikkate alarak kişinin mevcut tepkilerini yeniden değerlendirir. Geçmiş travmatik deneyimle doğrudan ya da dolaylı bir biçimde bağlantılı olan ve kişide rahatsızlık uyandıran mevcut bir durum söz konusu ise bunların işlenmesi gerekir. Bu nedenle EMDR terapisinde standart protokolün ikinci adımı, şimdiki zaman üzerinde çalışmaya ayrılmıştır. Bu adımda mevcut uyaranların her biri, standart EMDR prosedürüyle ayrı ayrı hedeflenir.

Kişiyi güncel olarak tetikleyen ve yaşamını işlevsiz hale getiren kişiler, yerler ya da durumlar öykü alma ve tedavi planının yapıldığı birinci aşamada belirlenir ancak işleme sürecinde ortaya çıkan malzemelere bağlı olarak sürekli güncellenir. Tetikleyicilerin belirlenmesinde, kişinin getirdiği soruna bağlı olarak ortaya çıkan negatif inancın referans alınması gerekir. Örneğin "yetersizim" negatif inancı üzerinden çalışmanın yürütüleceği bir danışanı tetikleyen güncel durumları saptayabilmek için terapist, *"Yetersizim inancınızı hangi durum, kişi ya da yerler tetikliyor, bakar mısınız?"* şeklinde bir soru yöneltebilir. Böylece kişi günlük hayatında olumsuz duygu ve düşüncelerini gün yüzüne çıkaran anları tespit edebilir ve terapist, bunları sonraki bir zamanda çalışmak üzere not edebilir. Terapist, geçmiş anıları çalışıp bitirdiğinde notları arasında bulunan ve daha öncesinde danışana rahatsızlık veren her tetikleyiciyi yeniden kontrol eder.

Danışandan tetikleyiciyi düşünmesini ve herhangi bir rahatsızlık hissedip hissetmediğini fark etmesini ister. Eğer danışan bu kontrol sırasında herhangi bir durum, kişi ya da yerle ilgili rahatsızlık bildirirse terapist güncel bir tetikleyici olan bu uyaranı hedeflemelidir. Tetikleyiciler çalışılırken bununla ilgili yaşanmış tipik bir an seçilebilir. Tıpkı travmatik anıların işlenme prensibinde olduğu gibi tetikleyici durum, yer ya da kişiye dair olumsuz bir imge, negatif inanç, pozitif inanç ve VOC, duygu ve SUD, beden hisleri alınarak çift yönlü uyarımlar aracılığıyla işleme başlatılır. SUD "0-1" olana ve pozitif inanca dair VOC "6-7" olana kadar işleme devam eder. Sonrasında beden taramasıyla kapanış gerçekleştirilir.

Geçmiş travmatik deneyimlerin ardından güncel tetikleyiciler de hedeflenip yeterince işlendikten sonra, standart üç yönlü EMDR protokolünün son adımı olan *"gelecek üzerinde çalışma"*ya geçilebilir.

Gelecek Üzerinde Çalışmak (Gelecek Şablonu Oluşturmak)

EMDR terapisinde kişi terapiye ister tek bir travmatik deneyimin yarattığı duygusal sorunla gelsin ister panik bozukluk ya da takıntılar gibi belirgin bir semptomla gelsin ister kayıp sonrası travmatik yasla gelsin, standart üç yönlü EMDR protokolü sayesinde geçmiş, şimdi ve gelecek üzerinden bir çalışma yürütülür. Geçmiş travmatik deneyimler çalışıldığında ve rahatsız edici materyaller işlendiğinde ortaya çıkan olumlu duygu ve kendilik inançlarının tüm zamanları kapsayacak şekilde zihin tarafından genellenmesi beklenir. Aynı zamanda geçmişte yaşanan travmatik olay sırasında ortaya çıkan sorunlu davranışsal tepkiler yerine kişinin daha rahatlamış bir duygu eşliğinde işlevsel ve alternatif tepki örüntüleri geliştirebilmesi beklenir. Örneğin küçük bir kaza sonucu yaşadığı kaygı bozukluğu nedeniyle aracına binemeyen birinin bu ve besleyici diğer anıları işlendiğinde, kişinin artık kaygı yaşamadan aracına rahat bir şekilde binebilmesi beklenir. Ya da geçmişte başarısızlıkla sonuçlanan en küçük girişimleri bile eleştirilen ve bundan dolayı kendilik algısı "başarısız ve yetersiz biriyim" şeklinde olan birinin bu düşüncesini besleyen çocukluk anıları çalışıldığında kendini yeterince iyi görebilmesi, başarısız olduğu durumları genellemeksizin duruma özgü bir biçimde kabullenebilmesi ve geçmişte kendisine bu şekilde davranan figürlere benzer kişilerle karşılaştığında kaygı hissetmemesi beklenir. Kimi durumlarda bu değişim, kendiliğinden gerçekleşir ancak taciz, tecavüz, ciddi bir kaza ya da uzun süreli şiddete maruz kalma gibi aşırı travmatik deneyimlerde sadece geçmiş anıların ve güncel tetikleyicilerin hedeflenmesi, gelecek zamanı da içine alan olumlu bir kendilik algısını ve alternatif bir tepki örüntüsünü kesin olarak sağlamayabilir. Bu nedenle aşırı travmatik durumlarda standart EMDR protokolünün son adımı olan "gelecek zaman üzerinde çalışmak" büyük bir önem kazanır.

Bu çalışmanın yapılabilmesi için öncelikle gelecekte olması hedeflenen durumun net bir tanımı yapılmalıdır. Hedefin özel olarak tanımlanması, hem tedavinin yönünü belirler hem de ilerlemeyi ölçmeyi sağlar. Örneğin geçmişte taciz deneyimi olan ve yakınlığa karşı hassasiyeti olan birinin karşı cinsle yakınlaşma durumlarında kendini güvende ve rahat görebilmesi ve kaçınmaması, gayet net bir hedeftir. Ya da geçmişte şiddete maruz kaldığı evlerinin sokağından her gün geçmek zorunda olan ve her geçişinde yoğun korku yaşayan birinin bu sokaktan korkusuzca ve rahat bir şekilde geçebilmesi, net bir gelecek hedefidir. EMDR terapisti bu hedef çerçevesinde, danışandan gelecek bir zamanda böyle bir durumla karşılaşırsa neler hissedeceğini ya da nasıl davranacağını hayal etmesini ister. Bunun yanında kendilik algısını olumsuz şekillendiren ve kötü hisler uyandıran geçmiş olayların aktörü kişilerle karşılaştığını da hayal etmesini isteyebilir. Yukarıda bahsettiğim gibi gelecek zamana dair bu değerlendirme sonucunda, bazen danışanlar olumlu bir benlik algısı ve alternatif davranış örüntüsünü çoktan geliştirmiş olabilirler. Kişi geçmiştekinden farklı hissettiğini, bu durumu hayal etmesinin problem yaratmadığını, bir daha böyle bir durumla karşılaşsa daha farklı davranacağını ifade eder. Ancak bazen danışanlar, anılar ve tetikleyiciler çalışılırken yerleştirilen olumlu inancın gelecek zamana tam uymadığını, alternatif tepki örüntüsü geliştiremediklerini ve olumsuz duygular hissettiklerini ifade edebilirler. Bu durum klinisyene, işlenmesi gereken malzeme ve geliştirilmesi gereken pozitif bir şablon olduğu bilgisini verir. Dolayısıyla böylesi bir imajinasyon sayesinde terapist, danışanın işlevsel tepkiler verebilmesini engelleyecek olan inanç, duygu ya da beden duyumlarını gerçek yaşamda henüz karşılaşmadan önce, seans odasında çözümleyebilme fırsatına sahip olur. Bu çalışma sırasında tıpkı önceki adımlarda olduğu gibi olumsuz malzemeler, yine uzun setlerle işlenirken olumlu malzemeler kısa setlerle güçlendirilir.

Gelecek Şablonu Oluşturmak

İnsan beyni, birbirine bağlı yüz milyar nörondan oluşur. Öğrenme, bu nöronlar arasında elektriksel bir akım sayesinde yeni yollar yaratmak ve bu yolları kalıcı hale getirmektir. Yeni bir şey öğrenildiğinde elektriksel sinyaller, hücreler arası küçük boşlukları atlamayı sağlayan nörotransmitterler aracılığıyla diğer nöron gruplarına iletilir. Böylece ilk yolak oluşur. Tekrar, nörobiyolojik yolakların genişlemesini sağlar ve öğrenmeyi kalıcı hale getirir.

Bu bilgilerle birleştirildiğinde bizim için önemli olan şey şudur: Beyin çoğu zaman gerçek olan ile hayal olanı ayırt edemez. Bunun en somut örneği, hipnoza alınan kişilerin mevcut durumu gerçekten yaşıyormuş gibi zihinsel ve bedensel tepkiler vermeleridir. Öyle ki araştırmalar, sadece hayal ederek beyin hücreleri arasında yeni bağlantılar kurulabildiğini gösteriyor. Yani zihinsel canlandırma, beyin tarafından gerçek gibi algılanıyor ve nöronlar ateşlenerek birbirleriyle iletişim kuruyorlar. Sonuçta gerçekten yaşandığı andaki kadar kuvvetli olmasa da nöronal düzeyde bir öğrenme gerçekleşiyor. İmajinasyon ya da hayal, öğrenmeyi kolaylaştıran ekonomik bir yöntem olduğundan performans artırmak için yaygın olarak kullanılıyor. Özellikle sahne sanatçılarının ya da sporcuların başarmaları gereken şeyi imajinatif yollarla zihinlerinde canlandırmaları, nöronları ateşlediği için başarıyı önemli derecede artırabiliyor.

Bu bilgiler ışığında, kişinin gelecekte karşılaşabileceği olumsuz bir durum karşısında nasıl bir reaksiyon alabileceğine dair hayal kurması, önemli katkılar sağlayabilir. Üstelik bu çalışmanın çift yönlü uyarımlar sayesinde işleme yoluyla gerçekleşeceği düşünülürse etkileri hakkında daha fazlasını söylemek mümkün olabilir. Ancak bilinmelidir ki gelecek planlama, terapistin bir müdahalesiyle kişide olmayanı dışarıdan sunması değildir. Tam tersi kişinin kaynağını kendi içsel potansiyellerinden alan, yeterince işleme yapıldığında süreç içerisinde kendiliğinden açığa çıkması beklenen bir değişim aracıdır. Bu, beynin adaptasyon kapasitesiyle ilgilidir. Olumsuz malzeme işlendikçe altta yatan potansiyeller gün yüzüne çıkar. Çünkü beyin, iyi ya da kötü her durumu belirli bir zaman içerisinde sindirmek, çözüm üretmek ve sorunları aşmak üzere tasarlanmıştır.

Hem gelecekte karşılaşılabilecek potansiyel zorlukları hedeflemeyi hem de imajinasyon ve işleme yoluyla olumlu davranışlar geliştirmeyi amaçlayan bu adımda, arzu edilen davranışların yer aldığı bir senaryo, danışanla birlikte yazılır. Bu senaryoda olumlu ya da olumsuz bir dil kullanılmaksızın daha öncesinde işlenen tetikleyicilere yer verilir. Sonrasında terapist birlikte oluşturulan bu hikâyeyi, nötr bir ifadeyle danışana sakince okur. Tetikleyiciler de dâhil olmak üzere tüm hikâye boyunca karşılaşılan güçlüklerin kolayca aşılması ve arzu edildiği gibi danışanın her bir adımı rahat bir şekilde tamamlaması beklenir. Hikâyenin bir bölümünde danışan takılır ve rahatsızlık bildirirse işleme başlar ve rahatsızlık ortadan kalkana kadar devam eder. Bundan sonrası önemlidir çünkü terapist, her bildirilen rahatsızlık durumunu işledikten sonra hikâyeyi yeniden başa alır. Hikâye ilerlerken başka bir bölümde rahatsızlık ortaya çıkabilir. Terapist oradaki olumsuz materyali de işler. Sonrasında hikâyeyi tekrar yeni baştan alır. Bu durum, danışan hiçbir rahatsızlık duymadan hikâyenin tamamını bitirene kadar devam eder.

Kaynak Yerleştirme

Bazen danışan hikâye içerisinde geçen olumsuz durumları aşmak için gerekli olan kaynağı şu an için kendinde göremeyebilir. Örneğin istemediği şeylere karşı çıkmayı ve "hayır" diyebilmeyi arzulayan biri, hikâyeye yerleştirilen böyle bir sahnede, olumlu tepkiyi imajine edemeyebilir. Bu durumda terapist "hayır" diyebilmek ya da kendi sınırlarını koruyabilmek için o sahnede neye ihtiyacı olduğunu danışana sormalıdır. Terapist, *"Bu zorlukla baş edebilmek için neye ihtiyacınız var?", "Bununla mücadele edebilmek için nasıl bir özelliğiniz size yardımcı olur?"* ya da *"Hangi özelliğe sahip insanlar sizce bu durumlarla baş edebiliyor?"* gibi sorular yöneltebilir. Danışan duruma bağlı olarak güce, öz güvene, kararlılığa ya da kendilik değerine ihtiyaç duyduğunu söyleyebilir. Kişinin ihtiyaç duyduğu şey, içsel bir durumla ilgili olmalı yani kendilikle ilgili bir şeyi ifade etmelidir. Para, yetenek, olmayan bir beceri gibi kendiliğe dâhil edilemeyecek bir kaynak seçmek hatalıdır. Böyle durumlarda kişiye içsel bir kaynak seçilmesi gerektiği söylenmelidir. Danışanın verdiği cevaba göre kişinin ihtiyaç duyulan kaynağı geçmişte kullanabildiği bir anı hatırlaması istenir. Bu yolla terapist, beklenen tepki örüntüsünü gerçekleştirebilmek için ihtiyaç duyulan kaynağı, kişinin kendi potansiyellerini kullanarak sağlamayı amaçlar. Böylece kişi geçmişte güçlü, kararlı, öz güvenli ya da kendilik değerinin yüksek olduğu bir anıyı seçer. Terapist danışandan bu anıyı gözünde canlandırmasını, kendini o sahnede nasıl gördüğünü, nasıl hissettiğini hayal etmesini ve bu sahnenin şu anda yarattığı duyguları ve beden duyumlarını fark etmesini ister. Bu sahnede var olan ve şimdiki zamanda ihtiyaç duyulan kaynağa vurgu yaparak imajinasyonu devam ettirir. Bu kaynağın bedensel bir his ya da zihinde bir düşünce olarak somutlaştırılması iyi sonuçlar verir. Sonrasında terapist, kaynağı şimdiki zamanda kullanması için danışanı teşvik eder. Bu sırada kullandığı çift yönlü uyarımlar sayesinde pekiştirme işlemine devam eder.

Kimi zaman ihtiyaç duyulan içsel kaynak, kişinin kendi potansiyelleriyle sağlayabileceği bir şey değildir. Kişi o kaynağın yer aldığı geçmiş bir anı bulamayabilir. Bu durumda terapist, ilişkili bir kaynak ya da sembolik bir kaynak araştırır. "İlişkili kaynak" kişinin kendinde şimdilik bulamadığı ancak başka birinden benliğine adapte edebileceği durumları tanımlarken "sembolik kaynak" ihtiyaç duyulan şeyin bir çizgi film kahramanından ya da film sahnesindeki sevilen bir aktörden sağlanabileceği durumları tanımlar. Terapist, *"Buna sahip olduğunu düşündüğünüz bir yakınınız ya da sevdiğiniz bir oyuncu ya da çocukluğunuza dair bir çizgi film karakteri var mı?"* şeklinde bir soruyla danışanı yönlendirir. Danışan babasının ya da sevdiği bir arkadaşının bu özelliğe sahip olduğunu ya da izlediği bir sahnede sevdiği bir aktörün, çizgi film kahrmanının bu özelliğe sahip olduğunu söyleyebilir. Sonuç olarak kişi, özdeşim kurabileceği ve ondaki özellikleri içselleştirebileceği bir kaynak bulur. Terapist bunu işleme yoluyla içsel bir kaynağa dönüştürür ve bu şekilde sorunlu sahneyi yeniden değerlendirir. Danışanlar yeteri kadar kaynak çalışması yapıldığında çoğunlukla hikâyede takıldığı yerleri güçlü bir biçimde aşmayı başarabilir.

Kaynak yerleştirme, tetikleyicilerin çalışıldığı durumlar ya da tedavi sürecinin sonunda güçlendirme yapmak için kullanılabileceği gibi duyarsızlaştırma evresinde karşılaşılan bir güçlüğü aşmak için ya da geçmiş travmatik deneyimleri henüz çalışılmaya başlamadan kişiyi hazır hale getirmek için de kullanılabilir. Özellikle kompleks travma geçmişi olan danışanlarda, daha erken evrelerde "kaynak yerleştirme" çalışması yapmak sürecin daha iyi ilerlemesine katkı sağlar.

Gelecek zamanla ilgili çalışmanın bu adımı da başarıyla geçildiğinde standart EMDR protokolü tamamlanmış olur. Böylece terapi süreci son bulmaya doğru adım adım ilerler.

EMDR TERAPİSİNDE ÖZEL DURUMLAR İÇİN GELİŞTİRİLEN PROTOKOLLER

EMDR terapisi, ortaya çıktığı 1980'li ve 90'lı yıllarda henüz çok yeniydi. Shapiro bu yöntemi, travma sonrası stres bozukluğu (TSSB) yaşayan insanların acılarını hafifletmek amacıyla kullanıyordu. Hatırlandığında çok acı veren ve TSSB tepkileri yaratan anılar, EMDR terapisiyle hedeflendiğinde kişiler artık acı çekmediklerini bildiriyorlardı. Bir süre sonra bu anıları tekrar hatırlamaları istendiğinde rahatlık halinin devam ettiğini söylüyorlardı. Bu haliyle davranışçı modelde kullanılan maruz bırakma ve duyarsızlaştırma ilkeleri esas alınıyor olsa da çift yönlü uyarımların kullanılması, önemli bir fark yaratıyordu. Ancak her yeni terapi modelinde olduğu gibi EMDR terapisinin de gelişmek için bir dayanak noktasına ve genelgeçer bir model sunmak için standardizasyona ihtiyacı vardı. Bu süreçte Shapiro tarafından 11 aşamalı standart EMDR prosedürü tanımlandı. Bu prosedür, her bir travmatik olayla ilgili çalışmanın esaslarını ortaya koyuyordu. Bunun yanında yapılan birçok çalışma,

EMDR terapisinde sadece geçmiş anıları ele almanın yeterli olmadığını gösteriyordu. Bu ihtiyaç doğrultusunda, standart üç yünlü EMDR protokolü geliştirildi. Bu protokol, *geçmişle* birlikte *şimdiki zaman* ve *gelecek zamanı* da içine alan bir çalışmayı gerektirdiğinden daha kesin sonuçlar alınmasını sağlıyordu. Böylece EMDR terapisi, hem klinik sonuçların gözlenmesi hem de deneme yanılma yöntemiyle gittikçe daha standart bir uygulama haline getirildi. Özellikle müdahale seçeneğinin fazla olmadığı TSSB'li kişilerde EMDR terapisinin sağladığı başarı, daha çok uzmanı bu tekniği öğrenmeye teşvik etti. Birçok klinisyen, danışanlarına uygulamak üzere EMDR terapisi uygulayıcı eğitimine katılmaya başladı. Bu gelişmeler yaşanırken EMDR terapisinin sadece TSSB'li kişilerde değil, başka ruhsal sorunlar yaşayan kişilerde de kullanılabileceği fikri çok uzak gelmiyordu. Bunun sebebi, tüm ruhsal sorunların kaynağında küçük ya da büyük, geçmiş travmatik deneyimlerin yer alıyor olmasıydı. Bu dayanak noktası, EMDR terapisinin kullanıldığı problem alanlarının genişlemesine yol açtı ve "standart EMDR protokolü" çeşitli problem alanları için de kullanılmaya başlandı. Ancak sırasıyla *geçmiş anılar*, şimdiki zamanda ortaya çıkan *tetikleyiciler* ve gelecek zamanda gelişebilecek olası durumlara karşı *pozitif şablon* oluşturmak, her durum için istendik sonuçları vermeye yetmedi. Bazı özel durumlar, standart protokol dışında farklı bir yol izlemeyi gerektiriyordu. Böylece EMDR terapistleri, EMDR terapi ilkelerinin sınırları içinde ancak standart protokolün dışına çıkan farklı yollar denemeye başladılar. Alınan klinik sonuçlar olumlu yönde olunca bu çalışmalar genişledi ve farklı problem alanları için özel durum protokolleri geliştirildi. Şu anda standart EMDR protokolü dışında özel durumlar için geliştirilen ve yaygın olarak kullanılan protokoller, "Tek Travmatik Olay Protokolü", "Yakın Zamanlı Travma Protokolü", "Güncel Kaygı

Protokolü", "Fobi Protokolü", "Aşırı Yas Protokolü", "Kronik Ağrı Protokolü", "İleriye Dönük Kaygı Protokolü", "Dürtü Kontrol Protokolü" ve "Performans Geliştirme Protokolü" olarak listelenebilir. Aslında her geçen gün yeni ortaya çıkan veriler ışığında, mevcut protokoller üzerinde değişiklikler yapılıyor ve farklı özel durum protokolleri geliştirilmeye devam ediliyor. Ancak burada saydıklarım, yaygın olarak kullanılan ve etkileri kesin olarak görülen protokollerdir.

EMDR terapisinde kullanılan protokoller, terapistin seanstaki uygulamaları için teorik bir zemin oluşturur. Ayakları bu zemine sağlam basan bir klinisyen, seans içinde yolunu kolay kolay kaybetmez. Bu açıdan bakıldığında teorik olmadan pratik olmaz. Ancak bilinmelidir ki çoğu zaman teorik, tek başına pratiğe yetmez. Bu nedenle EMDR terapisindeki uygulamalar, yeniliklere açık ve sınanabilir adımlardan oluşur. Dolayısıyla her ne kadar terapistin yol haritasını belirlese de protokole dair bu adımlar, kutsal kitabın emirleri gibi değiştirilemez değildir. EMDR terapisti temel ilkelerle uyumlu olmak koşuluyla, danışanın getirdiği problemi dikkate alarak yeniliklere açık olmalı ve danışanın terapötik ihtiyaçlarına bağlı olarak seans içinde her an spontan değişiklikler yapabilmelidir. Zaten EMDR terapisini diğer terapi modellerinden ayıran en önemli özelliklerinden biri de danışan odaklı bir yaklaşım olarak bu esnekliği sağlamasıdır.

EMDR terapisti, yaşanan sorunla birlikte kişinin terapiden beklentisini ve terapötik ihtiyaçlarını dikkate alarak vakayı formüle eder. Bu formülasyon hem öykü alma aşamasında nelere odaklanması gerektiğini hem de standart protokolle birlikte başka özel durum protokolü kullanıp kullanmayacağını belirler. Öykü alma ve hazırlık aşamasının ardından terapist, formülasyona uygun şekilde hangi protokolü kullanması gerektiğine karar verir ve çalışmaya başlayabilir. Ancak vakayı nasıl formüle ederse etsin ve hangi özel durum protokolünü kullanırsa kullansın, birkaç istisna dışında standart protokolü sürecin içerisine dâhil etmelidir.

Bu bölümde yer alan özel durum protokolleri, ağırlıklı olarak Francine Shapiro'nun yayımladığı *Göz Hareketleriyle Duyarsızlaştırma ve Yeniden İşleme (EMDR) Terapisi, Temel Prensipler, Protokoller ve Prosedürler* kitabından ve başka kaynaklardan yararlanılarak yazılmıştır.

Tek Travmatik Olay Protokolü

Güncel bir olaya normalin dışında verilen duygusal ve davranışsal tepkiler, köklerini geçmiş travmatik deneyimlerden alır. Ancak bazı deneyimler vardır ki geçmişte hiçbir karşılığı olmasa da insan ruhunu derinden yaralar ve duygusal bir dengesizliğe neden olur. Kişi bu tarz bir deneyim yaşadığında, olayı ve olayla ilgili kişileri düşünmeden edemez. Olaya dair sahneleri kontrol edemediği bir biçimde yeniden yaşar. Zihni sürekli bununla meşgul olduğundan kişi olayla bağlantılı rüyalar görmeye başlar. Bir çeşit travmayı aşmak için bilinç dışı ortaya konulan bu tepkilerin her biri, travmanın etkilerini daha da derinleştirir. Böylece daha hassas ve kırılgan bir yapı ortaya çıkar ve kişi bu durumun yarattığı olumsuz duygulardan kaçınmak için işlevsel olmayan bazı davranış şekilleri geliştirebilir. Yaşanan olaya bakıldığında ortaya çıkan sonuç normal görünebilir ancak işlevselliği bozan ve TSSB tepkilerine dönüşen bu durum klinik bir müdahale gerektirir.

Standart EMDR protokolü dışında farklı bir yola ihtiyaç duyulan böylesi durumlarda, "Tek Travmatik Olay" protokolü uygulanır. Buna göre sırasıyla takip edilmesi gereken adımlar şu şekildedir:

1. Travmatik anı ya da anıya dair net bir imge
2. Travmatik anı yeniden yaşama görüntüsü (Bu görüntü, travmatik olay anından ya da olayı temsil eden resimden farklı olabilir)
3. Rüyalar ya da tekrar eden kâbus sahneleri
4. Travmatik anıyı ya da rahatsızlığı tetikleyen durum, olay ya da kişiler

İşten eve geldiğinde kocasını bir başka kadınla yatakta gören bir danışanım kesinlikle TSSB belirtileri göstermiyordu. Böyle bir ilişkide olmak istemediğine karar vermiş ve eşinden ayrılma yönünde girişimlerde bulunmuştu. Genel olarak oldukça sağlıklı bir çocukluk geçmişi vardı. Bu olayla ilgili ya da bağlantılı olarak çalışılabilecek hemen hiç anısı yoktu. Ancak olay onu derinden sarsmıştı ve hafızasına mühürlenen görüntüyü *flashback*'lerle yeniden yaşıyordu. Rüyalarının içeriği bu olayla ilişkiliydi. İş çıkışı eve doğru yol aldığında, yaşadıklarına benzer bir hikâye duyduğunda ya da eşinin sevgilisini anımsatan biriyle karşılaştığında duyguları gün yüzüne çıkıyor ve zihni bulanıyordu. Sonuç olarak günlük hayattaki işlevselliği önemli derecede bozuluyordu. Dolayısıyla böyle bir danışan için standart protokolü uygun görmedim ve *"Tek Travmatik Olay Protokolü"* uygulamaya karar verdim. Kısa sürede travmatik malzeme işlendi ve danışan normal yaşantısına geri döndü. Uyguladığım protokolde yer almasa da bu danışanımla gelecekte karşılaşabileceği durumlar için pozitif bir tepki örüntüsü geliştirdiğimizi de belirtmek isterim. Dolayısıyla standart üç yönlü EMDR protokolünün geniş bir perspektifte terapi sürecine rehberlik ettiğini de söylersek yanlış olmaz.

Yakın Zamanlı Travma Protokolü

Travmatik anıların işlenmesi, çoğunlukla standart EMDR protokolüyle anının rahatsız edici tek bir bölümüne odaklanmayı gerektirir. Danışandan tüm olayı temsil eden bir resim/imge seçmesi istenerek işlemeye oradan başlanır. İşleme ilerledikçe anı ağlarında depolanmış bilgi açığa çıkar ve anının diğer parçaları da sürece dâhil olur. Böylelikle travmatik olay, tüm yönleriyle işlenmiş olur. Dolayısıyla temsil gücü olan resim, travmanın tamamını uyarıcı bir işlev görür. Üzerinden zaman geçmiş rahatsız edici deneyimler için durum böyledir. Ancak yakın zamanda yaşanmış olayların yalnızca tek bir bölümüne odaklanmak, anının tamamını uyarmaya yetmeyebilir. Bunun sebebi, travmatik deneyime ait parçaların henüz birbirlerinden tamamen kopuk olmalarıdır. Parçaların birbirini çağrıştıracak kadar bütünleşebilmesi için yaşanan olayın ardından kesin olmasa da iki üç aylık bir süreye ihtiyaç vardır. Bu süre, tam bir entegrasyondan uzak olsa da anıya ait parçaların birbirini tetikleme potansiyeline ulaşmasını sağlar. Bu nedenle üzerinden yeterince zaman geçmemiş travmatik olaylar için standart protokolden farklı bir uygulama imkânı sağlayan *"Yakın Zamanlı Travma Protokolü"* kullanılır. Bu yöntem, bir terapi modalitesinden ziyade, psikolojik ilk yardım müdahalesi olarak düşünülmelidir.[4]

Bu protokolü uygulamaya karar vermiş bir EMDR terapisti, ilk olarak danışandan tüm olayı ayrıntılı bir şekilde anlatmasını ister. Bu sırada uygulanan çift yönlü uyarımlar, hem danışanın duygusal stabilizasyonunu hem de anının eksik kalan kısımlarını hatırlamasını sağlar. Danışan olayın ayrıntılarını anlatırken terapist, travmatik sahnelerin tamamını (örneğin birkaç hafta önce ciddi trafik kazası geçiren bir danışan için arabanın üzerine doğru geldiği an, çarpışma anı, yaralı insanların görüntüsü, ambulans sesleri vb.) ayrı olarak not eder. Bu sahnelerin her biri, bütün bir olayın parçaları gibi değil de ayrı travmalar gibi değerlendirilir. Dolayısıyla her bir sahne, baştan sona standart EMDR prosedürüyle (resim - negatif inanç - pozitif inanç ve VOC - duygu ve SUD) hedeflenir. Ancak beden taraması, tüm hedefler işlenip bitirilene kadar yapılmamalıdır. Yakın zamanlı travma protokolünde ilk olarak anının en rahatsız edici bölümü, sonra da diğer sahneler kronolojik bir sıralamayla hedeflenir. Sahnelerin işlenmesi sırasında danışanın getirdiği çağrışımlar travmatik olayla ilgili olursa EMDR terapisti müdahalede bulunmadan çift yönlü uyarımları sürdürür. Ancak danışanın getirdiği çağrışımlar, travmatik olayla bağlantılı değilse kişi hedef sahneye döndürülerek negatif inançla birlikte işleme yeniden başlatılmalıdır. Standart protokolden farklı olarak bu protokolde, danışanın hedef sahneye sık sık dönmesi istenerek SUD kontrol edilmelidir. Ancak unutulmamalıdır ki yakın zamanlı travma protokolünde SUD düzeyinin "0" olması danışanın hedef sahneye hiç rahatsızlık duymadan bakabilmesi değil, sakinliğini koruyarak bakabilmesidir. Travmatik sahnelerin tamamı çalışıldığında danışandan tüm olayı baştan sona bir sinema perdesinde izler gibi zihninde canlandırması istenir. Bu işlem, daha yüksek düzeyde odak sağlaması için gözler kapalıyken gerçekleştirilir. Görselleştirme sırasında danışan rahatsız edici bir malzeme bildirirse EMDR terapisti, yeni ortaya çıkan bu malzemeyi işler. Yeterince işleme gerçekleşip danışan artık rahatsızlık bildirmediğinde bu kez pozitif inanç eşliğinde tüm olayın zihinde canlandırılması istenir. Bu işlem gözler açık bir biçimde gerçekleştirilir. İşlem sırasında danışan herhangi bir olumsuz durum bildirmiyorsa beden taraması evresine geçilebilir. Birbirinden kopuk ayrı deneyimler gibi duran sahnelerin başarılı bir şekilde işlenmesi, anıyı bütünleştirir. Böylece travmatik deneyim anı hafızasında normal yaşantılar gibi yerini alır.

Yakın zamanlı travmatik olayların EMDR terapisiyle işlenmesinde sırasıyla takip edilmesi gereken adımlar şu şekildedir:

1. Tüm olayın danışan tarafından anlatılması
2. Anının en rahatsız edici bölümünün hedeflenmesi
3. Anının diğer rahatsız edici sahnelerinin kronolojik olarak işlenmesi
4. Danışanın gözleri kapalıyken tüm olayı baştan sona görselleştirmesi ve varsa rahatsız edici malzemenin işlenmesi
5. Danışanın olayı gözleri açıkken görselleştirmesi ve pozitif inancın yerleştirilmesi
6. Beden taramasının yapılması
7. Güncel tetikleyicilerin çalışılması

Bayram tatili sonrasında İstanbul'a dönmekte olan bir danışanım, yolda travmatik bir olaya tanık olmuştu. Yanından geçen aracın karıştığı ve henüz birkaç dakika önce gerçekleşmiş kaza yerine ulaştığında, manzara oldukça kötüydü. Dahası travmatik deneyimin şiddetini artıracak şekilde, yaralılara ilk yardımda bulunmak zorunda kalmıştı. Olayın üzerinden iki hafta geçmiş olmasına rağmen kaza sahnelerininin sürekli gözünde canlandığından, sebepsiz yere yoğun kalp çarpıntıları olduğundan ve gece kâbusları nedeniyle uykusuzluk yaşadığından yakınarak terapiye başvurdu. Yakın zamanlı travma protokolünü uygulamayı uygun gördüğüm bu danışanımla 100 dakikalık iki EMDR seansı gerçekleştirdik. Tüm travmatik sahnelerin ayrı ayrı hedeflendiği seansların sonunda kişi, olayın kendisine artık rahatsızlık vermediğini şaşırarak bildirdi. Sonraki değerlendirme seanslarında semptomlarının tamamen ortadan kalktığını ve başka herhangi bir şikâyeti olmadığını söyledi. Böylece terapi sürecini başarılı bir şekilde sonlandırdık. Böylesi yakın dönem travmalarında, özellikle geçmiş deneyimlerin hedeflenmesini gerektiren özel durumlar yoksa EMDR tedavisi kısa sürede etkili sonuçlar verir.

Güncel Kaygı Protokolü

Bazı danışanlar, belirgin bir travmatik yaşantı belirtmeksizin güncel olarak yaşadıkları bir kaygıyla terapiye başvururlar. Aslında güncel kaygı durumları, geçmiş travmatik deneyimlerimizle bağlantılı olay ya da kişiler tarafından tetiklenirler ancak bazen özel durumlar söz konusu olabilir. Böylesi özel durumlarda kişinin içinde bulunduğu kaygı durumu, bozukluk olarak nitelendirilemeyecek kadar düşük olsa da günlük hayattaki işlevselliği etkileyecek kadar yüksek düzeydedir. Geçmiş travmatik anıların çalışılmasını gerektirmeyen bu tarz durumlarda EMDR terapisti, ilk olarak kaygının ne olduğunu, bu kaygıyı başlatan nedeni/anıyı ve arzu edilen tepkiyi belirlemelidir. Sonrasında bunların her birini sırasıyla hedefleyip süreci sonlandırmalıdır.

Geçmiş travmatik deneyimlerden kaynak almayan güncel kaygı durumlarının EMDR terapisiyle işlenmesinde sırasıyla takip edilmesi gereken adımlar şu şekildedir:

1. İlk anı
2. Kaygıya neden olan uyaranın en sonuncusu ya da en tipik olanı
3. Arzu edilen davranışın gelecek planlamasıyla çalışılması

Bir e-ticaret firmasında çalışan erkek danışanım sorumlu olmadığı bir hata yüzünden amirinin kendisine kızması sonucunda kaygılı biri olmaya başladığı gerekçesiyle terapiye gelmişti. Kendisinin de bulunduğu toplantılarda amirinin zaman zaman çalışanlarına öfkeli ve suçlayıcı bir şekilde davrandığını söylüyordu. Bu kaygının işteki performansını ve sosyal hayattaki işlevselliğini bozduğunu bildirmişti. Standart EMDR protokolü çerçevesinde, yaşadıklarını düşündüğünde kişinin neler hissettiğini ve kendini nasıl biri olarak gördüğünü (negatif inanç) belirleyerek bağlantılı geçmiş travmatik anıları bulmaya giriştim. Ancak danışanın yaşadığı kaygı çok yoğun değildi ve geçmişten bağımsız olarak güncel bir kaygı izlenimi veriyordu. Bundan dolayı danışanın kaygı yaşamasına neden olan amiriyle yaşadığı ilk sahneyi hedefleyerek çalışmaya başladım. Çeşitli çağrışımlar aracılığıyla bağlantılı benzer deneyimlere ait malzemeler de işlendiğinde ilk anının SUD düzeyi "0" oldu. Ardından başarılı bir yerleştirme sonucunda VOC kısa sürede "7"ye yükseldi. Kişiyi tetikleyen birkaç uyaran standart prosedür kullanılarak işlendikten sonra olası davranışlar üzerine bir çalışma gerçekleştirdik. Çalışma sonucunda, kişinin kaygıları tamamen ortadan kalktı. Sonrasında yaptığım bir değerlendirme seansında da kişinin duygularında olumsuz yönde herhangi bir değişiklik gözlemedim ve terapi sürecini sonlandırdım.

Fobi Protokolü

Fobi, belirli bir nesne (örümcek, kedi vb.) ya da durumun (uçağa binme, asansörde kalma vb.) kişide yarattığı yoğun korkuya verilen addır.[5] Fobik bozukluk yaşayan bireyler, korku hissettiği nesne ya da durumdan kaçmaya yönelik yoğun bir çaba sarf ederler. Kaçılamayan her durumun travma olması bir yana, fobik nesneyle karşılaşma düşüncesi bile travmatik bir deneyim olarak hafızada yerini alır. Özellikle durumla ilişkili fobiler, kişinin doğrudan katılımını gerektirdiği için (uçağa binmek, asansörde kalmak) daha travmatik izler bırakabilir. Diğer taraftan fobilerin bir kısmı direkt olarak travmatik yaşantılarla ilgilidir. Kişi, korku duyduğu nesne ya da durumla ilgili olumsuz bir deneyim yaşadıktan ya da böyle bir deneyime tanık olduktan sonra fobik reaksiyon geliştirmiş olabilir. Kökeninde saptanabilen belirgin travmatik yaşantıların ve sonrasında kaçınmayla oluşan travmatik korku deneyimlerinin olduğu böylesi durumlarda, EMDR terapisi iyi bir seçenek gibi görünmektedir. Ancak bazen fobiler davranışsal bir öğrenme modeliyle ortaya çıkmazlar. Öyle ki çoğu zaman korku, korkulan nesne ya da durumla doğrudan ilişkili olmayıp simgesel bir anlam taşıyor olabilir. *Gidenin Ardından* isimli kitabında Vamık Volkan, bu durumu şöyle özetler:

... "Dr. Wolpe, basit bir anlatımla bir kişi köpeklerden korkuyor ise bunun geçmişte köpeklerle ilgili korkutucu bir deneyiminden kaynaklandığına inanmaktaydı. Ben ise bu kişinin köpekten korktuğunu bilmekle beraber, köpeğin bilinç dışı ve bastırılmış başka korkuları temsil edip etmediğinin araştırılması gerektiğine inanıyorum."

Bir psikanalist olarak Vamık Volkan, sembol dilini çözümlemeye çalıştığı bu vakalarda şüphesiz analitik psikoterapi ilkelerinden yararlanıyordu ve uzun süreli tedaviler yürütüyordu. Peki EMDR terapisi bu durumda nasıl bir yol izlemeyi gerektirir? Kaynağın net bir biçimde belli olmadığı, başka bir şeyi temsil etme potansiyeli olan böylesi fobilerde EMDR terapisi kullanılabilse de durum diğerine göre biraz daha karmaşıktır. Çünkü doğrudan korkulan nesne ya da durumla ilgili travmatik deneyim arayışına girişmek ya da kaynak anıları çalışmadan yalnızca travmatik korku deneyimlerini çalışmayı planlamak, terapisti hatalı bir formülasyona götürür. Vakayı doğru formüle edebilmek için yalnızca fobik nesneyi temel alan dar bir bakış açısı yerine nesnenin ya da durumun kişide uyandırdığı duygu ve negatif inanç üzerinden geçmiş travmatik yaşantıların tespit edilmesi gereklidir.

Kedi fobisiyle terapiye gelen bir danışanımın kedi ve benzeri hiçbir hayvanla geçmiş travmatik bir deneyimi bulunmuyordu. Hatırlayabildiği kadarıyla kediyle ilgili kötü herhangi bir olaya da tanık olmamıştı. Öykü alma ve hazırlık aşamasında, kişinin yaşadığı korkuyla örtüşen geçmiş hikâyelerin varlığı dikkatimi çekmişti. Geniş bir aile ortamında büyüyen bu danışanım, sürekli bir biçimde dedesinin onda yarattığı korkular ve tehlikede olma düşünceleriyle mücadele etmek zorunda kalmıştı. Hatta korku nesnesi olan kediyi kişileştirdiğimizde doğrudan dedeye ait özellikler göze çarpıyordu. Kedilerin onda yarattığı duygu, negatif inanç ve beden hisleri de bu benzerliği kesin bir biçimde doğruluyordu. Bu nedenle vakanın planlamasını yaparken dedeyle ilgili travmatik korku deneyimlerine öncelik vermeyi düşündüm. Sonrasında diğer kaçınma deneyimlerini hedeflemeye karar verdim. Böylece süreç, başarılı bir şekilde ilerledi. Aksi şekilde planlanan bir çalışmayla ilerlemek mümkün olmazdı.

İster belirgin bir korku deneyiminden kaynak alsın ister sembol niteliği taşıyan fobik bir durum olsun, EMDR terapisinde kullanılan "fobi protokolü" doğru bir planlamayla danışanların korkularını gidermeye yarayan eşsiz bir fırsat sunar. Burada önemli olan nokta, danışanda oluşan fobinin fobik nesne ya da durumla ilgili travmatik bir olayın sonucu olarak mı yoksa alakasız gibi görünmesine rağmen negatif inanç, duygu ya da beden duyumu açısından bağlantılı olan başka olay/olaylarla mı ilgili olduğudur. Her iki durumda da öz denetim prosedürlerinin öğretilmesinin ardından danışanın getirmiş olduğu fobik durumla bağlantılı geçmiş anılar çalışılır. Sonra sırasıyla ilk anı, en kötü anı/anılar ve en yakın anı işlenir. Ardından güncel tetikleyiciler ve korkunun tüm fiziksel duyumları ayrı olarak hedeflenir. Daha sonra tüm tetikleyicilerin yerleştirildiği bir gelecek şablonu oluşturularak danışanın tüm olayı zihninde canlandırması istenir. Bu canlandırma sırasında ortaya çıkan rahatsız edici durumlar işlenirken, kişi hikayenin sonuna rahatsızlık bildirmeden gelebildiğinde kapanışa geçilebilir.

Fobilerin EMDR terapisiyle işlenmesinde sırasıyla takip edilmesi gereken adımlar şu şekildedir:

1. Öz denetim prosedürünün danışana öğretilmesi (güvenli yer, ışık hüzmesi, nefes egzersizleri)
2. Fobiye katkıda bulunan geçmiş olaylar ve bağlantılı olaylar
3. Korkunun ilk hissedildiği anı
4. En rahatsız edici anı/anılar
5. Korkunun hissedildiği en yakın anı
6. Güncel tetikleyiciler
7. Korkunun tüm fiziksel duyumları ve belirtileri
8. Gelecek için pozitif şablon oluşturma
9. Tüm olayları zihinsel olarak canlandırma ve rahatsızlık olursa yeniden işleme

Kişinin doğrudan katılımını gerektiren fobik durumlar, bu protokol sayesinde çalışılıp bitirildikten sonraki bir ay içerisinde deneyimlenmelidir. Örneğin uçak fobisi çalışılan bir danışandan tedavi bittikten sonraki ilk bir ay içinde uçak seyahati yapması istenir. Uygulamadaki bu farklılık, danışanın öz denetim prosedürlerinden birkaçını kendi başına uygulayabiliyor olmasını gerektirir. Çünkü eyleme geçme sırasında, bir miktar korkunun hissedilmesi normaldir ve danışanın bu eylemi devam ettirebilmek için kendini yatıştırma becerilerine sahip olması önemlidir. Aksi halde EMDR süreci, başarısız olarak değerlendirilebilir ve bu durumun kendisi ayrı bir travma haline dönüşebilir.

Aşırı Yas Protokolü

Özellikle çok sevilen birinin kaybı, yoğun bir acıya ve kedere neden olur. Kaybın ardından gelen yas, normal ve doğal bir tepki olsa da yas tutmanın süresi ve şekli kişiden kişiye göre farklılık gösterir. Bazılarında kayıp sonrasında ortaya çıkabilen depresyon, uykusuzluk, somatizasyon gibi semptomlar ya da agresyon, suçluluk, güvensizlik gibi duygular zaman içinde azalarak ortadan kalkar. Sağlıklı bir yas sürecini geride bırakarak ölümü kabullenmeyi başarabilmiş bu kişiler, altı ay ile iki yıl süren bir zamanın ardından acıları hafiflemiş bir şekilde normal hayatlarına geri dönebilirler. Sağlıklı yasın bir özelliği olarak yitirilen kişiye dair olumlu anı ve çağrışımlar bu süreci hızlandırabilir. Bazılarında ise yitime dair acı, uzun zaman sonra bile neredeyse ilk günkü kadar taze kalır. Dahası yitime verilen duygusal tepki, bu kişilerde çeşitli ruhsal sorunların kaynağı haline gelebilir. Dört etken, kişilerin yas tutma yetisini bozar. Birincisi, bireyin duygusal yapısıdır ki çocukluk gereksinimleri yeterince karşılanmamış ya da bir dizi yitime uğramış bireyler, keder duymakta güçlük çekebilirler. İkincisi, kaybedilen ilişkinin özgül doğasıyla ilgilidir. Aşırı bağımlı ya da bitmemiş meselelerde, yüklü bir ilişkinin bırakılması daha güçtür. Üçüncüsü, yitimin koşullarıyla ilgilidir. Ani ya da beklenmedik şekillerde gelen ölümü kabullenmek, birey için daha güçtür. Dördüncüsü ise toplumsal kısıtlamalar yoluyla kederin dışa vurumunun engellenmesidir.[6] Bunlardan birkaçının varlığı normal süreçlerle tamamlanabilecek bir yası, patolojik bir yasa dönüştürür.

Peki kayıp sonrası ortaya çıkan durum, terapötik bir müdahaleyi gerektirir mi? Ve bu sorunun cevabı "evet" ise travmatik yasa ne zaman müdahale edilmelidir?

Bu sorular, tartışmaların çok uzun zamandır sürdüğü ve bir sonuca varılamadığı türden sorulardır. Kimi psikoterapi ekolleri, sağlıklı bir yas yaşanabilmesi için kaybın ardından ortaya çıkan duygulara müdahale edilmemesi gerektiğini savunur. Bu bakış açısı, yas sürecinin gereğinden fazla uzadığı (iki yıldan uzun) patolojik yas durumlarında müdahaleyi uygun görür. Dolayısıyla yakın zamanda yaşanan bir kaybın neden olduğu yasla terapiye gelen kimi danışanlarda terapist, müdahalede bulunmanın doğru bir seçenek olup olmadığına karar vermekte zorlanabilir. Peki zorlu geçen bir süreçte destek arayan bu kişilere, "*Biz size yardım edemeyiz*" mi denmelidir?

Burada EMDR'nin bakış açısı işe yarar. Çünkü EMDR terapisi, kayıp sonrasında oluşan duruma müdahale etmek için kişinin içinden geçtiği sürecin normal bir yas mı yoksa patolojik bir yas mı olduğuyla ilgilenmez. Zira aşırı yas durumlarında yaşanan kayıp, tek başına ciddi bir travmadır. EMDR terapisi de travmatik deneyimlerle çalışır. Dolayısıyla sadece kayıp deneyiminin standart protokolle çalışılması bile kişinin bu süreci daha sağlıklı atlatmasına yardımcı olur. Örneğin hastalık sonucu bir kayıp söz konusu ise hastalık süreci, kişinin öldüğü ya da ölüm haberinin alındığı an, yitirilen kişiyle yaşanan son sahneler, kayıp sonrası cenaze ve defin sahneleri gibi hedefler işlenip tetikleyiciler de çalışıldıktan sonra çalışma sonlandırılabilir. Ancak yitimin geçmiş tüm yitimleri yeniden canlandırdığı, yitirilen kişiye dair olumsuz duygu ve deneyimlerin fazla olduğu durumlarda sadece standart EMDR protokolüyle çalışmak yeterli gelmeyebilir. Böyle durumlar için geliştirilmiş "Aşırı Yas Protokolü" sayesinde oldukça iyi sonuçlar alındığı bilinmektedir.

Gittikleri bir tatil sırasında çocukları havuzda boğulan bir aile, yaşadıkları acı nedeniyle terapiye başvurmuşlardı. Üstelik olay yaşanalı henüz üç hafta olmuştu. Her şey bir tarafa, oldukça travmatik bir kayıp söz konusuydu ve kaybın şekli, sağlıklı bir yas sürecini imkânsız kılacak engellerle doluydu. Nasıl bir yol izlemem gerektiğini, daha da ötesi müdahale edip etmemem gerektiğini bilemiyordum. Ama bir taraftan da yaşanan bu acının biraz olsun hafifletilmesi gerektiğini düşünüyordum. Oldukça karmaşık ögeler barındıran ve süpervizyon alarak ilerlediğim bu vaka, meslek hayatımda duygusal olarak beni en çok zorlayan vakalardan biri olmuştur. Yeri geldikçe başka protokolleri de işin içine katarak anne babanın süreçten daha az yarayla sıyrılmasına katkıda bulunacak dikkatli bir çalışma yürüttük ve başarılı olduk. Sonuç olarak ne yaşanırsa yaşansın, erken dönem müdahalelerinin hiçbir zararı yoktur. Aksine iyi planlanmış bir EMDR terapisi, kişinin baş etme kapasitelerini geliştirdiği için uzun vadede ortaya çıkabilecek olumsuz durumların önüne geçer. Bu vaka, yakın dönem bir travma olmasının yanında kayıpla ilişkiliydi ve suçluluk başta olmak üzere sağlıklı yası engelleyecek birçok değişkeni içinde barındırıyordu. Bilinmelidir ki normal bir yas sürecini engelleyen böyle durumlarda EMDR terapisi daha da önemli hale gelir. EMDR terapisiyle yürütülen yas çalışmasında, kişinin sağlıklı bir yas tutmasına katkı sağlayacak işlevsel duyguların ortadan kaldırılması ya da kişinin kayba karşı duyarsızlaştırılması gibi bir durum söz konusu değildir. Aksine yitimle birlikte açığa çıkan ve yitirilen kişiyle ilgili olumlu anı ve çağrışımlara erişimi kısıtlayan geçmiş kayıplar, olumsuz deneyimler, suçluluk duyguları ve ölümlülük duyguları üzerinde çalışılır. Böylece yasın travmatik yasa dönüşmesi engellenmiş olur.

Travmatik yas ya da komplike yasın EMDR terapisiyle işlenmesinde sırasıyla takip edilmesi gereken adımlar şu şekildedir:

1. Sevilen kişinin acı çekmesi ve ölümü de dâhil olmak üzere gerçek olaylar
2. İntrüzif (zorlayıcı bir biçimde, kendiliğinden gelen) resimler
3. Kâbus resimleri
4. Güncel tetikleyiciler
5. Kişisel sorumluluk ve suçluluk duyulan konular
6. Varsa çözümlenmemiş eski kayıplar ve ölümlülük konuları

Kayıp karşısında yaşanan acının hafiflemesi, danışanlar açısından kaybedilen kişiye bir ihanet olarak değerlendirilebilir. Bu duygular hissedildiğinde terapistin açıklama yapması iyi olur. Bunun bir unutma ya da ihanet olmadığı, aksine bu çalışma sayesinde, yitirilen kişiyle ilgili olumlu anıları daha fazla hatırlayabileceği ve varlığını iç dünyasında daha sağlıklı bir biçimde koruyabileceği söylenmelidir.

Kronik Ağrı Protokolü

Kronik ağrı, genellikle tedavi yöntemlerine yanıt vermeyen ve sinir sisteminde değişikliklere yol açarak sürekli hale gelen bölgesel ağrı durumlarını tanımlar. Bazen fiziksel ya da nörolojik bir temeli olabilen ağrılı durumlar, hekim kontrolünde fiziksel bir müdahaleyi gerekli kılmasının yanında psikolojik bir müdahaleye de ihtiyaç duyar. Çoğunlukla bu müdahale, hem ağrı deneyimini hem de ağrıyla ilişkili olduğu düşünülen travmatik deneyimleri içerir. Ancak travmatik yaşantılara hiç dokunmadan sadece ağrı deneyimini hedef alan bir psikolojik müdahale bile kişinin yaşamını daha işlevsel hale getirebilir. Böylesi durumlarda kullanılmak üzere, Mark Grant tarafından geliştirilen "Kronik Ağrı Protokolü"nün oldukça iyi sonuçlar verdiği bilinmektedir.

Sadece ağrı deneyiminin EMDR terapisiyle işlenmesinde, sırasıyla takip edilmesi gereken adımlar şu şekildedir:

1. Ağrının betimlenmesi (şekli, boyutu, rengi, ısı derecesi, dokusu vb.)
2. Ağrıyla ilgili negatif inancın belirlenmesi
3. Ağrıyla beraber pozitif inanç ve geçerlilik düzeyini belirleme
4. Ağrının yarattığı duyguların tanımlanması
5. Ağrının şiddet düzeyinin belirlenmesi
6. Ağrının bedendeki konumunu belirleme
7. Ağrı ve tasvire odaklanarak duyarsızlaştırma yapılması
8. Ağrıyla birlikte olumlu inancın yerleştirilmesi
9. Beden taraması
10. Kapanış

Ağrının betimlenmesi, danışanlar tarafından genellikle belirsiz şekillerde yapılır. Ancak kronik ağrı protokolü, ağrının olabildiğince anlamlı bir şekilde somutlaştırılmasıyla başlar. Somutlaştırma işlemini yaparken yeterince uyarım sağlamak için ağrının bulunduğu bölgeye mini bir kamerayla bakmak, etkili bir imajinasyon yöntemidir. Hatta danışandan ağrıyı bir kâğıda görsel olarak çizmesini istemek iyi bir seçenek olabilir. Müdahale sırasında olumlu bir etki olarak bu görselleştirmede açığa çıkan değişimler, tedaviyi daha ileriye taşıyabilir. Buna rağmen terapist, işleme sırasında ağrıyı temsil eden görselde olumlu, olumsuz bir değişim ya da artma, azalma yönünde bir farklılık aramaktan çok danışanı şu anda olanlara odaklamalıdır. Diğer protokollerden farklı olarak "Kronik Ağrı Protokolü"nde alınan rahatsızlık düzeyi (SUD), negatif inanca dair rahatsızlık düzeyini değil, ağrının şiddetini ölçer. Yeterli düzeyde işlemenin yapılıp yapılmadığı ise ağrının tamamen ortadan kalkması ile değil, "2-3" gibi katlanılabilir bir seviyeye gelmesiyle ölçülür. Kimi durumlarda ağrının şiddetinde bir azalma gerçekleşmeyebilir. Aksine işlemeyle birlikte ağrı daha da şiddetli bir hal alabilir. Bu tarz durumlarda, ışık akış tekniği kullanılarak somutlaştırılmış ağrılı yere müdahale edilebilir. Bilinmelidir ki tüm protokoller, EMDR tedavi prosedürüne uygun olarak "öykü alma", "değerlendirme" ve "hazırlık" evreleri tamamlandıktan sonra uygulanmalıdır.

Herhangi bir fizyolojik ve nörolojik nedene dayanmayan ve kaynağı tespit edilemeyen kronik ağrılarda (bel ağrısı, migren, omuz ağrısı vb.) hekimler tarafından belirgin bir tıbbi müdahale şekli yoktur. Ancak kişinin yakınması, mutlak bir müdahaleyi gerekli kılar. Böylesi durumlarda, psikolojik müdahale daha önemli hale gelebilir. Çünkü kaynağı belli olmayan ağrılar, genellikle travmatik deneyimlerle ilişkilendirilir. Özellikle gelişimsel süreçte, ciddi olumsuz deneyimler yaşamış ya da ilişkisel travmaya maruz kalmış çocuklar, duygularla baş etme kapasiteleri henüz gelişmediği için "yalıtma" savunma mekanizmasını kullanırlar. Onlar için bu mekanizma, kaldırılamaz büyüklükteki acı verici duygularla başa çıkmanın tek yoludur. Ancak duyguları yalıtmanın bir bedeli vardır. Yüksek duygulanımlar çoğunlukla beden hafızasında kayıt altına alınırlar ve sonrasında kendilerini fizyolojik belirtiler olarak hatırlatma eğiliminde olurlar. Sonuçta beden asla unutmaz ve duyguların kendini ifade ettiği bir dile aracılık eder. Bu açıdan bakıldığında kaynağı belirlenemeyen kronik ağrılar, geçmişi hatırlamanın bir yoludur. Dolayısıyla böyle vakalarda geçmiş travmatik deneyimlerin tespit edilmesi ve EMDR terapisiyle hedeflenmesi, önemli bir yer tutar. Ağrı protokolü sadece ağrıya müdahaleyi içerse de standart protokol çerçevesinde yürütülen genişletilmiş bir çalışma, daha olumlu sonuçların alınmasını sağlar. Bu nedenle kronik ağrı şikâyetleriyle terapiye başvuran danışanlarda kapsamlı bir değerlendirmeye ihtiyaç vardır. Öncelikle fizyolojik ve nörolojik bir muayeneden geçmesinin yanında, danışanın psikiyatrik değerlendirme için yönlendirilmesi gerekir. EMDR terapisti ise ağrıya neden olan belirgin yaşantılar ve ağrı ataklarıyla birlikte, danışanın gelişimsel süreçler boyunca yaşadığı travmalara ve büyüdüğü ortama bakmalıdır. Geniş kapsamlı çalışma yapmaya karar vermiş bir terapist, öncelikli olarak ağrının ilk kez hissedildiği zamanı tespit etmelidir. Çünkü aynı döneme denk gelen travma ya da travmalar, kronik ağrının temel nedeni olabilir. EMDR terapisti, danışanın ilk atak anısını ve en kötü atak anısını hedefledikten sonra bu travmaları ele almalıdır. Bu sıralama duruma göre değişiklik gösterebilir. Terapist yaptığı klinik değerlendirmeye göre atakların başlamasına neden olduğu düşünülen travmatik deneyimleri, ilk ve en kötü atak anısından önce hedefleyebilir. Ardından kişinin yaşadığı son ağrı atağını ve güncel tetikleyicileri de (uykusuzluk, öfke yaratan kişiler vb.) çalıştıktan sonra gelecekte karşılaşılabilecek durumlar için bir gelecek planı yapar. Özellikle kompleks travma mağduru kişilerle çalışırken alınması gereken en kötü çocukluk travmaları, her durumda olabileceği gibi kronik ağrılı kişilerle çalışılırken de hedeflenebilir. Anlaşılacağı üzere protokoller terapistin yol haritasını belirler ancak aynı sona götüren başka yollar, her zaman seçenekler arasındadır.

İleriye Dönük Kaygı Protokolü (Flashforward-Gelecek Çalışması)

Bazı danışanlar, gelecekte karşılaşabilecekleri olası felaket durumlarının yarattığı yoğun korku nedeniyle terapiye gelirler. Bu korkular, bir fantezinin ürünü olarak ortaya çıkar ve kişinin sosyal hayattaki işlevselliğini önemli ölçüde bozar. Örneğin kişi kaza yapmaktan korktuğu için arabaya hiç binemeyebilir ya da hiçbir tetikleyici durum söz konusu değilken bir yakınının ölümüne dair sahnelerin zihninde canlanması nedeniyle yoğun kaygılar yaşayabilir. Sonuçta geleceğe dair yoğun korku ve panik, kişinin yaşamını ele geçirir. Bu tarz korkular, genellikle geçmişte yaşanan belirgin travma/travmalarla ilişkilidir. Dolayısıyla şikâyeti her ne olursa olsun, kendisine başvuran kişiyi dinlerken EMDR terapistinin aklındaki en önemli soru şudur: "Geçmişte yaşanan hangi travmatik olaylar bugünkü sorunun kaynağıdır?" Bu bakış açısıyla soruna neden olan bağlantılı geçmiş olaylar hedeflenip işlenir. Standart protokol sayesinde şimdiki zamanda ortaya çıkan uyaranlar ve gelecekte karşılaşılabilecek güçlükler de çalışıldığında kişinin şikâyetleri çoğunlukla ortadan kalkar. Ancak bazı korkular vardır ki geçmişte bu korkuyla ilişkili herhangi bir travmatik yaşantı bulunmayabilir. Dahası bulunsa bile yalnızca standart protokolle yürütülen geçmiş, şimdi ve gelecek odaklı bir çalışma, çözüm için yeterli olmayabilir. Buna ek olarak bazı danışanlar, sosyal yaşam zorlukları nedeniyle geçmiş travmalarını çalışmaya yetecek bir zaman ya da motivasyondan yoksundurlar. "İleriye dönük kaygı protokolü" (flashforward) gelecek korkusu yaşayan ancak böylesi özel durumu olan danışanlarda ya da standart protokolün tek başına yetmediği korkulu kişilerde oldukça iyi bir seçenektir. Bu protokol kişinin gelecekte karşılaşmaktan korktuğu durumları hedefler. Bu haliyle standart protokolün son adımını oluşturan "gelecek şablonu"yla benzer özellikler gösterebilir. Ancak gelecek şablonu, karşı karşıya kaldığında kişiyi rahatsız edebilecek normal ve gerçekçi durumları hedeflerken ileriye dönük kaygı protokolü, bir felaket senaryosu eşliğinde gerçekleşmesi çok da mümkün olmayan, fantezik sahneleri hedefler. Kişide yoğun korkular yaratan bu sahneler, tıpkı TSSB sonrası oluşan intrizüf sahneler gibi kontrol edilemez bir biçimde ortaya çıkarlar. Oldukça canlıdırlar ve kişide sürekli bir kaçınma tepkisine neden olurlar.

İleriye dönük kaygı protokolünde gelecekte olmasından korku duyulan sahneler, standart EMDR prosedürü kullanılarak işlenir. Buna göre sırasıyla takip edilmesi gereken adımlar şu şekildedir:

1. Gelecekte olmasından korku duyulan senaryonun zihinsel olarak canlandırılması
2. Zihinsel tasarıma ait, kişiyi en çok rahatsız eden resim/imgenin detaylandırılması
3. Hedef sahneye dair negatif inancın belirlenmesi
4. Pozitif inancın belirlenmesi ve VOC düzeyinin ölçülmesi
5. Duyguları ve SUD düzeyini belirleme
6. Beden duyumlarının yerlerini tespit etme
7. Zihinsel tasarıma odaklanarak duyarsızlaştırma yapılması
8. Zihinsel tasarımla birlikte pozitif inancın yerleştirilmesi
9. Beden taraması
10. Kapanış

Protokolün ilk adımını oluşturan zihinsel canlandırma, danışan tarafından en son noktaya kadar devam ettirilmelidir. Çünkü bazen korkuya neden olan şey, olayın gerçekleşmesi durumunda kişinin neyle karşı karşıya kalacağıdır. Örneğin anne ve babasını hiç beklenmedik bir anda kaybedeceğine dair korkuları olan otuz beş yaşlarındaki kadın bir danışanım, zihnine gelen görüntülerden rahatsızdı. Aile bireylerinin feci bir kazaya karışarak öldükleri sahneler, yataklarında cansız bedenleriyle karşılaştığı sahneler, mezarın içinde kefenli bir şekilde yattıkları ve üzerlerine toprak atılan sahneler... Engellenemez bir biçimde zihne gelen bu fantezik görüntüler daha da farklılaşabiliyordu. Ancak tüm bunların ötesinde bir sahne vardı ki o da kayıp sonrasında danışanın kendini yapayalnız, kimsesiz bir halde gördüğü sahneydi. Tüm hayattan elini eteğini çekmiş, kimsenin kapısını çalmadığı biri olmaktan o kadar korkuyordu ki ailesini hayatta tutabilmek adına gerçekçi olmayan önlemler almaya çalışıyordu. Üstelik tüm bunlar tetikleyici hiçbir unsur olmadan ortaya çıkıyordu. Kişilerin ileriye dönük kaygılarının altında genellikle, gelecekte olmasından korktukları durumla yeterince baş edemeyeceklerine dair bir inanç yatar. Bu nedenle gelecek çalışması (flashforward) gerektiren durumlarda "güçsüz biriyim, baş edemem" ya da "zayıf ve aciz biriyim" gibi inançlar, en uygun negatif inançlar arasındadır. Bununla uyumlu olarak pozitif inancın da "güçlü olabilirim, baş edebilirim" şeklinde olması muhtemeldir. Bu danışan da ailesini kaybedip yalnız kaldığında bununla baş edemeyeceğine dair derin bir inanç taşıyordu. Korku hissettiği fantezik sahneler yeterince işlenip baş etme gücünde belirgin bir artış ortaya çıktığında kişinin korkuları yatıştı ve işlevsel olmayan davranışları da son buldu.

Birkaç özel durum dışında çoğu vakada ileriye dönük kaygı protokolü, geçmiş travmatik deneyimler hedeflenip işlendikten sonra uygulanır. Buna rağmen gelecek çalışması sırasında, geçmiş anılara dair işlenmemiş malzemeler tekrar açığa çıkabilir. Aynı zamanda hiç hedeflenmemiş yeni anıların da gün yüzüne çıkma ihtimali vardır. EMDR terapisti her iki durumda da müdahalede bulunmaz ve gelen malzeme neyse işlemeye oradan devam eder. İki yaşındaki çocuğuna zarar vermekten korkan bir kişi, kontrol edemediği davranışları nedeniyle terapiye başvurmuştu. Bu kişi, çocuğunun ölümüne sebep olduğu fantezik sahneleri zihninden atamıyordu. Yanında uyuturken çocuğunu bir yastıkla boğduğu, pencereden aşağı attığı ya da bir aletle canına kıydığı sahneler, sürekli bir biçimde zihnine hücum ediyordu. Bu fantezileri o kadar rahatsız edici bir boyuta ulaşmıştı ki bebeğiyle tek başına kalmaktan kaçınıyor, onu balkon ya da pencereye yaklaştırmıyor ve evdeki tüm kesici aletleri kolay ulaşamayacağı yerlere saklıyordu. Kendini kontrol edemeyeceğine dair negatif inanç üzerinden geçmiş travmatik deneyimlerini çalıştığımız danışanın korkuları büyük oranda azalmıştı. İleriye dönük kaygı protokolüyle bu sahneleri hedeflediğim sırada, daha önce hiç çalışmadığımız bir anı gün yüzüne çıktı. Danışan beş yaşlarındayken anne babası arasındaki bir tartışmaya şahit olmuştu. Bu tartışmada baba çok sinirlenerek kontrolünü kaybetmiş ve bir yaşındaki kardeşini yataktan alıp duvara doğru fırlatmıştı. Kulağına darbe alan çocuk kalıcı bir işitme kaybına uğramıştı. Yoğun korku ve öfke yaratan bu olaya dair travmatik sahneleri hiç müdahale etmeden işlemeyi tercih ettim. Kendilik algısında kesin değişimler bu çalışma sonrasında ortaya çıkmış ve danışan tamamen rahatlamıştı. Devam eden değerlendirme seanslarında da herhangi olumsuz bir dönüş olmadığı için terapi sürecini sonlandırmıştık.

De-TUR Protokolü

Kimi danışanlar bağımlılık geliştirdikleri bir madde ya da engel olamadıkları tekrarlayıcı davranışlar nedeniyle terapiye başvururlar. Dürtülerin kontrol edilmesinde yaşanan zorluk nedeniyle ortaya çıkan bu gibi durumlar, EMDR terapisinde De-TUR

(Tetikleyicilerin Duyarsızlaştırılması ve Dürtüyü Yeniden İşleme) protokolüyle çalışılır. Ağırlıklı olarak kötüye kullanımı olan kişilerde kullanılan "De-TUR" protokolü, kumar, iddia, seks ve alışveriş bağımlılıkları, öfke kontrol sorunları, trikotilomani, zorlantılı davranışlar eşliğinde görülen yeme bozuklukları ve obsesif-kompülsif bozuklukta oldukça iyi sonuçlar verir. Bu protokol sayesinde, dürtünün ya da zorlantılı davranışın açığa çıkmasına neden olan olay, durum ya da kişiler hedeflenerek kontrol edilebilir bir noktaya gelmeleri sağlanır. Tüm protokoller gibi "De-TUR" protokolü de kapsamlı bir öykü alma ve dikkatli bir hazırlık süreci tamamlandıktan sonra uygulanmaya başlanır. Öyle ki üzerinde çalışılacak konu belirlendikten sonra bağımlı olunan her maddenin ya da engellenemeyen davranışın ne zaman başladığı, başlatıcı belirgin bir olay yaşanıp yaşanmadığı, bağımlılığın hangi özelliklerle devam ettiği, belirli durum ya da zamanlarda artış gösterip göstermediği, bağımlı olunan şeyle ilişkili nasıl bir kazancın sağlandığı (çoğunlukla duygusal), bağımlılığın yol açtığı olumsuz durumların neler olduğu, kişinin bağımlı olunan şeyi neden bırakmak istediği, bırakırsa hayatında nelerin değişebileceği, bu değişimleri elde etmenin başka bir yolu olup olmadığı, eğer varsa daha önceki bırakma deneyimleri ve bırakması durumunda kaybedeceği şeylerin neler olduğu (çoğunlukla sosyal çevre vb.) ayrıntılı bir şekilde ele alınır. Öte yandan kırılgan özellikler gösteren bu tip danışanlarla güvenli bir terapi ortamının yaratılması, EMDR terapistinin fazladan çabasını gerektirebilir.

Bağımlılık, kişiye haz veren madde veya davranışların artan miktarlarda tekrarlanmasıyla oluşan bir bozukluktur. İşlevsel olmayan tekrarlayıcı davranışlar ise çoğunlukla acı verici durumlardan kaçınmanın bir yoludur. Her iki durumun tedavisinde de hem terapist hem de kişi açısından çeşitli güçlükler söz konusudur. En önemli güçlük, bu kişilerin tedaviye çoğunlukla kendi istekleriyle değil de bir yakınlarının zorlamasıyla gelmeleridir. Hatta çoğunlukla bu kişiler için terapi, bir tehdit aracı haline gelir. Öyle ki madde ya da alkol kullanımı olan ya da kumar tutkusu olan bir kişi, tedavi olmazsa eşi tarafından terk edilmekle ya da ailesi tarafından hiçbir maddi yardım yapılmamakla tehdit edilebilir. Ya da öfke sorunu yaşayan bir kişi çoğunlukla yakın çevresindeki kişilerin zorlamalarıyla terapi odasındadır. Sonuçta kişi istemediği bir tedavi sürecine sadece yakınlarını memnun etmek ya da kötü bir durumdan kaçınmak için gelebilir. Buna rağmen psikoterapi, yalnızca kişinin kendisi talep ettiğinde sağlıklı yürütülebilen bir süreçtir. Aksi halde her bir adımına nüfuz etmiş seans dışı durumlar, terapi sürecinin başarısızlıkla sonuçlanmasına yol açar. Dolayısıyla böyle bir ikincil kazanç durumu varsa terapist öncelikle bu engeli aşmalıdır. Bu şekilde terapiye başvuran danışanlarda, istendik davranış hedeflerini özenle belirlemek ve bunun için hedefe yönelik imajinasyon çalışmaları yapmak önemlidir. Çünkü çoğunlukla kumar, iddia, alkol ve madde bağımlılığı ya da öfke kontrol sorunları, bu kişilerin aile ve sosyal yaşantılarını önemli ölçüde bozmuştur. Bu kişiler eski sağlıklı ilişkilerini kaybetmiş, hatta kendi çocuklarıyla bile bağlarını büyük oranda yitirmişlerdir. Dolayısıyla bağımlılık öncesi hayata dair iyi deneyimlerin imajine edilmesi ve kişinin kendini sağlıklı haliyle görebilmesi, tedaviye yanıt verecek uygun bir anlayışa sahip olmalarını sağlayabilir. Aynı zamanda kişinin sosyal destek aldığı, onu gerçekten önemseyen kişilerin sürece dâhil edilmesi, tedavide karşılaşılabilecek olası engellerin önüne geçebilir.

Standart EMDR protokolünde terapistin başlangıç noktası geçmiş travmatik anılardır. Sonrasında şimdi ve gelecek üzerinden bir çalışma yürütülerek süreç tamamlanır. De-TUR protokolünde ise terapistin başlangıç noktası, kişide dürtü ya da engellenemeyen davranışı harekete geçiren güncel tetikleyicilerdir. Sonrasında gelecek çalışması yapılır. Geçmiş travmatik deneyimler ise süreç içerisinde açığa çıktıkça işlenir. Standart protokolün aksine dürtü kontrol protokolünde sırasıyla şimdiki zaman, gelecek zaman ve geçmiş zaman çalışması yapılır. Çünkü öncelikli hedef, kişinin yaşamını zora sokan dürtü ya da davranıştan uzaklaşması değildir. Aksine olumlu ve zorlayıcı baş etme mekanizmaları geliştirebileceği ego gücüne ulaşmasıdır. Yani standart protokolde olumsuz durumların öncelikli işlenmesi söz konusuyken "De-TUR"da olumlu davranış örüntülerinin geliştirilmesi önceliklidir.

Öykü alma ve hazırlık aşamaları geçildikten sonra, değerlendirme evresinde tetikleyicilerin her biri ayrı olarak puanlanır. Standart protokolden farklı olarak tetikleyicilerin ne kadar rahatsızlık verdiği (SUD) değil, ne kadar şiddetli ve karşı konulamaz oldukları (LoU = Level Of Urge = Dürtü Seviyesi) ölçülür. Dolayısıyla VOC alınmadan sadece dürtü seviyesiyle işleme başlatılır. Ancak bağımlılık ile travma arasında yüksek düzeyde bir ilişki söz konusu olduğu bilinmelidir. Özellikle çocukluk çağı travmaları olan kişilerin kimyasal bir maddeye bağımlılık riskleri, travma yaşantısı olmayan kişilere göre iki yüz kırk kat daha fazladır. Bu nedenle güncel tetikleyici durumlar işlenip gelecek çalışması yapıldığında terapist, kişinin yaşamında iz bırakan ve sorunlu duygu ve davranışların kaynağı olabilecek travmaları bulup hedeflemelidir. Bu anıların işlenmesi sırasında, standart EMDR protokolü kullanılır. De-TUR yalnızca dürtüyü veya zorlantılı davranışı açığa çıkaran tetikleyicilerin nasıl çalışılması gerektiğini ortaya koyan adımlardan oluşur.

Buna göre De-TUR protokolünde sırasıyla takip edilmesi gereken adımlar şu şekildedir:

1. Her bir madde ya da bağımlılıkla ilgili ayrıntılı bilgi alma
2. Danışanın iç ve dış kaynaklarının belirlenmesi
3. Pozitif tedavi hedefi oluşturma
4. Tedavi hedefine ait net bir imgeyle olumlu duyguların pekiştirilmesi
5. Dürtüleri tetikleyen uyaran, durum ya da olayları tespit etme ve şiddet derecesini (LoU) belirleme
6. Her bir tetikleyici için duyarsızlaştırma ve işleme
7. LoU "0" olduğunda görüntünün pozitif durumla ilişkilendirilmesi
8. Çalışılan tetikleyicilerin ne kadar güçlü olduklarını (LoU) test etme
9. Kapanış

Değerlendirme aşamasında her bir madde ya da zorlantılı davranışla ilgili ayrıntılı bilgi alındıktan sonra, De-TUR protokolü uygulanmaya başlanır. Bu aşamada kaynak geliştirmeye fazlaca yer verilmesi, danışanın dış ve iç kaynaklarının belirlenmesi önemlidir. Zira terapi süreci boyunca danışanın karşılaştığı güçlükleri aşabilmesi, bu kaynakların ne kadar geniş olduğuyla doğru orantılıdır. Sonrasında pozitif bir tedavi hedefi oluşturulması ve bu hedefin gerçekleşmesi durumunda danışanın hayatında nelerin değişebileceğine dair olumlu imgeler yaratılması gereklidir. Ortaya çıkan duygulanımlar eşliğinde bu imge pekiştirilir. Her bir tetikleyici için imgeyle birlikte gelen kelime, tat, koku, ses ve beden duyumu alınarak dürtü seviyesi (LoU) belirlenir. Ardından tüm bileşenleriyle birlikte en zayıf olandan güçlü olana doğru tetikleyiciler işlenmeye başlanır. Dürtü seviyesi "0" olduğunda yerleştirme işlemine geçilir ve olumlu duygularla birlikte tedavi hedefi olarak oluşturulan pozitif imge pekiştirilir. Sonraki adımda, tetikleyiciyle gelecekte bir karşılaşma hayal edilir ve şu anki dürtü seviyesi test edilir. Olumsuz malzeme gelirse işlenir, olumlu malzemeler ise pekiştirilerek kapanışa geçilir.

Başarılı bir tedavi, her bir tetikleyici için yürütülen yukarıdaki adımlardan sonra gelecek zaman çalışması ve travmatik anıların ele alındığı geçmiş zaman çalışmasını gerektirir. Ancak tetikleyiciler her ne kadar çalışılmış olsa da travmatik anılara geçildiğinde bazı riskler olduğu bilinmelidir. Anıların işlenmesi bu kişilerde, çeşitli dürtü ve davranışları harekete geçiren duyguları tetikleyebilir. Dolayısıyla kişi uzaklaştığı şeylere yeniden yakınlaşma eğiliminde olabilir. Bu gibi durumlara karşı, olası eylemlerin neler olabileceği çalışma başlamadan önce danışanla gözden geçirilmelidir.

Terapistin duruma uygun bir değerlendirmesi sonucunda OKB'li kişilerde de De-TUR protokolü tercih edilebilir. Kompülsif davranışların her birine ait dürtü seviyesi (LoU) alınarak madde bağımlılığında izlenen yolun aynısı izlenebilir. Çalışma tıpkı bağımlılıkta olduğu gibi, negatif inanç ve pozitif inanç üzerinden değil, rahatsız edici görüntü, duygu ve beden duyumu üzerinden başlatılır. Geçmiş travmatik deneyimler hedeflenip işlenmeden olumsuz inançlar ele alınmaz. Aksi halde inançlarda olumlu bir değişim elde etmek zordur. Ancak kompülsif davranışlar çalışılıp gelecek çalışması da yapıldığında geçmiş travmatik anılar negatif ve pozitif inanç üzerinden çalışılabilir. Bunun yanında, OKB'li kişilerde semptomlar çoğunlukla travmatik bir yaşantıya bağlı olarak akut bir biçimde ortaya çıkar. Semptomların ortaya çıkışına neden olan belirgin bir travmatik deneyimin varlığı söz konusu olduğundan son olaydan başlanıp geriye akış tekniğiyle benzer anıların tespit edilmesi ve çalışmaya tetikleyicilerden önce ilk anıdan başlanması daha iyi sonuçlar verebilir. Anlaşılacağı üzere tüm protokollerde olduğu gibi De-TUR protokolünde de danışanın terapötik ihtiyaçları doğrultusunda değişiklikler yapılabilir.

Performans Geliştirme İçin Kısa Süreli Müdahale Protokolü

Bu protokol sınav, sahne gösterisi, spor müsabakası, proje ya da tez sunumu gibi performans ve öz güven gerektiren durumlar için özellikle kısa bir zaman kalmışsa uygulanır. Amaç travmatik izler bırakan geçmiş deneyimleri hiç ele almadan ve hatta bu deneyimlerin olumsuz etkilerini engelleyerek kişinin yalnızca performansını geliştiren çalışmalar yapmaktır. Geçmiş deneyimler, ancak performans gerektiren durum (sınav, sunum, sahne gösterisi vb.) geçtiyse ve kişinin bu yönde bir talebi varsa, yeniden ele alınabilir. Dolayısıyla mevcut hedef dışında hiçbir unsur bu çalışmada yer almaz. Geçmiş olayların ele alınmayacağı, eğer gerek duyulursa daha sonra tekrar çalışılabileceği, bu nedenle sadece mevcut duruma odaklanılması gerektiği danışana açıklanarak çalışma hedefi net bir biçimde belirlenmelidir.

"Performans Geliştirme İçin Kısa Süreli Müdahale Protokolü"nde ilk iş, kişinin dikkatini dağıtan ve performansını etkileyen içsel ve dışsal faktörleri belirlemek (mesela sınav için hazır hissetmiyorum) ve bunları önem sırasına koymaktır. Örneğin üniversite sınavına girecek olan bir öğrenci, annesinin sağlık sorunları nedeniyle dikkat dağınıklığı yaşıyor olabilir. Ya da doğrudan sınavla ilgili olarak yeterince hazırlanmadığını düşünüyor ve bu durumun olumsuz etkilerine maruz kalıyor olabilir. Kişinin performansını ve öz güvenini etkileyecek her bir faktör ele alınır ve çözüme yönelik görselleştirmeler, çift yönlü uyarımlar eşliğinde işlenir. Örneğin bu öğrenci için annesinin hastalığını şimdilik hiç düşünmediği ve zihnini sadece sınavla meşgul ettiği bir imge çalışılabilir. Soruna dair düşüncelerin zihnine gelmesi durumunda çözüme odaklanabileceği ve en doğru yöntemin bu olacağı düşüncesi, çift yönlü uyarımlarla pekiştirilir. Bir sonraki adım, gelecek şablonuyla performans ve öz güven gerektiren durumun imajine edilmesini içerir. Çift yönlü uyarımlar aracılığıyla her bir adımın başarılı bir şekilde geçilmesi sağlanır. Aynı zamanda kişinin bedeninde açığa çıkan olumlu değişimleri fark etmesi istenir. Olumsuz düşüncelerin gelmesi durumunda ise çözüme yönelik görselleştirmeler kullanılır.

Buna göre "Performans Geliştirme İçin Kısa Süreli Müdahale Protokolü"nde sırasıyla takip edilmesi gereken adımlar şu şekildedir:

1. Kişinin dikkatini dağıtan ve performansını etkileyen içsel ve dışsal faktörleri belirlemek ve bunları önem sırasına göre sıralamak
2. Çözüme yönelik görselleştirme oluşturmak ve çift yönlü uyarımlarla işlemek
3. Dikkat dağıtan durumun açığa çıkması halinde bundan kurtulmanın önemi ve yolu üzerine konuşmak ve pekiştirme yapmak
4. Gelecek şablonuyla performans gerektiren durumu çalışmak
5. Olumlu beden hisleriyle kapanış yapmak

4. BÖLÜM

BİLİŞSEL MÜDAHALELER & EMDR SONRASI BEYİN GÖRÜNTÜLEME ÇALIŞMALARI

Bilişsel Müdahaleler

EMDR terapisti, doğru bir hedeflemeyle travmatik deneyimi işlemeye başladığında süreç çoğunlukla kendiliğinden ilerler. Danışanın yeni malzemeler ya da anılar getirdiği, rahatsızlık düzeyinde artma ya da azalma yönünde değişimlerin olduğu, beden duyumlarında farklılıkların ortaya çıktığı işleme seanslarında terapist, herhangi bir müdahalede bulunmaz. Süreç içerisinde işlevsel olmayan materyal, çift yönlü uyarımlar aracılığıyla işlendikçe kişinin rahatsızlığı kaybolur. Nöral ağlardaki olumlu bağlantılar sayesinde ortaya çıkan duygu, düşünce ve beden duyumları da pekiştirildiğinde kendilik imgesinde kalıcı ve genellenebilir bir değişim ortaya çıkar. Böylece anı, travmatik bir anı olmaktan çıkıp normal bir anı olarak hafızada yerini alır. Bazı durumlarda ise işleme süreci, bu yolu takip etmez. Anı ağlarında ortaya çıkan bir tıkanıklık, travmatik deneyimin yeniden işlenmesini durdurur. İlk adım olarak çift yönlü uyarım türünün ve hızının değiştirilmesi, travmatik malzemeye erişimin önünü açar ve işlemeyi kaldığı yerden devam ettirir. Bunun yanında işleme sırasında herhangi bir malzemenin gelmediği ya da birkaç set sonunda bile gelen malzemede bir değişimin gerçekleşmediği durumlar olabilir. Böylesi durumlarda terapist, danışandan tüm olayı yeniden taramasını ve olay anına ilişkin rahatsız edici bir imge, ses, koku, diyalog vb. olup olmadığını kontrol etmesini isteyebilir. Bu müdahale sonrasında danışanın bildirdiği yeni malzemeyle işlemenin kaldığı yerden devam etmesini sağlar. Yine özellikle güçsüzlük ve zayıflığın yoğun olarak hissedildiği travmatik deneyimler işlenirken süreç bir noktada tıkanabilir ve ilerleme durur. Bu durumlarda, hedef imgede yapılan bazı değişiklikler tıkanıklıkların önünü açmaya yardımcı olur. Örneğin fiziksel şiddete maruz kaldığı travmatik bir anının işlenmesi sırasında kendini güçsüz deneyimleyen ve yoğun korku yaşayan bir danışan için hedef olaya ilişkin imgenin küçültülmesi, uzaklaştırılması, görüntünün cansızlaştırılması ya da travma failiyle arasına cam bölme konulması gibi müdahaleler, engeli kaldırarak işleme sürecinin ilerlemesini sağlar.

Ancak bazı seanslarda işleme süreci, terapistin bilişsel düzeyde bir müdahalesi olmadan ilerlemez. Bilişsel bir müdahale genellikle danışanın işlemeyi sağlayacak yeterli bilgi ya da deneyime sahip olmadığı, art arda setlerden sonra bile rahatsızlığın katlanılmaz düzeyde arttığı, seans bitimine doğru yoğun duyguların ortaya çıktığı ve olumlu duygu ve inançların nöral ağlarda genellenemediği durumlarda gerekli hale gelir. Başarılı bir bilişsel müdahale, işlemenin önündeki engeli kaldırır ve seansın akıp gitmesine yardımcı olur. Özellikle erken yaşta cinsel istismara maruz kalan ya da kompleks travma geçmişi olan kişilerle çalışırken bilişsel müdahaleler neredeyse zorunlu hale gelir. Buna rağmen hemen her fırsatta tercih edilmemelidir. Çünkü EMDR terapisinin tedavi önceliği, müdahale olmaksızın beynin kendi doğal bilgi işleme sürecini kullanmasını sağlamaktır.

EMDR seanslarında rahatsız edici malzemeler, genellikle belirli bir düzeni takip etmez. Daha çok çağrışımsal bellekten gelen karmaşık bilgilerin akışı, işlemeye yön verir. Örneğin terapistin uyguladığı uzun bir set sonrasında görsel bir malzeme gelirken bir sonraki setin ardından rahatsız edici bir beden duyumu gelebilir. Sonrasında ise tekrar görsel bir malzeme ya da bir düşünce ortaya çıkabilir. Bu düzensiz akışa rağmen başarılı bir işleme sürecinde hemen her zaman belirli aşamalar vardır. Bunlar, travmatik deneyime dair rahatsızlığın gittikçe azalması, işlevsel düşünce, duygu ve beden hislerinin açığa çıkması ve olumlu anı ağlarıyla kurulan bağlantılar sayesinde iyilik halinin genellenebilmesidir. Özellikle bazı travmalar söz konusu olduğunda böylesi başarılı bir işlemenin gerçekleşebilmesi, çoğunlukla belirli konuların bir sırayla ele alınmasına bağlıdır. Travmaya göre değişmekle birlikte çoğu zaman bu sıra, ilk olarak *sorumluluğun* travma mağdurundan alınıp gerçek sahibine verilmesi, ikinci olarak olayın geçmişte yaşandığı ve şimdinin artık *güvenli* olduğunun anlaşılması, üçüncü olarak ise artık bir yetişkin olarak farklı *seçimler* yapılabileceğine dair kesin inancın ortaya çıkmasıdır. Binlerce EMDR seansı, başarılı bir tedavi için bu üç konuyu (sorumluluk, güvenlik ve seçim yapma) genellikle bu sırayla işlemenin gerekli olduğunu göstermiştir. Çünkü işleme sırasında bir danışan ancak bu üç düzlemden ilerlediğinde daha olgun ve dengeli bir bakış açısına kendiliğinden geçiş yapabilir.[1] Dolayısıyla terapist bilişsel müdahalelerini bu sırayı göz önünde bulundurarak yapılandırmalıdır.

Örneğin cinsel travma mağduru bir kişi, olay anında tacizcisine karşı koymadığı, kendisini koruyamadığı ya da bir şekilde bu tacize katkıda bulunduğu düşüncesiyle derin bir suçluluk duygusu ve kötü biri olduğu inancı geliştirebilir. Üstelik bu duygu ve düşünceler o kadar baskındır ki kişi, kendini bunlardan sıyırmakta zorlanır. Bu durum, işleme sürecinin önünde bir engel olduğunu ve engeli aşmak için ek bir stratejiye ihtiyaç duyulduğunu gösterir. Böyle bir işleme seansında terapistin yapacağı bilişsel müdahale, öncelikle sorumluluğun mağdurdan alınarak gerçek sahibine verilmesini amaçlar. Ancak bilişsel müdahaleler, hazır bilgiyi kişiye doğrudan sunmaz. Bunun yerine yönlendirici sorularla kişinin içsel sistemlerini harekete geçirerek kendi cevaplarını bulmasını sağlamaya çalışır. Çocukluğunda tacize maruz kalan ve "kendimi korumam gerekirdi, benim suçumdu" inancıyla ezici duygularla baş etmek zorunda kalan bir danışan için terapist, *"Bu senin suçun değil."* demek yerine, *"Küçük bir çocuğu sence kimin koruması gerekirdi?"* ya da *"Sence bu kimin suçu?"* gibi bir müdahalede bulunmalıdır. Böyle bir müdahale, danışanın olayı ve kendini gerçekçi bir bakış açısıyla değerlendirebilmesine katkıda bulunur. Bu tarz müdahaleler sonrasında danışanlar genellikle, olayla ilgili suçlu olan kişinin kendileri olmadığına, bunu onlara yaşatan ya da yaşatılmasına izin veren kişilerin suçlu olduğuna karar verirler. Bu kavrayışın ardından terapist, danışandan sadece bunu düşünmesini isteyerek çift yönlü uyarıma devam eder. Böylece olaya dair hissedilen sorumluluk, kötülük hali ve suçluluk, gerçek sahibine verilerek işlemenin önündeki engel ortadan kaldırılmış olur.

Taciz, tecavüz, saldırıya uğrama ya da çocuklukta örseleyici travmatik yaşantılara maruz kalma gibi durumların çalışıldığı seanslarda, sorumluluğun gerçek sahibine verildiği birinci aşamanın ardından, genellikle travma mağdurunda korku daha baskın hale gelir. Korku işlendikçe olayın geçmişte yaşandığı ve tehlikenin artık var olmadığı gerçeği, kişinin gittikçe artan bir güvenlik hissine ulaşmasını sağlar. Güvenlik algısının açığa çıktığı bu ikinci aşamada, korkunun yerini genellikle diğerlerine karşı öfke ve tiksinti duyguları alır. Ortaya çıkan bu yeni duyguların başarılı bir şekilde işlenmesi, dönüşüm sürecinin tamamlanması için gerekli olan üçüncü aşamaya geçişi hızlandırır. Üçüncü aşama, travmanın yaşandığı andaki zayıflığa karşın şimdiki zamanın gerçekliğine uygun bir güçlülük ve kendine güven hissinin ortaya çıktığı seçim aşamasıdır. Kişi benzer bir durumla karşılaştığında farklı davranabileceğine, farklı seçimler yapabileceğine dair sağlam bir inançla geçmiş ile bugün arasına net bir çizgi çeker. Böylece travmatik anı, normal bir anı olarak hafızada yerini alır.

Terapistin yapacağı bilişsel müdahaleler, bu üç aşamadan birinde karşılaşılan engeli aşmaya yönelik olabilir. Esas olan şey danışan için en uygun müdahale şeklinin hangisi olduğuna spontan olarak karar verilebilmesidir.

Bilişsel Müdahale Seçenekleri

Yeni Bilgi

Danışanlar bazen, işleme için gerekli olan işlevsel bilgiye sahip değildirler. Buna bağlı olarak kısır bir döngünün içinde sıkışıp kalırlar. Baskın olarak hissedilen olumsuz bir inancın ve duygunun varlığı, bu döngüden çıkmalarını engeller. Böylesi durumlarda terapistin uygun müdahalesi, danışanın bilişsel bağlantıları kurabilmesine yardımcı olabilecek eksik bilgiyi tamamlamak yönünde olmalıdır. Bu yeni bilgi sayesinde travmatik deneyimin tekrar ele alınması, inanç ve duygularda olumlu değişimleri beraberinde getirir ve kişiyi sıkışıp kaldığı yerden çıkartır. Örneğin çocukluğu boyunca amcasının cinsel tacizlerine maruz kalan bir danışanımın seanslarından birinde, işleme sürecinde tıkanıklık olduğu görülüyordu. Danışan, travmanın benliğinde yarattığı negatif inancın pençesinden kurtulamıyordu. Olayı yaşarken bir parçasının memnun olduğu, tüm bu olanlara bir şekilde izin verdiği ve hatta kendisinin bunu yaşamayı istediği yönünde utanç ve suçluluk duyguları yaşıyordu. Üstelik amcası ailede hâlâ çok sevilen biriydi ve danışan otuzlu yaşlarına gelmiş olmasına rağmen hemen her gün bu duygularla mücadele etmek zorunda kalıyordu. İşleme sırasında yaşadığı çaresizlik gittikçe derinleşiyordu ve bilişsel bir müdahaleyi zorunlu kılıyordu. Danışanımın bilmediği bir şey vardı: Tacize uğradığı yaşlarda, küçük bir çocuk olarak kendini koruma sorumluluğunun ona ait olmadığıydı. O yaşlarda bir çocuğu ona bakım verenlerin koruması gerektiğini bilmiyordu. Bu bilgi eksikliğini gidermek amacıyla danışanıma bir dizi açıklamada bulunmayı doğru bir müdahale olarak gördüm. Bir çocuğun kendisini koruyacak bir anne babaya ihtiyaç duyacağına, bazı duyguların çocuklukta engellenemez bir şekilde hissedilebileceğine ve çocuğun bu duyguların farkında bile olamayabileceğine dair kısa bir açıklama yaptım. Aynı zamanda ilgisiz bir aile ortamında büyüyen çocuklar için bu tarz yakınlaşmaların ilgi ve sevgi anlamına gelebileceğini, dolayısıyla buna ihtiyaç hissetmelerinin normal olabileceğini söyledim. Hatta üzerinden yıllar geçmesine rağmen şu anda bile, bu durumu annesiyle paylaşamamasının korunmaya dair bir eksiklikten kaynaklanıp kaynaklanmadığı konusunda ne düşündüğünü sordum. Bu açıklamalar sonrasında gerekli bilişsel bağlantıların kurulması, danışanın olumlu ve gerçekçi cevaplar vermesini sağladı. "Evet, benim suçum değildi. Beni onlar korumalıydı. Küçük bir çocuk olarak nerden bilebilirdim ki?" cevaplarının ardından, *"Sadece bunları düşün."* diyerek işlemeye devam ettim. Böylece tıkanıklık açıldı ve travmatik deneyimin işlemesi hızlandı.

"Kafam Karıştı"

Travma söz konusu olduğunda mağdur edilen kişi, çoğunlukla kendine karşı acımasız bir tavır içerisinde olur. Hatta travmatik olayı, bugünkü koşullarla yeniden değerlendirebileceği bir bakış açısına sahip olsa da bunu kullanamayabilir. Danışanın doğru bilgiye sahip olduğu ancak çeşitli engeller nedeniyle bu bilgiyi harekete geçiremediği böylesi durumlarda terapist, farklı bir bilişsel müdahalede bulunmalıdır. Örneğin öğretmeni tarafından yoğun olarak duygusal ve fiziksel istismara maruz kalan, "kötü biriyim, suçluyum, bunu hak etmiştim" inancından bir türlü çıkamayan danışan için terapist, *"Aklım karıştı, altı yaşındaki bir çocuğun dersi anlamadığı için suçlu olduğunu mu söylüyorsun?"* ya da *"Kafam karıştı. Altı yaşındaki bir çocuğun yaramazlık yaptığı için kötü biri olabileceğini mi söylüyorsun?"* gibi bir müdahalede bulunabilir. Genellikle bu tarz bir müdahale, danışanın durumu yeniden sorgulamasına ve var olan işlevsel bilgiyi kullanabilmesine olanak tanır. Gelen olumlu bildirimler, bilişsel müdahalelerin ardından her zaman yapıldığı gibi *"sadece bunu düşün"* şeklinde bir yönlendirmeyle işlenmeye devam edilir.

"Ya Senin Çocuğun Olsaydı"

Bazı durumlarda danışanlar bir önceki örnekte terapistin sorusuna karşılık olarak kendilerini yargılayan olumsuz yanıtlar verebilirler. İnanç sistemlerindeki katılık, işlevsel olmayan bakış açılarını değiştirmelerine izin vermez. Bu durumda kişinin kendine ne kadar acımasız olduğunu, başkalarına gösterdiği şefkat ve anlayışı kendine göstermediğini anlayabileceği bir müdahale oldukça işe yarar. Özellikle ailede şefkat ve koruma duygularının yansıtıldığı küçük bir çocuğun varlığı, bu müdahale için uygun bir seçenek olarak kullanılır. Örneğin terapistin, *"Aklım karıştı, altı yaşındaki bir çocuğun dersi anlamadığı için suçlu olduğunu mu söylüyorsun?"* sorusuna karşılık olarak danışan, "Evet." cevabı vermişse terapist, *"Eğer senin çocuğun yaramazlık yaptığı için öğretmeninden şiddet görseydi bu çocuğunun suçu mu olurdu?"* gibi bir müdahalede bulunabilir. Bu tarz bir müdahale, danışanların çoğunlukla şiddetli bir tepki vermesine yol açar. "Olur mu öyle şey?", "Tabii ki hayır!" şeklinde gelen cevaplara karşılık terapist, *"Sadece bunu düşün."* diyerek işlemeyi sürdürür. Bu sayede kişinin başkalarına gösterdiği şefkat ve korumayı kendine de verebilmesi sağlanmış olur.

"-mış Gibi Yapalım"

Özellikle geçmişte eksik yapılan şeylere dair suçluluğun hissedildiği ya da güçlü olunamadığı için çeşitli korkuların ve korunma ihtiyacının baskın olduğu travmatik anıların işlenmesi sırasında danışanlar belirgin bir sahnede sıkışıp kalabilirler. Terapistin yaptığı birkaç setin ardından rahatsız edici materyalde değişiklik olmadığı gibi çaresizlik ve umutsuzluk duygularında da artış gözlemlenir. İşleme sürecini durduran bu engeli gidermek için terapist, danışandan sorunlu sahneye dair olası bir olumlu alternatifi zihninde canlandırmasını isteyebilir. Örneğin tacizcisine karşı koyamadığı için çaresizlik duyguları içinde sıkışıp kalmış ve işleme sırasında ilerleyemeyen bir danışan için terapist, *"Bir an için ona karşı koyabilecek kadar güçlü olduğunu düşünelim, neler yapardın?"* şeklinde bir soru sorabilir. Genellikle bu tarz bir müdahale, danışanın mevcut durumdan farklı olarak olumlu bir tepkisini açığa çıkarır. Böyle bir müdahalenin ardından, "Kendimi korurdum.", "Ona karşı koyardım.", "Ona saldırırdım." gibi cevaplar gelmesi muhtemeldir. Bunun üzerine terapist, *"Sadece bunu düşün."* diyerek işlemeyi ilerletir.

Bu bilişsel müdahale, danışana hiç farkında olmadığı yeni bir alternatif sunduğu için çok etkili sonuçları olan bir müdahale türüdür. Oğlunu beklenmedik bir anda kaybetmiş elli beş yaşlarında bir danışanım, aşırı yasla bana başvurmuştu. Onu en çok rahatsız eden sahnelerden biri, iş yerindeyken oğlunun kendisini arayarak baş ağrısı çektiğini söylediği sahneydi. Danışan bu ağrının normal bir ağrı olduğunu düşünerek oğluna ağrı kesici almasını tavsiye etmişti. Bu görüşmeden iki saat sonra, beyin sapında yaşadığı bir problem nedeniyle yoğun bakıma alınan oğlu bir haftalık süre boyunca yapılan tüm müdahalelere rağmen kurtarılamamıştı. Danışan, telefon görüşmesi sırasında oğluyla yeteri kadar ilgilenmediği, işini bırakıp yanına gitmediği için yoğun suçluluk duyguları yaşıyordu. Bu anının rahatsızlık düzeyi çok yüksekti ve işleme boyunca duygularında olumlu yönde bir değişim olmuyordu. Aksine çok yoğun duygular, seansın kontrolünü zorlaştırıyordu. Tıkanıklığı fark ettiğimde, *"Bilseydin ne yapardın?"* şeklinde küçük bir müdahalede bulundum. Danışan, "Uçarak giderdim." şeklinde yoğun bir ağlama nöbetiyle cevap verdi. Ardından, "Bilmiyordum.", "Bilseydim canımı verirdim." gibi düşünce çağrışımları geldi. Bu müdahale işlemenin önündeki engeli kaldırdı ve süreç bir anda hızlandı. Anıya dair olumsuz duygular ve kendilik inancı işlendiğinde rahatsızlık düzeyi belirgin bir biçimde azalmıştı.

Bu müdahalenin bir adım ötesi, zihinsel canlandırmayı seans odasında sahnelemektir. Kayıp ve yas durumlarında özlemin dile getirilmesi, mağduriyetin yaşandığı travmalarda faile karşı öfkenin ifade edilmesi ya da geçmişte korunmaya muhtaç bir çocuk olarak bu ihtiyacın şimdiki yetişkin kimlik tarafından giderilmesi, bu müdahale sayesinde mümkündür. Bu müdahale, temelde iki şekilde gerçekleşir. Birincisi söylenmemiş sözlerin dile getirilmesini sağlamak, ikincisi ise danışanın bir eylemde bulunmasını teşvik etmektir. Ancak her iki müdahale de korku duyguları işlenip yeterince güvenlik hissi oluştuktan sonra desteklenmelidir. Aksi halde terapist, kişiyi yeni bir travmatik deneyime sürükleyebilir.

Özellikle geştalt terapi yönteminde kullanılan sandalye tekniği, "söylenmemiş sözler" ya da "eylemde bulunma" hali için ideal ortamın yaratılmasına yardımcı olur. Bu yöntem, kişide uzun süreli duyguya neden olan bitirilmemiş işlerde oldukça etkilidir. Bitirilmemiş işlerin en önemli belirtisi, diğerlerine (kaybedilen kişi, tacizci, korumayan anne vb.) karşı devam eden çözümlenmemiş duyguların varlığıdır. EMDR terapisti işleme sürecinde bir engelle karşılaştığında ve doğru müdahalenin bu olduğunu düşündüğünde söylenmemiş sözleri dile getirmesi için kişiyi yönlendirebilir. Terapist, böyle bir uygulamayı başlatacağını danışanıyla paylaşmalıdır. Ardından, *"Onu orada görebilir misin, nasıl oturuyor, üzerinde neler var, sana nasıl bakıyor?"* gibi ifadelerle danışanından muhatabını karşısında oturuyormuş gibi hayal etmesini ister. Bu tarz canlı bir imge yaratmak, işlemeyi sağlayacak düzeyde duyguları uyaracağından gerekli olabilir. Ancak özellikle taciz, tecavüz, şiddet deneyimleri çalışılacağında bu kadar canlı bir imge çeşitli riskler doğurur. Bu nedenle böylesi ayrıntılı imgeler, kayıp sonrası yasta ve anne babaya karşı hissedilen bazı duyguların ifade edilmesinde daha işlevseldir. Söylenmemiş sözlerin dile getirilmesi ya da farklı bir eylemde bulunmanın teşvik edilmesi sırasında dikkat edilmesi gereken şey, kişinin bu karşılaşmayı kaldırabilecek duygu durumunda olması gerektiğidir. Danışanlar kendilerini hazır hissediyor olsalar bile bu karşılaşmaya çoğunlukla yoğun duygulanımla tepki verirler. Öyle ki acı, üzüntü ya da tiksinti, danışanın muhatabıyla konuşmasını zorlaştırır. Genellikle kısık bir ses tonu ve belirsiz ifadelerle başlayan bu uygulama, terapistin desteğiyle duyguların çok daha güçlü bir şekilde ifade edildiği terapötik bir sürece dönüşür. Özellikle tehlike karşısında hissedilen tehdit ve korkunun yeterince işlendiği seanslarda duygular, muhatabına karşı koyma, vurma ve onu itme gibi eylemlere dönüşme eğilimi gösterir. Örneğin danışan işleme sırasında kendini yeterince güçlü hissettiği bir konuma ulaştığında, travma failine yönelik olarak, "Onun ağzını burnunu dağıtmak istiyorum." ya da "Ona tekme atmak istiyorum." şeklinde bir isteği dile getirebilir. EMDR terapisti, bunu seans odasında hemen sahnelemesi için danışanı destekleyici bir tutum içerisinde olmalıdır. Bu tarz etkileşimler kişiyi beklenmedik derecede duygusal bir iyileşmeye götürür.

Tüm bu müdahalelerin amacı bastırılmış duyguların kontrollü bir şekilde açığa çıkmasını sağlamak ve böylece işleme sürecinin önündeki engeli ortadan kaldırmaktır. Bu müdahale sonunda üç tür şey beklenir. Bunlardan biri "*sınır koyma*"dır. Örneğin cezalandırıldığı için hep kendini kötü biri olarak gören biri süreç sonunda, "Kötü olan ben değildim, sendin," noktasına gelir. Ya da cinsel tacize uğrayan ve kendi istediği için başına böyle bir olay geldiğini düşünen biri, süreç sonunda, "Ben istemedim, sen bana tecavüz ettin, senin suçun." noktasına gelir. Bu iki müdahale türünden beklenen diğer bir sonuç "*anlama*"dır. Özellikle ebeveynleri tarafından kötü muameleye maruz kalmış biri, süreç sonunda suçladığı anne ya da babasını anlama aşamasına gelir. "Sen de sevgi görmedin, o yüzden beni nasıl seveceğini bilmiyordun." gibi bir düşünce sürecine ilerlemek travmatik deneyimin yarattığı duyguların hafiflemesini sağlar. Diğer beklenti ise "*affetmek*"tir. Söylenmemiş sözlerin dile getirildiği seanslarda danışanın öfkesi yeteri kadar işlenebilirse sonunda diğerini affetme aşamasına geçebilir. Bunu bir diyalog olarak, "Seni affediyorum, artık seninle ilgilenmiyorum." şeklinde dile getirebilir. Affetmek bilinenin aksine diğerinin yaptığını normal görmek değil, artık onunla kendi arasındaki sorunlu duyguya neden olan bağı koparmak anlamına gelir.

Yönlendirilmiş Keşif

Yönlendirilmiş keşif, terapistin çeşitli sorular aracılığıyla danışanda var olan bilgiyi ortaya çıkardığı Sokratik bir sorgulama yöntemidir. Bilişsel-davranışçı terapilerde sıkça kullanılan bu yöntem, EMDR terapisinin adaptif bilgi işleme süreçleriyle uyumlu bir şekilde yeni bir bilginin öğretilmesini değil, kişide var olan bilginin açığa çıkarılmasını hedefler. Klinisyen travmatik bir anıyı işlerken danışanda var olan mantık dışı bir düşüncenin süreci engellediğini fark ederse yönlendirilmiş keşif müdahalesini başlatır. Terapistin sorularla şekillendirdiği bu müdahale, mantık dışı düşünceye karşın danışanın mantıklı ve işlevsel karşıt bir düşünceye yönlendirilmesini içerir. Bu müdahaleyi yaparken terapistin dikkat etmesi gereken şey, uzun cevaplar gerektiren sorular sormaması gerektiğidir. Bunun yerine kısa cevapları arayan bir diyalog, işlevsel bilgiye erişimi hızlandırır. Dahası, dışarıdan bir müdahale olmayıp danışanın kendi içinden kaynak aldığı için kalıcı bir değişime yol açar.

Metafor Kullanımı

Milton Ericson'a göre psikoterapi, iyi fikirlerle kötü fikirlerin yer değiştirmesidir ve değişim için ihtiyaç duyulan her türlü kaynak bilgi ve potansiyel güç, danışanın içinde bir yerlerde saklıdır. Bu bakış açısı EMDR terapisiyle birebir uyumludur. Bilişsel müdahalelerin amacı, danışanın içinde var olan bilgiyi, beceriyi, potansiyel ya da olumlu bir perspektifi ortaya çıkarmaktır. Bu amaca uygun olarak metaforların EMDR terapisinde kullanılması, oldukça iyi sonuçlar verir. Danışanın terapötik ihtiyaçlarını göz önünde bulundurarak terapistin anlattığı her hikâye, olay, benzetme ya da mizahi bir anekdot kişinin iç dünyasında bir yerlere temas eder. Hikâyeleştirilmiş sözcüklerin gücü her zaman daha güçlüdür ve dinleyicisini engellenemez bir şekilde içine çeker. Bu yolla danışan, anlatının içindeki figürlerle özdeşim kurar ve travmatik deneyimi yeniden çerçeveleme imkânına erişir. Özellikle travma sonrası stres bozukluğu yaşayan çocuklarla yapılan seanslarda (EMDR ya da başka terapiler), Nancy Davis tarafından yazılan *Çocuklar İçin İyileştirici Hikâyeler* isimli kitap, bu yöntemin sunduğu imkânlardan yararlanarak birçok kişinin ruhuna dokunuyor.

TRAVMATİK YENİDEN YAŞANTILAMA VE BEYİN GÖRÜNTÜLEME

Başrollerinde Jim Carrey ve Kate Winslet'in oynadığı 2006 yapımı *Sil Baştan* (Eternal Sunshine of the Spotless Mind) filmi, sevgilisine ait hatıraları zihninden silmek isteyen bir adamın hikâyesini konu alır. Eski kız arkadaşı Clementine'ın (Kate Winslet) gizemli bir tıbbi müdahaleyle ilişkisine dair tüm anıları zihninden sildirdiğini öğrenen Joel (Jim Carrey), büyük bir hayal kırıklığı yaşar ve aynı prosedürü kendisi için de uygulatmaya karar verir. Bu işlem için Clementine'ı hatırlatacak tüm nesneleri evinden getirmesi gerekecektir. Nörogörüntüleme sayesinde, nesnelerin kendisine gösterildiği sırada Joel'in beyninde, anlık olarak hangi bölgelerin tepki verdiği belirlenecek ve böylece bir Clementine haritası çıkarılacaktır. Gece uykuya daldığında eve gelecek olan bir ekip, bu haritaya uygun bir şekilde Joel'in beynindeki anıları silme işlemini başlatacaktır. İşler yolunda giderse Joel, sabah her şeyden habersiz, yepyeni bir hayata uyanacaktır.

Peki gerçekten herhangi bir anının beynin hangi bölgesinde depolandığını somut olarak görebilir miyiz?

"Beynin On Yılı" (Decade of the Brain) olarak adlandırılan 1990-2000 arası yıllar, sinir bilimde ciddi gelişmelerin yaşandığı bir dönemdi. Bu yıllarda sinir bilimi alanında kullanılmaya başlanan pozitron emisyon tomografisi (PET) ve fonksiyonel manyetik rezonans görüntüleme (fMRI), bilgiyi işleme sırasında beynin hangi bölgelerinin aktif olarak çalıştığını tespit edebiliyordu. Bu sayede bilim insanları ilk kez insan beyninin anlık hareketlerini gözlemlemeye başladılar. 1994 yılında Massachusetts Hastanesi'nin genç psikiyatristi Scott Rauch ve travma konusunda uzman Bessel van der Kolk, bu teknolojiden yararlanarak bir çalışma yapmaya karar verdiler. Çalışmanın amacı, travma mağduru kişilerin yaşadıkları geriye dönüşler (*flashback*) sırasında beyinlerinde neler olduğunu tespit etmekti. Daha öncesinde TSSB tanısı almış sekiz kişi, bu çalışma için gönüllü olduklarını bildirdiler. İlk adımda katılımcılardan geçmişte yaşadıkları travmatik deneyimi ayrıntılı olarak anlatmaları istendi. Ancak travmatik anılar oldukça düzensizdi. Kişiler olaya dair belirgin imgeleri, duyguları, kokuları, sesleri ya da beden hislerini çok net hatırlamakla beraber, olayların sırasını ya da diğer ayrıntıları hatırlayamıyorlardı. Her katılımcı için travma anına ait hatırlanabilen parça bilgilerden (imge, ses, koku, beden hisleri ya da duygular) oluşan bir öykü hazırlandı. Bu öykü, izlem sırasında travmatik anıyı uyarmak amacıyla kullanacaktı. Bunun yanında, katılımcılardan rahatsız edici hisler uyandırmayan ve kendilerini güvende hissettikleri geçmiş bir olayı anımsamaları istendi. Kişiler normal ya da güzel şekilde hatırlayabildikleri olaylardan bahsettiler. Anlattıkları bu hikâyelere göre her bir katılımcı için nötr bir senaryo daha oluşturuldu. Bu senaryo, travmatik öykü sırasındaki tarama sonuçlarıyla karşılaştırılmak üzere ikinci bir taramada kullanılacaktı.

Travmayı yeniden canlandırmak amacıyla oluşturulan tipik bir öykü metni şu şekildeydi:

> *"Altı yaşındasın ve yatmak için hazırlanıyorsun. Anne ve babanın birbirlerine bağırışlarını duyuyorsun. Korkuyorsun ve midende bir düğümlenme hissi var. Sen, küçük kız kardeşin ve erkek kardeşin merdivenlerin başında birbirinize sokulmuşsunuz. Korkuluktan bakıyorsun. Baban annenin kollarından tutarken annen kurtulmaya çalışıyor. Annen o sırada ağlıyor, tükürüyor ve bir hayvan gibi tıslıyor. Yüzün kızarıyor ve tüm bedenini ateş basıyor. Annen kendini kurtarınca yemek odasına doğru koşuyor ve porselen bir vazoyu kırıyor. Sen, annen ve babana bağırıyorsun ama sana aldırış etmiyorlar. Üst kata koşan annenin televizyonu kırdığını duyuyorsun. Erkek ve kız kardeşin dolabın içine saklanmaya çalışıyor. Kalbin küt küt atıyor ve titriyorsun."*

Kişiler kendileri için yazılmış metinleri dinlerken kana enjekte edilen radyoaktif bir madde aracılığıyla metabolik değişiklikleri izleyen PET tarayıcısı, beynin enerji tüketimini ölçecekti. Bu sayede beynin hangi bölgelerinin hiperaktif (aşırı), hangi bölgelerinin hipoaktif (yavaş) çalıştığı tespit edilebilecekti. Eş zamanlı olarak başka bir tarayıcı yardımıyla kişilerin kan basıncı, kalp atışı gibi fizyolojik tepkileri de gözlenecekti. Böylece travmatik yeniden yaşantılama sırasındaki zihin-beden ilişkisine dair veriler de elde edilmiş olacaktı. Hazırlıklar tamamlandığında katılımcılar sırasıyla teste alındı. Dinleyiciler, kendi travma yaşantılarına ait metinleri dinlemeye başladıkları andan itibaren belirgin fizyolojik tepkiler vermeye başladılar. Kan basınçları yükseliyor ve kalp atışları hızlanıyordu. Sadece metni dinlemek bile yıllar önce yaşanmış olan travmatik deneyimi aktive etmiş ve travma anındaki fizyolojik tepkilerin yeniden açığa çıkmasına neden olmuştu. Hemen ardından kendileri için oluşturulan nötr metinleri dinlemeye geçtiklerinde tüm fizyolojik tepkileri normale dönüyordu. Katılımcılar, ezici duygularla karşılaştıkları bu deneyimden sonra oldukça bitkin görünüyorlardı. Gönüllü olan sekiz kişi de aynı işlemden geçtikten sonra PET tarama sonuçları birbirleriyle karşılaştırıldı. Önemli beyin aktivasyonlarının konumlarını belirlemek için istatistiksel haritalama teknikleri kullanıldı. Birkaç günlük çalışmanın ardından yeniden yaşantılama (*flashback*) sırasında katılımcıların beyin aktivitelerinin ortak bir çıktısı oluşturuldu. Sonuç, resimde görüldüğü üzere oldukça şaşırtıcıydı.

Travma Yaşayan Beyin Görüntüsü: Limbik alandaki (A) ve görsel korteksteki (B) kırmızı renkteki parlak noktalar, artan aktivasyonu göstermektedir. Beynin konuşma merkezi olarak bilinen Broca alanında (C) ortaya çıkan beyaz noktalar ise o bölgedeki düşük aktivasyonu göstermektedir.[2]

Katılımcılar, kendi travma senaryolarına maruz bırakıldıklarında beynin sağ yarım küresinde bulunan limbik sistemin aşırı uyarıldığı görülüyordu. Özellikle de limbik sistemin önemli bir parçası olan amigdaladaki artan aktivasyon göze çarpıyordu. Amigdalanın duygusal cevapları belirlemesi nedeniyle ayrı bir öneme sahip olduğu zaten biliniyordu.[3] Dolayısıyla travmatik deneyimin yeniden yaşantılandığı yoğun duygusal anlarda bu bölgenin aktif olarak çalışması şaşırtıcı değildi. Ancak görsel korteksin aşırı aktivasyonu dikkat çekiciydi. Bu bölge, bilgilerin beyne ilk girdiği anda işlendiği yerdi. Tekrar yaşantısının genellikle rahatsız edici imgelerin *flashback*'ler şeklinde zihinde canlanması yoluyla gerçekleştiği düşünüldüğünde bu durum mantıksız görünmüyordu. Görsel korteks, sanki travma anında işleyemediği bilgiyi yeniden işlemeye çalışırcasına yoğun bir çaba sarf ediyordu. Buna karşın sol yarım kürede bulunan, dil ve konuşma işlevlerinden sorumlu "Broca" alanında azalan bir aktivasyon göze çarpıyordu. Yeniden yaşantılama sırasında oluşan yüksek uyarılma hallerinde, dil ve konuşma işlevlerinin ketlendiği açıkça görülebiliyordu. Bu durum, travma anında ortaya çıkan dil tutulması ya da travmaya bağlı olarak oluşan kekemelik gibi fenomenleri açıklıyor gibi görünüyordu. Daha da önemlisi "Broca" alanındaki bu ketleyici etki sadece konuşmayı engellemekle kalmıyor, travmatik olaylarla ilgili bilinçli belleğin kodlanmasını da engelliyordu. Bu durum, deneyimin işlemden geçirilmesini ve nöral bütünleşme yoluyla psikolojik iyileşmeyi sağlayan tutarlı anlatımların gelişimini engelliyordu.[4] Travmatize kişilerin olayla ilgili duygularını ya da düşüncelerini uzun bir süre sonra bile ifade etmekte zorlanmalarının sebebi buydu. Dahası yüksek uyarılma halleri, yalnızca TSSB yaşamış kişilerle sınırlı olmadığından sağ beynin aşırı aktivasyonu ve sol beyin işlevlerindeki bu ketlenme, daha farklı etkiler doğurma potansiyeli taşıyordu. Aşağılanma, eleştirilme, küçük düşürülme ya da değersizleştirilmeye dair geçmiş travmatik deneyimlere sahip kişiler, benzer durumlarla her karşılaştığında örtük bellek sistemleri harekete geçiyor ve bu durum limbik sistemin aşırı uyarılmasına neden oluyordu. Bir topluluk önündeyken konuşma akışının bozulması, kaygılı anlarda kelimelerin birbirine girmesi, stres yaratan durumlarda bütünlükten uzak, başı sonu belli olmayan anlatıların varlığı... Tüm bunlar, geçmiş travmatik olaylara benzer günlük deneyimlerin yarattığı yüksek uyarılma (sağ beyinde artan aktivasyon) durumlarında ortaya çıkan "Broca" alanındaki ketlenmeyle (sol beyinde azalan aktivasyon) açıklanabilir görünüyordu.

Rauch ve van der Kolk öncülüğünde gerçekleştirilen bu çalışma, travmanın yeniden yaşantılanması sırasında beyin aktivasyonlarının gözlendiği ilk çalışmaydı. Bu çalışmadan elde edilen sonuç, taravmatik yeniden yaşantılama sırasında korteks altı beyin bölgelerinde (sağ limbik sistem-amigdala) ve sağ görsel kortekste artan bir aktivasyona karşılık, özellikle medial prefrontal kortekste bulunan Broca alanında azalan bir aktivasyon olduğu yönündeydi.[5] Dolayısıyla travmatik yaşantı uyarıldığında sağ beyin devrelerinde travmanın izleri açık bir biçimde görülebiliyordu. Bu durum travmanın sağ beyin devrelerinde lokalize olduğu bilgisini veriyordu. Sonrasında yapılan sayısız PET, fMRI ve SPECT çalışmaları da bu sonucu doğrular nitelikteydi. TSSB'yle ilgili olarak bugüne kadar yapılan görüntüleme çalışmalarının tamamında travma hipokampüs, medial prefrontal korteks, pariyetal korteks, anterior singulat gibi belirli beyin bölgelerine işaret ediyordu.[6]

EMDR TERAPİSİ SONRASI BEYİN GÖRÜNTÜLEME

Üzerimizde olumlu ya da olumsuz etkileri olan her bir deneyim duygularımızı, düşüncelerimizi ve davranışlarımızı organize etmek üzere beyinde depolanır. Yaşam öykümüze katkıda bulunan normal deneyimlerde bu depolama işlemi, sağ ve sol yarım kürelerin iş birliği ve farklı bellek sistemlerinin katılımıyla gerçekleşiyor olsa da hipokampüs tarafından kontrol edilir. Hipokampüs, neokorteksten gelen bilgileri işleyerek hafıza ve duyguların entegre edildiği limbik sisteme iletir.[7] Belleği algısal kalıplar ve bağlamlar açısından işleyen hipokampüs sayesinde normal anılar açık bellekte muhafaza edilirler. Bazen çağrışımlar yoluyla ortaya çıkarlar. Öyle ki bir koku, bir imge ya da ses bizi bir anda çocukluğumuzun güzel bir anına ya da acı verici olsa da kabullenilmiş bir hatırasına götürebilir. Bazen de bilinçli düşünce yoluyla yeniden hatırlanabilirler. Bilinçli hatırlama işlemi, beynin depolanmış düzenli bilgiyi geri çağırmasıyla gerçekleşir. Hipokampüsün etkin rol oynadığı hatırlama işlevi sayesinde uzun zaman önce meydana gelen olaylar, yakın zamandaki olaylardan ayırt edilirler.[8] Her iki durumda da bazen çok canlı, bazen de belli belirsiz anımsanabilen normal anılar, yaşam tecrübemizi oluştururlar ve büyük ölçüde gelecekteki seçimlerimize yön verirler. Bu nedenle otobiyografik anılar olarak da bilinirler.

Otobiyografik anılara karşın yoğun çaresizlik ve sıkışmışlık hisleri uyandıran travmatik deneyimlerde beynin depolama işlemi farklılaşır. Amigdalanın aşırı uyarıma maruz kaldığı böylesi anlarda frontal lobda bulunan medial prefrontal korteks, kısmen devre dışı kaldığından limbik sistem kontrolü ele geçirir. Bu durum hipokampal işleyişi bozar. Bu nedenle travmatik deneyime dair bilgiler, sağlıklı bir biçimde işlemden geçirilemez ve eski bilgilerle bağlantı kurulamaz. Sol beyin işlevlerinin baskılandığı, buna karşın sağ beyin devrelerinin daha aktif rol oynadığı bu sürecin sonunda beyin, deneyime ait izleri anlamsız ve birbirinden bağımsız bilgiler olarak örtük bellekte kayıt altına alır. Böylece travmanın düzensiz parçaları, her an tetiklenebilir özellikte ve endişe yaratıcı bir formda depolanmış olur. Zaten geriye dönüşleri (*flashback*) tetikleyerek travmatik olay yeniden yaşanıyormuş gibi beynin tepki vermesine neden olan şey de olayın öyküsünden bağımsız bir biçimde depolanan bu düzensiz bilgilerdir.[9] Kişi travmayı hatırlatıcı herhangi bir uyaranla karşı karşıya kaldığında beyin zaman algısını kısmen kaybeder ve geçmişi şimdi olarak deneyimler. Ayrıca bedeni savunma pozisyonuna sokarak savaşmaya ya da kaçmaya hazır hale getirir. Açık belleği büyük oranda organize eden bilinçli beynimiz (sol beyin), travmanın geçmişte kaldığını bilir ancak örtük belleği kodlayan bilinç dışı beynimiz (sağ beyin) için işler bu kadar kolay değildir.

Tüm psikoterapi ekolleri, travma yaşamış kişilerin acılarını farklı yöntemler kullanarak hafifletmeyi amaçlar. Bunlar arasında özellikle maruz bırakmanın temel bir bileşen olduğu bilişsel-davranışçı terapi ve EMDR gibi travma odaklı psikoterapi yaklaşımlarının TSSB tedavisinde yararlı olduğu gösterilmiştir.[10] Travma mağdurlarıyla yürütülen psikoterapi çalışmalarının başarısı, çoğunlukla tedavi sonrası gözlemlenebilen davranışlar, dönüşen duygular, değişen beden hisleri ve geri bildirim yoluyla alınan düşünceler üzerinden değerlendirilir. Peki Rauch ve Kolk önderliğinde başlayan ve sonrasında devam eden çalışmalar boyunca nörolojik bulgular üzerinden açık bir biçimde beyinde görüntülenebilen travma, başarılı bir psikoterapi sonrasında nasıl görünür? Acaba terapötik bir müdahale sonrasında travmanın beyinden silindiğini görebilmek mümkün müdür?

Son yıllarda psikoterapinin sinirsel ilişkilerini değerlendirmek amacıyla gerçekleştirilen çalışmalar, beyin fonksiyonları üzerinde net nörobiyolojik etkiler ortaya koymuştur. Beyin görüntüleme, moleküler biyoloji ve nörogenetikte yapılan araştırmalarda psikoterapinin beyinde bölgesel kan akışını, nörotransmitter metabolizmasını ve gen ifadesini etkilediğini, aynı zamanda sinapsların elastikliğinde kalıcı değişimler yaratarak beynin işlev ve yapısını değiştirdiğini göstermiştir.[11] Travma sonrası stres bozukluğu için etkili bir tedavi yöntemi olarak geliştirilen EMDR'nin başarısı da tek foton emisyonlu bilgisayarlı tomografi (SPECT), fonksiyonel manyetik rezonans görüntüleme (fMRI) ve pozitron emisyon tomografisi (PET) gibi tarama teknikleri sayesinde gösterilmiştir. Yürütülen sayısız çalışmada denekler, EMDR öncesi ve sonrasında kendi travma senaryolarına maruz bırakılmışlardır. EMDR uygulaması öncesinde travma senaryosuyla birlikte ortaya çıkan duygusal ve bedensel hisler uygulama sonrasında tamamen ya da büyük oranda kaybolmuş, deneklerde gözle görülebilir bir rahatlama gözlenmiştir. Kişilerden travmatik deneyime yeniden bakmaları istendiğinde öncesinde anlamsız ve kopuk olan deneyime dair parçaların bütünleştiği ve anlamlı bir öyküye dönüştüğü görülmüştür. Nörogörüntüleme çalışmalarında ise başarılı bir EMDR tedavisinin ardından tutarlı bir şekilde frontal lob aktivasyonunun arttığı, limbik bölgelerdeki aktivasyonun ise azaldığı gösterilmiştir.[12] EMDR öncesi ve sonrasına ait SPECT tarama sonuçlarını yansıtan bu resimler, TSSB'li kişilerde prefrontal ve limbik anormalliklerin tedavi sonrası tersine çevrildiğini göstermektedir. EMDR sonrasında limbik bölgelerde ve prefrontal kortekste ortaya çıkan aktivasyon değişimlerinin önemli ölçüde normalleşmesi, klinik iyileşmenin nörobiyolojik karşılığı olarak yorumlanabilir.

EMDR Öncesi ve Sonrası Beyin Görüntüsü: Limbik alandaki ve görsel korteksteki parlak renkler (A), EMDR öncesinde travma senaryosuna maruz bırakılan beyin görüntüsünü yansıtmaktadır. Limbik aktivitenin azalmış beyin görüntüsü (B), EMDR sonrasında travma senaryosuna maruz bırakılan beyin görüntüsünü yansıtmaktadır.

Anılar durağan değildirler. Sandığımızdan çok daha dinamik yapıda olan anılarımız her hatırlandığında değişim gösterirler. Travmatik anılarda bir değişim elde etmenin temelinde amigdalanın etkinleşmesiyle birlikte bilişsel sistemlerin devreye girmesi ve bu etkinleşmeyle bağlantılı olarak ortaya çıkan fizyolojik ve biyolojik değişimler yatar.[13] İyileşmeye giden yol ise öykünün yapısının bozulması (deconstruction) ve sonrasında yeniden yapılandırılmasında (reconstruction) saklıdır.[14] EMDR terapisinde kullanılan çift yönlü uyarım türünün travmanın işlenmesine nasıl bir katkı sağladığı henüz tam olarak bilinmese de sağ ve sol beynin sıralı etkileşimi, azalmış duygusal uyarılmayla birlikte travmatik belleğin örtükten hem epizodik hem de anlamsal belleğe dönüşümüyle sonuçlanır.[15]

SON SÖZ

EKLER

EK – 1 : İnanç Listesi

İNANÇ LİSTESİ

SORUMLULUK / HATALI OMAK	
OLUMSUZ İNANÇLAR	**OLUMLU İNANÇLAR**
Sevgiyi hak etmiyorum	Sevgiyi hak ediyorum/Sevgiye sahip olabilirim
Ben kötü biriyim	Ben iyi (sevgi dolu) bir insanım
Ben korkunç (berbat) biriyim	Olduğum halimle iyiyim
Ben değersizim	Ben değerliyim
Ben yetersizim	Yeterince iyiyim
Utanç vericiyim	Onurluyum
Sevilmeyen biriyim	Ben sevilirim
Yeterince iyi değilim	Hak ediyorum/Ödüle layığım
Sadece kötü şeyleri hak ediyorum	Ben iyi şeyler hak ediyorum
Daima zarar gördüm	Sağlıklıyım/Sağlıklı olabilirim
Çirkin biriyim	Hoşum/Çekici ve sevimliyim
Hak etmiyorum	Hak ediyorum/Sahip olabilirim
Aptalım/Yeterince akıllı değilim	Akıllıyım/Öğrenebilirim

OLUMSUZ İNANÇLAR	OLUMLU İNANÇLAR
Önemsiz biriyim	Ben önemliyim
Ben hayal kırıklığı yaratan biriyim	Olduğum gibi iyiyim
Ölmeyi hak ediyorum	Yaşamayı hak ediyorum
Mutsuz olmayı hak ediyorum	Mutlu olmayı hak ediyorum
Ben farklıyım	Halimden memnunum
Suçluyum/Hatalıyım	Yapabileceğimin en iyisini yaptım
Yanlış bir şey yaptım	Bundan ders aldım/ Öğrenebilirim

GÜVEN EKSİKLİĞİ / KIRILGANLIK	
OLUMSUZ İNANÇLAR	**OLUMLU İNANÇLAR**
Güvenilmez biriyim	Ben güvenilirim
Kendime güvenemem	Kendime güvenirim/ Güvenmeyi öğrenebilirim
Kararıma güvenemem	Kararıma güvenebilirim
Kimseye güvenemem	Kime güveneceğimi seçebilirim
Kendimi koruyamam	Kendimi koruyabilirim/ Kendime dikkat edebilirim
Tehlikedeyim	Artık geçti, şimdi güvendeyim
Duygularımı belli etmemeliyim	Duygularımı rahatlıkla gösterebilirim
Kendi çıkarımı koruyamam	İhtiyaçlarımı açıkça ortaya koyabilirim
Hiçbir şeyi boş veremiyorum	Boş verme yolunu seçebilirim

KONTROL EKSİKLİĞİ / GÜÇ EKSİKLİĞİ	
OLUMSUZ İNANÇLAR	**OLUMLU İNANÇLAR**
Kontrolde değilim/Kontrol bende değil	Şu an kontroldeyim/Kontrol bende
Güçsüzüm	Şimdi seçeneklerim var
Zayıfım	Güçlüyüm
İstediğimi elde edemem	İstediğimi elde edebilirim
Başarısız biriyim	Başarabilirim
Başaramam	Başarabilirim
Mükemmel olmalıyım	Kendim olabilirim/Hata yapabilirim
Dayanamam	Üstesinden gelebilirim
Kimseye güvenemem	Kime güvenebileceğimi seçebilirim

EK - 2 : Duyguların Bedensel Olarak Hissedildiği Bölgeler

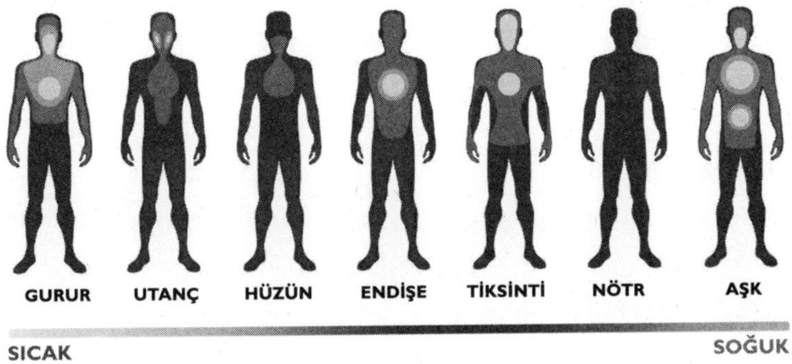

SONNOTLAR

1. BÖLÜM

1 Liddell, H. G., Scott, R. (1996). *Greek - English lexicon: With revised supplement.* Oxford University Press.

2 Kokurcan A., Özsan, H. H. (2012). "Travma kavramının psikiyatri tarihindeki seyri." *Kriz Dergisi*, 20, 19-24.

3 Veith, I. (1977). *Four Thousand Years of Hysteria.* M. Horowitz, (Eds.). New York: Jason Aronson, 7-93.

4 Herman, J. L. (2017). *Travma ve İyileşme: Şiddetin sonuçları, ev içi istismardan siyasi teröre.* (Çev: T. Tosun). İstanbul, Literatür Yayınları.

5 Ellenberger, H. F. (1970). *The Discovery of the Unconscious: The history and evolution of dynamic psychiatry.* New York, Basic Books.

6 Horowitz, M. J., (1986). *Stress Response Syndromes,* (2nd ed.). New York: Jason Aronson.

7 Tehrani, N. (2004), Workplace Trauma: Concepts, Assessments and Interventions. Abingdon, NY: Taylor&Francis Group.

8 Trunkey, D. D. (2007). "The emerging crisis in trauma care: A history and definition of the problem." *Clinical Neurosurgery,* 54, 200-205.

9 Steckel, H. A. (1942). "The organization of psychiatry for the emergency." *The American Journal Of Psychiatry*, 98, 791-794.

10 Ellis, J. (1980). *The Sharp End: The Fighting Man in World War II.* Pimlico, London.

11 Kardiner, A. (1940/2012). *The Traumatic Neuroses of War.* Eastford: Martino Fine Books.

12 American Psychiatric Association. (1952). *Mental Disorders: Diagnostic and Statistical Manual.* Washington, DC: American Psychiatric Association.

13 American Psychiatric Association. (1980). *Diagnostic and Statistical Manual of Mental Disorders.* Washington, DC: American Psychiatric Association.

14 Avina, C., O'Donohue, W. (2002). "Sexual Harassment and PTSD: Is sexual harassment diagnosable trauma?" *Journal of Traumatic Stress,* 15, 69-75.

15 Russell, D. E. H. (1984). *Sexual Exploitation - rape, child sexual abuse, and workplace harassment.* New York: Basic Books.

16 Herman, J. L. (2017). *Travma ve İyileşme: Şiddetin sonuçları, ev içi istismardan siyasi teröre.* (Çev: T. Tosun). İstanbul, Literatür Yayınları. (2007).

17 American Psychiatric Association. (2000). *Diagnostic and Statistical Manual of Mental Disorders* (4th ed., Text Rev.). Washington, DC: American Psychiatric Association.

18 Kline N. A., Rausch J. L. (1985). "Olfactory precipitants of flashbacks in posttraumatic stress disorder: Case reports." *The Journal of Clinical Psychiatry,* 46, 383-384.

19 Pearlman, L. A. ve Courtois, C. A. (2005). "Clinic applications of the attachment frameworks: Relational treatment of complex trauma," *Journal of Traumatic Stress,* 18, 449-459.

20 Erdinç, Ö. (2017). *Travma ve Dissosiyatif Kimlik Bozukluğunun Psikoterapisi ve Aile Dinamikleri.* İstanbul, Nobel Tıp Kitabevi.

21 Tedeschi, R. G., Calhoun, L. G. ve Park, C. L. (1998). *Posttraumatic Growth: Positive changes in the aftermath of crisis.* New Jersey: Lawrence Erlbaum Assoociates.

22 Bramsen I., Dirkzwager A, J. E., Van Der Ploeg H. M. (2000). "Predeployment personality traits and exposure to trauma as predictors of posttraumatic stress symptoms: a prospective study of former peacekeepers." *The American Journal of Psychiatry,* 157, 1115-1119. Perkonigg A., Kessler R. C., Storz S., Wittchen H. U. (2000) "Traumatic events and posttraumatic stress disorder in thecommunity: prevalence, risk factors and comorbidity." *Acta Psychiatrica Scandinavica,* 101, 46-59.

23 Amerikan Psikiyatri Birliği, (2013). *Ruhsal Bozuklukların Tanısal ve Sayımsal El Kitabı.* (Çev. E. Köroğlu) Ankara, Hekimler Yayın Birliği. (2013).

24 Perry, B. D., Szalavitz, M. (2017). *Köpek Gibi Büyütülmüş Çocuk.* (Çev: B. S. Haktanır) İstanbul, Koridor Yayınları.

25 van der Kolk, B. A. (2018). *Beden Kayıt Tutar: Travmanın iyileşmesinde beyin, zihin ve beden.* (Çev: N. C. Maral) İstanbul, Nobel Yaşam. (2014).

26 Cozolino, L., (2017a). *Psikoterapinin Nörobilimi: Sosyal Beyni İyileştirmek.* (Çev: M. Benveniste) Darıca, Psikoterapi Enstitüsü Eğitim Yayınları.

27 De Bellis, M., D., Baum, A. S., Birmaher, B., Keshavan, M. S., Eccard, C. H., Boring, A. M., Jenkins, F. J., Ryan, N. D. (1999). "Developmental traumatology, Biological stress systems." *Biological Psychiatry,* 45, 1259-1270.

28 Courtis, C. A. (2004). "Complex trauma, complex reaction: Assessment and treatment. psychotherapy: Theory, research, practice, training." *APA PsycArticlers,* 41, 412–425.

29 Davis, J. L., Petretic-Jackson, P.A. (2000). "The impact of child sexual abuse on adult interpersonal functioning: A review and synthesis of the empirical literature." Aggres and Violent Behavior, 5, 291-328.

30 Cozolino, L., (2017a). *Psikoterapinin Nörobilimi: Sosyal Beyni İyileştirmek.* (Çev: M. Benveniste) Darıca: Psikoterapi Enstitüsü Eğitim Yayınları.

31 Herman, J. L. (2017). Travma ve İyileşme: Şiddetin sonuçları, ev içi istismardan siyasi teröre. (Çev: T. Tosun) İstanbul, Literatür Yayınları.

32 Schore A. N., (2014). *Psikoterapi Sanatının Bilimi.* (Çev: Ö. Karakaş) Darıca, Psikoterapi Enstitüsü Eğitim Yayınları.

33 Schore A. N., (2011). *Duygulanımın Düzenlenmesi ve Kendiliğin Temelleri.* (Çev: P. Turanlı, N. Batan) Darıca, Psikoterapi Enstitüsü Eğitim Yayınları.

34 A.g.e.

35 Schore A. N., (2014). *Psikoterapi Sanatının Bilimi.* (Çev: Ö. Karakaş) Darıca, Psikoterapi Enstitüsü Eğitim Yayınları.

36 Perry, B. D., Pollard R. A., Blakley, T. L., Baker, V. L., & Vigilante, D. (1995). "Childhood trauma, the neurobiology of adaptation, and "use-dependent" development of the brain: How "states" become "traits." *Infant Mental Health Journal,* 16, 271-291.

37 Silberman, E. K., & Weingartner, H. (1986). "Hemispheric lateralization of functions related to emotion." *Brain and Cognition*, 5, 322-353.

38 MacLean, P. D. (1990). *The Triune Brain in Evolution: Role of Paleocerebral Functions*. New York, Plenum Press.

39 Cozolino, L. (2014). *İnsan İlişkilerinin Nörobilimi*. (Çev: M. Benveniste) Darıca, Psikoterapi Enstitüsü Eğitim Yayınları. (2006).

40 Foster-Deffenbaugh, L. A. (1998). Brain Research and Its Implications for Educational Practice. (Doctoral dissertation, Brigham Young University 1998). Dissertation Abstracts International.

41 Caine, R. N., Caine, G. (1994). "Making Connections, Teaching and the Human Brain. San Francisco, CA. Addison-Wesley. Pinkerton, K. D., (1994). Using brain based learning techniques in high school science." *Teaching & Change*, 2, 44-60.

42 Patterson, D. W., Schmidt, L. A. (2003). "Neuroanatomy of the human affective system." *Brain and Cognition*, 52, 24-26.

43 Cozolino, L. (2014). *İnsan İlişkilerinin Nörobilimi*. (Çev: M. Benveniste) Darıca, Psikoterapi Enstitüsü Eğitim Yayınları.

44 Davis, M. (1997). "Neurobiology of fear responses: The role of the amygdala." *Journal of Neuropsychiatry and Clinical Neurosciences*, 9, 382-402. Ono, T., Nishijo, H., & Uwano, T. (1995). "Amygdala role in conditioned associative learning," *Progress in Neurobiology*, 46, 401-422. Phelps, E. A., & Anderson, A. K., (1997). "Emotional memory: What does the amygdala do?" *Current Biology*, 7, R311-R314.

45 Weiss, R. P. (2000). "Brain based learning: The wave of the brain, training & development," 54(7), 20-24.

46 Kandel, E. R. (2011). *Belleğin Peşinde: Yeni bir Zihin Biliminin Doğuşu*. (Çev: M. Doğan) İstanbul, Boğaziçi Üniversitesi Yayınevi.

47 Hadley, J. (1989). "The neurobiology of motivational systems." In J. L. Linhtenberg. *Psychoanalysis and Motivation*. Hillsdale, N J, The Analytic Press.

48 Cozolino, L. (2014). *İnsan İlişkilerinin Nörobilimi*. (Çev: M. Benveniste) Darıca, Psikoterapi Enstitüsü Eğitim Yayınları.

49 Cozolino, L., (2017a). *Psikoterapinin Nörobilimi: Sosyal Beyni İyileştirmek*. (Çev: M. Benveniste) Darıca, Psikoterapi Enstitüsü Eğitim Yayınları.

50 Cozolino, L. (2014). *İnsan İlişkilerinin Nörobilimi*. (Çev: M. Benveniste) Darıca, Psikoterapi Enstitüsü Eğitim Yayınları.

51 Alexander, G. E., Delong, M. R., & Strick, P. L. (1986). "Parallel organization of functionally segregated circuits linking basal ganglia and cortex." *Annual Review of Neuroscience*, 9, 357-381.

52 Caine, R. N., Caine, G. (1994). *Making Connections Teaching and the Human Brain*. San Fransisco CA, Addison-Wesley.

53 Kimura, I., Kubota, M. Hirose, H., Yumoto, M., Sakakihara, Y. (2004). "Children are sensitive to averted eyes at the earliest stage of gaze processing." *Neuro Report*, 15, 345-1348.

54 Cozolino, L. (2014). *İnsan İlişkilerinin Nörobilimi*. (Çev: M. Benveniste) Darıca, Psikoterapi Enstitüsü Eğitim Yayınları.

55 Kandel, E. R. (2011). *Belleğin Peşinde: Yeni bir Zihin Biliminin Doğuşu*. (Çev: M. Doğan) İstanbul, Boğaziçi Üniversitesi Yayınevi.

56 Orcutt, C. (2017). *Kişilik Bozukluklarında Travma*. (Çev: E. Gök) Darıca, Psikoterapi Enstitüsü Eğitim Yayınları.

57 Cozolino, L. (2014). İnsan İlişkilerinin Nörobilimi. (M. Benveniste, Çev.). Darıca: Psikoterapi Enstitüsü Eğitim Yayınları. (2006).

58 Hebb, D. O. (1949). *The Organization of Behavior: A Neuropsychological Theory*. New York, Wiley.

59 Eriksson, R. S., Perfilieva, E., Bjork-Eriksson, T., Alborn, A. M., Nordborg, C. , Peterson, D. A., et al. (1998). "Neurogenesis in the adult human hippocampus." *Nature Medicine*, 4, 1313-1317.

Gould, E., Reeves, A. J., Graziano, M. S., & Gross, C. G. (1999). "Neurogenesis in the neocortex of adult primates." *Science*, 286, 548-552.

Gould, E., Tanapat, P, Hastings, N. B., & Shors, T. J. (1999). "Neurogenesis in adulthood: A possible role in learning." *Trends in Cognitive Sciences*, 3, 186-192.

Gross, C. G. (2000). "Neurogenesis in the adult brain: Death of a dogma." *Nature Review, Neuroscience*, 1, 67-13.

Kempermann, G., Wiskott, L., & Gage, F. H. (2004). "Functional significance of adult neurogenesis." *Current Opinion in Neurobiology*, 14, 186-191.

60 LeDoux, J. E. (2003). "The emotional brain, fear and the amygdala." *Cellular and Molecular Neurobiology*, 23, 727-738.

61 Cozolino, L., (2017a). *Psikoterapinin Nörobilimi: Sosyal Beyni İyileştirmek*. (Çev: M. Benveniste) Darıca, Psikoterapi Enstitüsü Eğitim Yayınları.

62 Demirel, Ö. (2003). *Kuramdan Uygulamaya Eğitimde Program Geliştirme.* Ankara: Pegem Akademi Yayıncılık.

63 Cozolino, L. (2014). *İnsan İlişkilerinin Nörobilimi.* (Çev: M. Benveniste) Darıca, Psikoterapi Enstitüsü Eğitim Yayınları.

64 Shin, L.M., Rauch, S.L, Pitman R. K. (2006). "Amygdala, medial prefrontal cortex, and hippocampal function in PTSD." *Annals New York Academy of Sciences,* 1071, 67-79.

Davis, M., Whalen P. J. (2001). "The amygdala: Vigilance and emotion." *Molecular Psychiatry,* 6, 13-34.

65 Cozolino, L., (2017a). *Psikoterapinin Nörobilimi: Sosyal Beyni İyileştirmek.* (Çev: M. Benveniste) Darıca, Psikoterapi Enstitüsü Eğitim Yayınları.

66 A.g.e.

67 Jovanovic, T., Norrholm, S. D., Blanding, N. Q., Phifer, J. E., Weiss, T., Davis, M. et al. (2010). "Fear potentiation is associated with hypothalamic-pituitary-adrenal axis function in PTSD." *Psychoneuroendocrinology,* 35, 846-857.

68 Cozolino, L., (2017a). *Psikoterapinin Nörobilimi: Sosyal Beyni İyileştirmek.* (Çev: M. Benveniste) Darıca, Psikoterapi Enstitüsü Eğitim Yayınları.

69 Perry, B. D., Pollard, R. A., Blakley, T. L, Baker, W. L., & Vigilante, D. (1995). "Childhood trauma, the neurobiology of adaptation, and "use-dependent" development of the brain: How states become traits." *Infant Mental Health Journal,* 16, 271-291.

Schore, A. N. (1997). "A century after Freud's Project: Is a rapprochement between psychoanalysis and neurobiology at hand?" *Journal of the American Psychoanalytic Association,* 45, 807-840.

70 Bremner, J. D., Staib, L. H., Kaloupek, D., Southwick, S. M., Soufer, R., & Charney, D. S. (1999). "Neural correlates of exposure to traumatic pictures and sound in combat veterans with and without posttraumatic stress disorder: A positron emission tomography study." *Biological Psychiatry,* 45, 806-816.

71 Dixon, A. K. (1998). "Ethological strategies for defense in animals and humans: Their role in some psychiatric disorders." *British Journal of Medical Psychology,* 71, 417-445.

72 Perry, B. D., Pollard, R. A., Blakley, T. L, Baker, W. L., & Vigilante, D. (1995). "Childhood trauma, the neurobiology of adaptation, and "use-dependent" development of the brain: How states become traits." *Infant Mental Health Journal,* 16, 271-291.

73 Schore A. N., (2014). *Psikoterapi Sanatının Bilimi.* (Çev: Ö. Karakaş) Darıca, Psikoterapi Enstitüsü Eğitim Yayınları.

74 Bremner, J. D., & Brett, E. (1997). "Trauma-related dissociative states and long-term psychopathology in posttraumatic stress disorder." *Journal of Traumatic Stress,* 10, 37- 49.

75 Schore A. N., (2014). *Psikoterapi Sanatının Bilimi.* (Çev: Ö. Karakaş) Darıca, Psikoterapi Enstitüsü Eğitim Yayınları.

76 Schore, A. N. (1996). "The experience-dependent maturation of a regulatory system in the orbital prefrontal cortex and the origin of developmental psychopathology." *Development and Psychopathology,* 8, 59-87.

77 Hagenaars, M. A., Oitzl, M., Karin R. (2014) "Updating freeze: Aligning animal and human research." *Neuroscience & Biobehavioral Reviews,* 47, 165-176.

78 Perry, B. D., Szalavitz, M. (2017). *Köpek Gibi Büyütülmüş Çocuk.* (Çev: B. S. Haktanır) İstanbul, Koridor Yayınları.

79 Diseth, T. H. (2005). "Dissociation in children and adolescents as reaction to trauma-An overview of conceptual issues and neurobiological factors." *Nordic Journal of Psychiatry,* 59, 79- 91.

80 van der Kolk, B. A., McFarlane, A. C., Weisaeth, L. (2007). *Traumatic Stress: The Effects of Overwhelming Experience on Mind, Body and Society.* New York, Guilford Press, (1996).

81 Boon, S., Steele, K., & van der Hart, O. (2011). *Coping with Trauma-Related Dissociation: Skills Training for Patients and Therapists.* New York, NY, Norton & Company.

82 van der Kolk, B. A. (2018). *Beden Kayıt Tutar: Travmanın İyileşmesinde Beyin, Zihin ve Beden.* (Çev: N. C. Maral) İstanbul, Nobel Yaşam.

83 Vermetten, E. & Spiegel, D. (2014). "Trauma and dissociation: Implications for borderline personality disorder." *Curr Psychiatry Reports,* 16, 434.

84 Duvarci, S., & Nader, K. (2004). "Characterization of fear memory reconsolidation." *Journal of Neuroscience,* 24, 9269-9275.
Nader, K. (2003). "Memory trees unbound." *Trends in Neuroscience,* 26, 65-72.

85 Cozolino, L., (2017a). *Psikoterapinin Nörobilimi: Sosyal Beyni İyileştirmek.* (Çev: M. Benveniste) Darıca, Psikoterapi Enstitüsü Eğitim Yayınları.

86 Cozolino, L. (2017b). *Terapist Olmak: İçsel Yolculuk için Pratik bir Rehber.* (Çev: E. Kurtuluş) Darıca, Psikoterapi Enstitüsü Eğitim Yayınları.

2. BÖLÜM

1 Benington J. H., Frank M. G., (2003). "Cellular and molecular connections between sleep and synaptic plasticity." *Prog Neurobiology*, 69, 71-101.

2 Braun, A. R., Balkin, T. J., Wesenten, N. J., Carson, R. E., Varga, M., Baldwin, P., ... Herscovitch., P. (1997) "Regional cerebral blood flow throughout the sleep wave cycle." *Brain a Journal of Neurology*, 120, 1173-1197.

3 Aydın, H. (1994). "Yaşamımızın gizli kalmış kesiti: Uyku," *Bilim ve Teknik Dergisi*, 317, 32-37.

4 Shapiro, F. (2016). *EMDR: Göz Hareketleriyle Duyarsızlaştırma ve Yeniden İşleme: Temel Prensipler, Protokoller ve Prosedürler.* (Çev: M. Şaşzade, I. Sansoy) İstanbul, Okuyanus Yayınevi.

5 Cozolino, L. (2014). *İnsan İlişkilerinin Nörobilimi.* (Çev: M. Benveniste) Darıca, Psikoterapi Enstitüsü Eğitim Yayınları.

6 A.g.e.

7 Shapiro, F. (2016). *EMDR: Göz Hareketleriyle Duyarsızlaştırma ve Yeniden İşleme: Temel Prensipler, Protokoller ve Prosedürler.* (Çev: M. Şaşzade, I. Sansoy) İstanbul, Okuyanus Yayınevi.

8 van der Kolk, B. A., McFarlane, A. C., Weisaeth, L. (2007). *Traumatic Stress: The Effects of Overwhelming Experience on Mind, Body and Society.* New York, Guilford Press.

9 Sobotka, S., Diltz, M. D., Ringo, J. L. (2005). "Can delay-period activity explain working memory?" *Journal of Neurophysiology*, 93, 128-136.

10 Andrade, J., Kavanagh, D., & Baddeley, A. (1997). "Eye-movements and visual imagery:a working memory approach to the treatment of post-traumatic stress disorder." *British Journal of Clinical Psychology*, 36, 209-223.

Engelhard, I. M., van Uijen, S., & van den Hout, M. A. (2010). "The impact of taxing working memory on negative and positive memories." *European Journal of Psychotraumatology*, 1, 5628.

Engelhard, I. M., van den Hout, M. A., Dek, E. C., Giele, C. L., van der Wielen, J. W., Reijnen, M. J., et al. (2011). "Reducing vividness and emotional intensity of recurrent "flashforwards" by taxing working memory: an analogue study." *Journal of Anxiety Disorders*, 25, 599–603.

Gunter, R. W., & Bodner, G. E. (2008). "How eye movements affect unpleasant memories: support for a working memory account." *Behaviour Research and Therapy*, 46, 913-931.

Kavanagh, D. J., Freese, S., Andrade, J., & May, J. (2001). "Effects of visuospatial tasks on desensitization to emotive memories." *The British Journal of Clinical Psychology/ The British Psychological Society*, 40, 267–280.

Maxfield, L., Melnyk, W. T., & Hayman, C. A. G. (2008). "A working memory explanation for the effects of eye movements in EMDR." *Journal of EMDR Practice and Research*, 2, 247–261.

Sharpley, C. F., Montgomery, I. M., & Scalzo, L. A. (1996). "Comparative efficacy of EMDR and alternative procedures in reducing the vividness of mental images." *Scandinavian Journal of Behavior Therapy*, 25, 37–42.

11 Schore A. N., (2014). *Psikoterapi Sanatının Bilimi.* (Çev: Ö. Karakaş) Darıca, Psikoterapi Enstitüsü Eğitim Yayınları.

12 Shuren, J. E., & Grafman, J. (2002). "The neurology of reasoning." *Archives of Neurology*, 59, 916-919.

13 van der Kolk, B. A. (2018). *Beden Kayıt Tutar: Travmanın İyileşmesinde Beyin, Zihin ve Beden.* (Çev: N. C. Maral) İstanbul, Nobel Yaşam.

14 Stickgold, R. (2002) "EMDR: a putative neurobiological mechanism of action." *Journal of Clinical Psychology*, 58, 61-75.

van der Kolk, B. A., McFarlane, A. C., Weisaeth, L. (2007). *Traumatic Stress: The Effects of Overwhelming Experience on Mind, Body and Society.* New York, Guilford Press.

15 Shapiro, F. (1995). *Eye Movement Desensitization and Reprocessing: Basic Principles, Protocols and Procedures.* (1st ed.). New York, Guilford Press.

16 Shapiro, F. (2001). *Eye Movement Desensitization and Reprocessing: Basic Principles, Protocols and Procedures.* (2nd ed.). New York, Guilford Press.

17 Shapiro, F. (2016). *EMDR: Göz Hareketleriyle Duyarsızlaştırma ve Yeniden İşleme: Temel Prensipler, Protokoller ve Prosedürler.* (Çev: M. Şaşzade, I. Sansoy) İstanbul, Okuyanus Yayınevi.

18 Seligman, L. (2001). *Systems, Strategies and Skills of Counseling and Psychotherapy.* New Jersey, Prentice-Hall.

19 Shapiro, F. (2016). *EMDR: Göz Hareketleriyle Duyarsızlaştırma ve Yeniden İşleme: Temel Prensipler, Protokoller ve Prosedürler.* (Çev: M. Şaşzade, I. Sansoy) İstanbul, Okuyanus Yayınevi.

20 Gauvreau, P. & Bouchard, S. P. (2008). "Preliminary evidence for the efficacy of EMDR in treating generalized anxiety disorder." *Journal of EMDR Practice and Research*, 2, 26-40.

21 Soberman, G. B., Greenwald, R., & Rule, D. L. (2002). "A controlled study of eye movement desensitization and reprocessing (EMDR) for boys with conduct problems." *Journal of Aggression, Maltreatment, and Trauma*, 6, 217-236.

22 Solomon, R. M., & Rando, T. A. (2007). "Utilization of EMDR in the treatment of grief and mourning." *Journal of EMDR Practice and Research*, 1, 109-117.

23 Brown, K. W., McGoldrick, T., & Buchanan, R. (1997). "Body Dysmorphic Disorder: Seven cases treated with eye movement desensitization and reprocessing." *Behavioural and Cognitive Psychotherapy*, 25, 203-207.

24 Grant, M., & Threlfo, C. (2002). "EMDR in the treatment of chronic pain." *Journal of Clinical Psychology*, 58, 1505–1520.

25 Marcus, S. V. (2008). Phase 1 of integrated EMDR: an abortive treatment for migraine headaches. *Journal of EMDR Practice and Research*, 2, 15–25.

26 Schneider, J., Hofmann, A., Rost, C., & Shapiro, F. (2008). EMDR in the treatment of chronic phantom limb pain. *Pain Medicine*, 9, 76–82.

27 Proshacka, J. O., Norcross, J. (2013). *Psikoterapi Sistemleri: Teoriler Ötesi bir Çözümleme.* (Çev: M. Arık, M. Benveniste, Ö. Kaya, Ö. Karakaş, B. Helvacıoğlu, K. Kızıltuğ, R. Çelenk, L. Gaşgil, C. Demirbaşoğlu, S. Kohen, P. Üzeltüzenci, B. Güler, M. Akçay) Darıca, Psikoterapi Enstitüsü Yayınları.

28 Eells, T. D., (2009). *Psikoterapi Vaka Formülasyonu El Kitabı.* (Çev: G. M. Bağcı) İstanbul, Litera Yayıncılık.

29 Shapiro, F. (1995). *Eye Movement Desensitization and Reprocessing: Basic Principles, Protocols and Procedures.* (1st ed.). New York, Guilford Press.
Shapiro, F. (2001). *Eye Movement Desensitization and Reprocessing: Basic Principles, Protocols and Procedures.* (2nd ed.). New York, Guilford Press.

30 A.g.e.

31 van der Kolk, B. A. (1989). The compulsion to repeat the trauma. *Psychiatric Clinics of North America*, 12, 384-411.

32 Shapiro, F. (2016). *EMDR: Göz Hareketleriyle Duyarsızlaştırma ve Yeniden İşleme: Temel Prensipler, Protokoller ve Prosedürler.* (Çev: M. Şaşzade, I. Sansoy) İstanbul, Okuyanus Yayınevi.

33 Cozolino, L., (2017a). *Psikoterapinin Nörobilimi: Sosyal Beyni İyileştirmek.* (Çev: M. Benveniste) Darıca, Psikoterapi Enstitüsü Eğitim Yayınları.

34 Shapiro, F. (2016). *EMDR: Göz Hareketleriyle Duyarsızlaştırma ve Yeniden İşleme: Temel Prensipler, Protokoller ve Prosedürler.* (Çev: M. Şaşzade, I. Sansoy) İstanbul, Okuyanus Yayınevi.

35 A.g.e.

36 Orcutt, C. (2017). *Kişilik Bozukluklarında Travma.* (Çev: E. Gök) Darıca, Psikoterapi Enstitüsü Eğitim Yayınları.

37 Briere, J. N., Scott, C. (2016). *Travma Terapisinin İlkeleri: Belirtiler, Değerlendirme ve Tedavi için bir Kılavuz.* (Çev: B. D. Genç) İstanbul Bilgi Üniversitesi Yayınları.

38 Raue, P. J. ve Goldfriend, M. R. (1994). *The Therapeutic Alliance in Cognitive-Behaviour Therapy. In the Working Alliance: Theory, Research and Practice.* Horvarth A. O. & Greenberg L. S. (Ed.), New York, Wiley, 131-152.

39 Proshacka, J. O., Norcross, J. (2013). *Psikoterapi Sistemleri: Teoriler Ötesi bir Çözümleme.* (Çev: M. Arık, M. Benveniste, Ö Kaya, Ö Karakaş, B. Helvacıoğlu, K. Kızıltuğ, R. Çelenk, L. Gaşgil, C. Demirbaşoğlu, S. Kohen, P. Üzeltüzenci, B. Güler, M. Akçay) Darıca, Psikoterapi Enstitüsü Yayınları.

40 Shapiro, F. (2016). *EMDR: Göz Hareketleriyle Duyarsızlaştırma ve Yeniden İşleme: Temel Prensipler, Protokoller ve Prosedürler.* (Çev: M. Şaşzade, I. Sansoy) İstanbul, Okuyanus Yayınevi.

41 Levine, P. (2017). *Travma ve Anı, Zihin ve Bedende Yaşayan Geçmişin İzini Sürmek, Travmatik Anıyı Anlamak ve Onunla Çalışmak için Pratik bir Rehber.* (Çev: P. Savaş) İstanbul, Butik Yayıncılık.

42 Briere J. N. (1996) *Therapy for Adults Molested as Children, Beyond Survival.* New York, Springer Publishing Company.

43 Briere, J. N., Scott, C. (2016). *Travma Terapisinin İlkeleri: Belirtiler, Değerlendirme ve Tedavi için bir Kılavuz.* (Çev: B. D. Genç) İstanbul Bilgi Üniversitesi Yayınları.

44 Orcutt, C. (2017). *Kişilik Bozukluklarında Travma.* (Çev: E. Gök) Darıca, Psikoterapi Enstitüsü Eğitim Yayınları.

45 Briere, J. N., Scott, C. (2016). *Travma Terapisinin İlkeleri: Belirtiler, Değerlendirme ve Tedavi için bir Kılavuz.* (Çev: B. D. Genç) İstanbul Bilgi Üniversitesi Yayınları.

46 Shapiro, F. (2016). *EMDR: Göz Hareketleriyle Duyarsızlaştırma ve Yeniden İşleme: Temel Prensipler, Protokoller ve Prosedürler.* (Çev: M. Şaşzade, I. Sansoy) İstanbul, Okuyanus Yayınevi.

47 A.g.e.

48 Kavakçı, Ö. (2014). *Ruhsal Travma Tedavisi için EMDR.* Ankara, Hyb Basım Yayın.

49 Shapiro, F. (2016). *EMDR: Göz Hareketleriyle Duyarsızlaştırma ve Yeniden İşleme: Temel Prensipler, Protokoller ve Prosedürler.* (Çev: M. Şaşzade, I. Sansoy) İstanbul, Okuyanus Yayınevi.

50 Kavakçı, Ö. (2014). *Ruhsal Travma Tedavisi için EMDR.* Ankara, Hyb Basım Yayın.

51 Shapiro, F. (2016). *EMDR: Göz Hareketleriyle Duyarsızlaştırma ve Yeniden İşleme: Temel Prensipler, Protokoller ve Prosedürler.* (Çev: M. Şaşzade, I. Sansoy) İstanbul, Okuyanus Yayınevi.

52 A.g.e.

53 Cozolino, L. (2017a). *Psikoterapinin Nörobilimi: Sosyal Beyni İyileştirmek.* (Çev: M. Benveniste) Darıca, Psikoterapi Enstitüsü Eğitim Yayınları.

54 A.g.e.

55 Cozolino, L. (2017b). *Terapist Olmak: İçsel Yolculuk için Pratik bir Rehber.* (Çev: E. Kurtuluş) Darıca, Psikoterapi Enstitüsü Eğitim Yayınları.

56 Shapiro, F. (2016). *EMDR: Göz Hareketleriyle Duyarsızlaştırma ve Yeniden İşleme: Temel Prensipler, Protokoller ve Prosedürler.* (Çev: M. Şaşzade, I. Sansoy) İstanbul, Okuyanus Yayınevi.

57 A.g.e.

58 Knipe, J. (2020). *EMDR Alet Çantası: Karmaşık TSSB ve Dissosiyasyon Teorisi ve Tedavisi.* (Çev: H. Yıldız) İstanbul, Universal Dil Hizmetleri Yayıncılık.

3. BÖLÜM

1 Shapiro, F. (2016). *EMDR: Göz Hareketleriyle Duyarsızlaştırma ve Yeniden İşleme: Temel Prensipler, Protokoller ve Prosedürler.* (Çev: M. Şaşzade, I. Sansoy) İstanbul, Okuyanus Yayınevi.

2 Shapiro, F. (2012). *EMDR Terapisi Teknikleriyle Acı Anıları Silmek.* (Çev: F. Gülfidan). İstanbul, Kuraldışı Yayıncılık.

3 Kitchur, M. (2000). "The strategic developmental model for EMDR." *The EMDRIA Newsletter, Special Edition,* 5, 4-10.

4 Shapiro, F. (2012). *EMDR Terapisi Teknikleriyle Acı Anıları Silmek.* (Çev: F. Gülfidan). İstanbul, Kuraldışı Yayıncılık.

5 Budak, S. (2000). *Psikoloji Sözlüğü.* Ankara, Bilim ve Sanat Yayınları.

6 Volkan, V., Zıntl, E. (2010). *Gidenin Ardından.* İstanbul, Oa Yayımları.

4. BÖLÜM

1 Shapiro, F. (2016). *EMDR: Göz Hareketleriyle Duyarsızlaştırma ve Yeniden İşleme: Temel Prensipler, Protokoller ve Prosedürler.* (Çev: M. Şaşzade, I. Sansoy) İstanbul, Okuyanus Yayınevi.

2 van der Kolk, B. A. (2018). *Beden Kayıt Tutar: Travmanın İyileşmesinde Beyin, Zihin ve Beden.* (Çev: N. C. Maral) İstanbul, Nobel Yaşam.

3 Weiss, R. P. (2000). "Brain based learning: The wave of the brain, training & development," 54(7), 20-24.

4 Cozolino, L. (2014). *İnsan İlişkilerinin Nörobilimi.* (Çev: M. Benveniste) Darıca, Psikoterapi Enstitüsü Eğitim Yayınları.

5 Rauch S. L., van der Kolk, B. A., Fisler, R. E., Alpert, N. M., Orr, S. P., Savage, C. R., Fischman, A. J., Jenike, M. A., Pitman, R. K. (1996). "A symptom provocation study of posttraumatic stress disorder using positron emission tomography and scriptdriven imagery." *Arch Gen Psychiatry,* 53, 380-387.

6 Phan K. L, Britton, J. C., Taylor, S. F. ve ark. (2006). "Corticolimbic blood flow during nontraumatic emotional processing in posttraumatic stress disorder." *Arch Gen Psychiatry,* 63, 184-192.

Shin, L. M., Whalen, P. J., Pitman, R. K., Bush, G.,Macklin, M. L., Lasko, N. B.,...Rauch, S. L., (2001). An fMRI study of anterior cingulate function in posttraumatic stress disorder. *Biology Psychiatry,* 50, 932-942.

Shin, L. M., Orr, S. P., Carson, M. A., Rauch, S. L., Macklin, M. L., Lasko N. B.,..., Piman, R. K., (2004). "Regional cerebral blood flow in the amygdala and medial prefrontal cortex during traumatic imagery in male and female Vietnam veterans with PTSD." *Arch Gen Psychiatry,* 61, 168-176.

Rauch, S. L., Shin, L. M., Phelps, E. A. (2006). "Neurocircuitry models of posttraumatic stress disorder and extinction: human neuroimaging research-past, present, and future." *Biology Psychiatry*, 60, 376-382.

Heim, C., Nemeroff, B. C. (2009). "Neurobiology of posttraumatic stress disorder." *CNS Spectrum*, 14, 13-24.

Bremner, J. D. (2007). "Neuroimaging in posttraumatic stress disorder and other stress-related disorders." *Neuroimaging Clinics of North America*, 17, 523-538.

7 Reiser, M. F. (1994). *Memory in Mind and Brain: What Dream Imagery Reveals.* New Haven, CT, Yale University Press.

8 Winson, J. (1985). *Brain and Psyche: The Biology of the Unconscious.* Doubleday N.Y., Anchor Press.

9 Ruden, R. A. (2001). *When the Past is Always Present: Emotional Traumatization, Causes, and Cures.* Routledge, New York, Taylor & Francis Group.

10 American Psychological Association. (2017). Clinical practice guideline for the treatment of posttraumatic stress disorder (PTSD) in Adults. Washington, DC, American Psychologial Association.

Bisson, J. I., ,Ehlers, A., Matthews, R., Pilling, S., Richards, D., & Turner, S. (2007). Psychological treatments for chronic post-traumatic stress disorder: Systematic review and meta-analysis. *British Journal of Psychiatry*, 190, 97-104.

11 Schore A. N., (2014). *Psikoterapi Sanatının Bilimi.* (Çev: Ö. Karakaş). Darıca, Psikoterapi Enstitüsü Eğitim Yayınları.

12 Lansing, K., Amen, D. G., Hanks, C., & Rudy, L. (2006). "High resolution brain SPECT imaging and EMDR in police offi cers with PTSD." *Journal of Neurosciences and Clinical Neurosciences*, 17, 526–532.

Levin, P., Lazrove, S., & van der Kolk, B. (1999). "What psychological testing and neuroimaging tell us about the treatment of posttraumatic stress disorder by eye movement desensitization and reprocessing." *Journal of Anxiety Disorders*, 13 (1–2), 159–172.

Oh, D. H., & Choi, J. (2007). "Changes in the regional cerebral perfusion after eye movement desensitization and processing." *Journal of EMDR Practice and Research*, 1 (1), 24-30.

Pagani, M., Hogberg, G., Salmaso, D., Nardo, D., Sundin, O., Jonsson, C., Soares, J., Aberg-Wistedt, A., Jacobsson, H., Larsson, S. A., & Hallstrom, T. (2007). "Effects of EMDR psychotherapy on 99m

Tc-HMPAO distribution in occupation-related post-traumatic stress disorder." *Nuclear Medicine Communications*, 28 (10), 757–765.

Bremner, J. D. (2007). "Functional neuroimaging in posttraumatic stress disorder." *Expert Review of Neurotherapeutics*, 7, 393-405.

13 Cozolino, L. (2017a). *Psikoterapinin Nörobilimi: Sosyal Beyni İyileştirmek.* (Çev: M. Benveniste) Darıca, Psikoterapi Enstitüsü Eğitim Yayınları.

14 Monk, G., Winslade, J., Crocket, K., & Epston, D. (1997). *Narrative Therapy in Practice: The Archaeology of Hope.* San Francisco. CL: Jossey-Bass,

15 Propper, R. E., & Christman, S. D. (2008). "Interhemispheric interaction and saccadic horizontal eye movements: Implications for episodic memory, EMDR, and PTSD." *Journal of EMDR Practice and Research*, 2, 269-281.

Siegel, D. J. (2002). "The developing mind and the resolution of trauma: Some ideas about information processing and an interpersonal neurobiology of psychotherapy." In F. Shapiro (Ed.), *EMDR as an Integrative Psychotherapy Approach: Experts of Diverse Orientations Explore the Paradigm Prism.* Washington, DC, American Psychological Association Press.

Stickgold, R. (2002). "EMDR: A putative neurobiological mechanism of action." *Journal of Clinical Psychology*, 58, 61–75.

DİZİN

R

S

T

V

W

Y